广东省"十四五"职业教育规划
职业教育经济管理类新形态系列

国际贸易理论与实务（附微课 第3版）

Guoji Maoyi Lilun yu Shiwu

张燕芳 ◎ 主编

陈思毅 ◎ 副主编

人民邮电出版社

北京

图书在版编目（CIP）数据

国际贸易理论与实务：附微课 / 张燕芳主编.
3 版. -- 北京：人民邮电出版社，2025. --（职业教育
经济管理类新形态系列教材）. -- ISBN 978-7-115
-65895-1

Ⅰ. F740

中国国家版本馆 CIP 数据核字第 202582KV06 号

内 容 提 要

　　本书前 4 章为理论，简要介绍了国际贸易的基本概念、国际贸易理论、国际贸易政策及区域经济一体化的现状；后 10 章为实务，以进出口工作过程为主线，逐一介绍了进出口交易前的准备工作、报价磋商、订立合同、履行合同（落实信用证、出口备货、租船订舱、办理保险、报检和报关、制单及交单结算货款），以及出口贸易的后续工作等内容。同时把跨境电商产品定价、支付、物流、通关等内容融入了相关章节。

　　本书正文设有导入案例、导入案例分析、业务示范、视野拓展、课堂实训范例、思考与训练、自测题和课后阅读与分析等，扫描书中的二维码可观看微课视频、查看国际贸易业务真实单据等。

　　本书配有课程标准、电子教案、电子课件、微课视频、各类题目参考答案、补充习题及答案、补充教学案例（文本、视频）、模拟试卷及答案、真实单据样本、行业规范与法规等教学资料（部分资料仅限用书教师下载，咨询 QQ：602983359），索取方式参见附录中的"更新勘误表和配套资料索取示意图"。

　　本书为职业教育国际贸易理论与实务课程教科书，也可作为外经贸工作者的参考资料。

◆ 主　　编　张燕芳
　　副 主 编　陈思毅
　　责任编辑　万国清
　　责任印制　胡　南

◆ 人民邮电出版社出版发行　　北京市丰台区成寿寺路 11 号
　　邮编　100164　电子邮件　315@ptpress.com.cn
　　网址　https://www.ptpress.com.cn
　　北京市艺辉印刷有限公司印刷

◆ 开本：787×1092　1/16
　　印张：14　　　　　　　　　　　2025 年 1 月第 3 版
　　字数：358 千字　　　　　　　 2025 年 7 月北京第 2 次印刷

定价：49.80 元

读者服务热线：(010)81055256　印装质量热线：(010)81055316
反盗版热线：(010)81055315

第 3 版前言

随着改革开放的不断深化，我国早已跻身世界贸易大国行列。2013 年，我国已超越美国成为世界第一大货物贸易国。近几年，受各种因素影响，国际贸易环境复杂多变，且未来几年可能仍会如此，但我国坚定不移深化改革开放，党的二十大报告指出，"推动共建'一带一路'高质量发展""坚定奉行互利共赢的开放战略"，不断提高对外开放水平，同时高度重视跨境电子商务作为外贸新业态对稳定我国外贸发展的积极作用。

本书分为国际贸易理论与国际贸易实务两大部分。国际贸易理论部分以够用、适度为原则，简要介绍了国际贸易的基本概念、国际贸易理论、国际贸易政策及区域经济一体化的现状。国际贸易实务部分以进出口工作过程为主线，设计了仿真的出口业务，以完成出口交易和履约为目的，逐一介绍了进出口交易前的准备工作、进出口商品报价、交易磋商及订立合同、履行合同（落实和审核信用证、出口备货、租船订舱、办理保险、报检和报关、制单及交单结算货款），以及出口贸易的后续工作等内容。本书正文设有导入案例，中间穿插"思考与训练"等栏目，课后有自测题及课后阅读与分析，便于教师授课，也有助于学生记忆和理解。

结合我国对外贸易的最新发展状况、国际贸易政策和环境的变化、贸易方式和手段的变化，以及有关国际贸易惯例的修订更新，编者对教材做了修订。具体的更新和完善主要体现在以下几个方面。

（1）第一章~第四章，国际贸易理论部分，更新了我国对外贸易的有关数据，修订了自由贸易试验区、鼓励进口措施和"一带一路"倡议等内容。

（2）增加了跨境电商的内容，把跨境电商产品定价、支付、物流、通关等内容融入相关章节。

（3）对第十章做了较多的修订及补充，如修订了集装箱班轮运费的计算、增加了海运单和电放提单、增加了航空运费的计算。

（4）更新及增加了微课视频，更新了章后自测题等。

除以上几点外，本版还有很多细节上的修订、完善，不再一一说明。

本书配有课程标准、电子教案、电子课件、微课视频、各类题目参考答案、补充习题及答案、补充教学案例（含文本案例、视频案例）、模拟试卷及答案、真实单据样本、行业规范与法规等教学资料（部分资料仅限用书教师下载，咨询 QQ：602983359），索取方式参见"更新勘误表和配套资料索取示意图"。

本书配套教学资料将持续更新、完善，扫描本书封底上的二维码可随时查看是否有新增资料。

本版修订方案编制完成后，由编写团队中的教师和企业外贸专业人员共同审定，具体修订分工如下：张燕芳修订第一章～第四章、第六章、第八章～第十章，黄丽娟修订第五章和第七章，陈思毅修订第十一章～第十四章。全书由陈广和梁娟娟审定。

由于编者经验有限，加之外贸环境不断变化，书中难免存在不足之处，恳请广大读者批评指正，我们将利用教材重印、再版和更新本书配套教学资料的机会及时进行修订（扫描附录中的"更新勘误及意见建议记录表"二维码可查看本书"更新勘误记录表"和"意见建议记录表"）。

编　者

目　录

第一章　国际贸易概述 1

【学习指导】 1

【导入案例】 1

第一节　国际贸易的基本概念与分类 1

　　一、国际贸易的基本概念 1

　　二、国际贸易的分类 4

第二节　古代和当代的国际贸易 5

　　一、国际贸易的产生与发展 5

　　二、当代国际贸易的特点 8

自测题 10

课后阅读与分析 10

第二章　国际贸易理论 11

【学习指导】 11

【导入案例】 11

第一节　自由贸易理论 11

　　一、绝对优势理论 11

　　二、比较优势理论 12

第二节　保护贸易理论 13

　　一、幼稚工业保护理论 13

　　二、超保护贸易理论 14

第三节　国际贸易新理论 15

　　一、生产要素禀赋理论 16

　　二、里昂惕夫之谜 16

　　三、产业内贸易理论 18

　　四、国家竞争优势理论 18

自测题 20

课后阅读与分析 20

第三章　国际贸易政策 21

【学习指导】 21

【导入案例】 21

第一节　关税措施 21

　　一、关税的含义与特点 21

　　二、关税的征收标准 22

　　三、关税的种类 22

第二节　非关税措施 24

　　一、直接非关税措施 24

　　二、间接非关税措施 25

　　三、新型非关税措施 27

第三节　促进出口与出口管制的措施 28

　　一、促进出口的措施 29

　　二、出口管制的措施 31

第四节　鼓励进口措施 31

自测题 33

课后阅读与分析 33

**第四章　世界贸易组织与区域经济
　　　　　一体化** 34

【学习指导】 34

【导入案例】 34

第一节　世界贸易组织 34

　　一、关贸总协定与世界贸易组织的诞生 34

　　二、世界贸易组织的宗旨与目标 35

　　三、世界贸易组织的基本原则 35

　　四、我国与世界贸易组织 37

第二节　区域经济一体化 37

　　一、区域经济一体化的形式 38

二、区域经济一体化的范例............................38
自测题..41
课后阅读与分析..41

第五章　进出口交易前的准备工作.........42
【学习指导】..42
【导入案例】..42
第一节　寻找客户的途径......................................42
一、充分利用公司已有资源..................................43
二、充分利用各种交易会或展览会.....................43
三、充分利用网络平台...44
四、充分利用海外社交媒体..................................46
第二节　建立业务联系...46
一、对潜在客户进行调查......................................46
二、与潜在客户建立业务联系..............................47
第三节　熟悉进出口业务流程..............................50
一、出口业务流程...50
二、进口业务流程...51
自测题..52
课后阅读与分析...52

第六章　进出口商品报价.........................53
【学习指导】..53
【导入案例】..53
第一节　贸易术语和与其有关的国际贸易
惯例..53
一、贸易术语的含义...54
二、与贸易术语有关的国际贸易惯例.................54
第二节　常用的六种贸易术语..............................56
一、FOB..56
二、CIF...58
三、CFR..61
四、FCA..61
五、CIP...62
六、CPT..63
第三节　其他五种贸易术语..................................64
一、EXW...64
二、FAS..64
三、DAP..65
四、DPU..65
五、DDP..65

第四节　核算出口价格...66
一、核算FOB价格...67
二、核算CFR价格和CIF价格..............................69
三、报价时要考虑影响进出口商品成交
价格的因素..71
四、出口盈亏核算...71
第五节　合同中的价格条款..................................73
一、合同中价格条款的内容..................................73
二、计价货币的选择...73
三、佣金和折扣...73
第六节　跨境电商产品定价..................................75
一、跨境电商产品定价方法..................................75
二、跨境电商产品定价公式..................................75
三、跨境电商产品上架价格设置........................76
自测题..77
课后阅读与分析...80

第七章　交易磋商及订立买卖合同.........81
【学习指导】..81
【导入案例】..81
第一节　交易磋商...81
一、询盘..82
二、发盘..83
三、还盘..86
四、接受..87
第二节　订立买卖合同...89
一、合同有效成立的条件......................................89
二、签订书面合同...90
自测题..92
课后阅读与分析...94

**第八章　落实、审核信用证和其他结算
方式简介...95**
【学习指导】..95
【导入案例】..95
第一节　金融票据...95
一、汇票..95
二、本票..98
三、支票..98
第二节　信用证及其使用流程..............................99
一、信用证的含义...99

二、信用证的性质 99

三、信用证的关系人 100

四、信用证的使用流程 101

第三节　信用证的内容与种类 102

一、信用证的内容 103

二、信用证的种类 107

三、合同中的信用证支付条款 108

四、信用证适用的国际惯例 108

第四节　其他结算方式 109

一、汇款 109

二、托收 111

三、跨境电商支付方式 116

自测题 117

课后阅读与分析 119

第九章　出口备货 120

【学习指导】 120

【导入案例】 120

第一节　合同中的品名、品质条款 120

一、合同中的品名条款 120

二、货物品质的表示方法 121

三、订立品质条款时的注意事项 ..124

四、违反品质条款的责任与后果 ..125

第二节　合同中的数量条款 125

一、常用的度量衡制度与计量单位 ..125

二、重量的计量方法 127

三、数量条款概述 127

四、违反数量条款的责任与后果 ..128

第三节　合同中的包装条款 128

一、包装的种类及其作用 129

二、运输包装上的标志 129

三、订立包装条款 130

四、违反包装条款的责任与后果 ..131

第四节　备货的工作要求 131

自测题 133

课后阅读与分析 134

第十章　租船订舱 135

【学习指导】 135

【导入案例】 135

第一节　国际货物海洋运输概述 135

一、班轮运输和租船运输 136

二、集装箱运输与班轮运费的计算 ..137

第二节　海运提单 141

一、海运提单的性质和作用 141

二、海运提单的种类 141

三、海运出口货物的运作程序 143

四、海运单、电放提单 144

第三节　其他国际货物运输方式 146

一、铁路运输 146

二、航空运输 147

三、公路、内河、邮包和管道运输 ..149

四、国际多式联运 149

五、跨境电商物流模式 149

第四节　合同中的装运条款 151

一、装运时间 151

二、装运港和目的港 152

三、分批装运和转运 154

四、装运通知 155

自测题 156

课后阅读与分析 158

第十一章　办理国际货运保险 159

【学习指导】 159

【导入案例】 159

第一节　海运货物保险的承保责任
范围 159

一、海运货物保险保障的风险 160

二、海运货物保险保障的损失 160

三、海运货物保险保障的费用 161

第二节　我国海运货物保险险别 161

一、基本险 162

二、附加险 162

三、保险责任的起讫与除外责任 ..164

第三节　伦敦保险协会海运货物保险
条款 166

一、ICC（A）险的承保责任范围和除外
责任 166

二、ICC（B）险的承保责任范围和除外
责任 166

三、ICC（C）险的承保责任范围和除外
责任 167

第四节　保险实务 167
　　一、订立合同中的保险条款 167
　　二、办理保险手续 168
第五节　我国其他货运保险 171
　　一、陆上运输货物保险 171
　　二、航空运输货物保险 172
　　三、邮包运输保险 172
自测题 172
课后阅读与分析 174

第十二章　报检和报关 175
【学习指导】 175
【导入案例】 175
第一节　商品检验的基本常识 175
　　一、商品检验的相关法律规定 176
　　二、买卖合同约定检验 176
　　三、《商检法》对检验方式的相关规定 179
第二节　进出境检验检疫的一般工作
　　　　流程 180
　　一、申请检验 181
　　二、实施检验 181
　　三、签证、放行 181
第三节　报关及海关监管货物的基本
　　　　报关程序 182
　　一、报关的分类 182
　　二、一般贸易货物的基本报关程序 182
　　三、跨境电商通关流程 185
自测题 187
课后阅读与分析 188

第十三章　制单及交单结算货款 189
【学习指导】 189
【导入案例】 189
第一节　信用证和其他支付方式的制单
　　　　交单要求 189
　　一、信用证支付方式下的制单交单要求 190
　　二、T/T 支付方式下的制单交单要求 190
　　三、托收支付方式下的制单交单要求 191
第二节　常用结汇单据的制作要求 191
　　一、商业发票 191

　　二、装箱单、重量单、尺码单 192
　　三、海运提单 192
　　四、保险单 193
　　五、原产地证 194
　　六、商检证书 195
　　七、汇票 196
自测题 203
课后阅读与分析 203

第十四章　出口贸易的后续工作 204
【学习指导】 204
【导入案例】 204
第一节　国际收支统计申报与出口
　　　　退税 204
　　一、国际收支统计申报 204
　　二、出口退税 205
第二节　索赔与理赔 206
　　一、违约的法律责任 206
　　二、索赔与理赔的含义 206
　　三、买卖合同中的索赔条款 207
第三节　不可抗力 208
　　一、不可抗力事件的认定 208
　　二、不可抗力事件的法律后果 209
　　三、不可抗力事件的处理 209
　　四、国际货物买卖合同中不可抗力条款的
　　　　表述 209
第四节　仲裁 210
　　一、仲裁的含义及特点 210
　　二、仲裁协议的形式和作用 210
　　三、买卖合同中的仲裁条款 211
自测题 213
课后阅读与分析 214

附录 215
附录一　章后自测题参考答案 215
附录二　自测试卷及参考答案 215
附录三　更新勘误表和配套资料索取
　　　　示意图 215

主要参考文献 216

第一章

国际贸易概述

【学习指导】

　　本章主要介绍国际贸易的基本概念与分类，以及古代和当代的国际贸易。学习本章后，应了解国际贸易的发展状况，掌握国际贸易的基本概念并学会利用这些概念分析我国对外贸易的基本现状。

【导入案例】

　　中华人民共和国成立初期，我国的主要贸易伙伴是苏联和东欧社会主义国家。根据我国海关统计数据，1950年，我国的对外贸易额只有11.35亿美元。1978—2008年，我国参与国际分工及国际市场的广度和深度不断拓展，对外贸易额实现了年均18.1%的增长，对外贸易额从1978年的206亿美元增加到2008年的2.56万亿美元，相当于改革开放前30年总和的15倍，是1950年的2 000多倍。

　　虽然受到从2007年开始的次贷危机的影响，我国的对外贸易额短时间内有所回落，但我国仍然是经济增长速度最快的主要经济体之一。2009年，我国成为全球第一大贸易出口国；2013年，我国首次超越美国，成为第一大货物贸易国；2023年，我国对外贸易额约5.94万亿美元，是1950年的5 000多倍。

　　讨论：什么是进出口贸易？什么是对外贸易？改革开放以来，我国进出口贸易快速发展的原因是什么？

第一节　国际贸易的基本概念与分类

　　当今社会，无论是国际贸易①从业者还是其他行业的从业者，都经常会遇到一些与国际贸易相关的名词和统计数据，在此有必要先介绍国际贸易的基本概念与分类。

一、国际贸易的基本概念

　　下面简要介绍一些常见的国际贸易概念。

　　1. 对外贸易与国际贸易

　　对外贸易，是指一国或地区与他国和地区进行的商品和服务交换活动。由于这种交换活动是由商品和服务的进口和出口两部分构成的，所以又被称为进出口贸易，有些国家和地区也称

---

① 提示：当前的国际贸易，"国"已不能和"国家"严格对应，更多时候指某一关境内的区域，有时它是指国内的某个区域，有时包含数个国家；与此相应，"国内"与"国外"一般指"关境内"与"关境外"。

之为海外贸易。

国际贸易，是指世界各国和地区之间在商品和服务方面的交换活动。由于国际贸易是站在全世界的角度看待商品和服务的交换的，因此又被称为世界贸易或全球贸易。

2. 对外贸易值与对外贸易量

对外贸易值也称为对外贸易额，是以货币表示的一国或地区对外贸易规模，等于进口总额与出口总额之和。加入世界贸易组织（World Trade Organization，WTO）后，我国对外贸易得到了巨大的发展，图1.1反映了2006—2023年我国对外贸易额的变化。

图1.1　我国历年对外贸易额统计（2006—2023年）

与对外贸易额相比较，对外贸易量剔除了价格变动的影响，只单纯反映对外贸易的数量。对外贸易量的具体计算是以固定年份为基期确定价格指数，将报告期内的进口额或出口额除以价格指数，得到的是相当于按不变价格计算的进口额或出口额的量。

3. 总贸易与专门贸易

微课堂
贸易顺差和贸易逆差

总贸易是指以国境标准划分进出口的一种统计方法，也称为总贸易体系。总贸易可分为总进口和总出口。凡进入一国国境的商品一律列入总进口，凡离开一国国境的商品一律列入总出口。目前，按总贸易统计进出口贸易的有美国、英国、日本、加拿大、澳大利亚等90多个国家和地区。

专门贸易是总贸易的对称，是指以关境为标准划分进出口的一种统计方法。只有从境外进入本国关境的商品及从保税仓库提出进入本国关境的商品才被列为专门进口。从境内运出关境的本国商品及进口后经加工又运出关境的商品，则被列为专门出口。目前，采用专门贸易统计方法的有德国、法国、意大利、瑞士等80多个国家和地区。

4. 贸易差额

贸易差额是一个国家或地区在一定时期内出口总额与进口总额的差额。当出口总额大于进口总额时，为贸易顺差，也叫贸易出超；当进口总额大于出口总额时，为贸易逆差，也叫贸易入超；当二者相等时，为贸易平衡。

5. 贸易条件

贸易条件是指一个国家或地区在一定时期内出口商品价格与

思考与训练 1.1
一国长期保持贸易顺差是否一定有利？

进口商品价格的对比关系，能反映一国或地区的对外贸易状况。其一般以贸易条件指数表示，即以出口商品价格指数与进口商品价格指数的比表示：

$$贸易条件指数 = 出口商品价格指数 \div 进口商品价格指数 \times 100$$

如果贸易条件指数上升，大于 100，则说明出口商品价格指数比进口商品价格指数高，意味着每出口一单位商品能换回的进口商品数量比原来多，表明贸易条件比基期改善，有利于出口；反之，则表明贸易条件恶化，不利于出口。

6. 对外贸易商品结构

对外贸易商品结构是指一定时期内一国进出口贸易中各种商品的构成，即各大类或各种商品进出口贸易额与整个国家进出口贸易额之比，以百分比表示。一国对外贸易商品结构可以反映出该国的经济发展水平、产业结构状况、科技发展水平等。

以我国为例，表 1.1 统计了 1991—2023 年我国工业制成品和初级产品在出口贸易额中所占的比重。从统计数据来看，出口工业制成品的比例越来越大，反映了我国工业化进程的发展和产业结构状况的改善。

表 1.1　我国出口贸易商品结构变化情况（1991—2023 年）

（单位：%）

	1991 年	1995 年	1997 年	2008 年	2016 年	2023 年
工业制成品	77.5	85.6	87.4	94.6	95.0	95.2
初级产品	22.5	14.4	12.6	5.4	5.0	4.8

（数据来源：海关总署网站）

7. 对外贸易地理方向

对外贸易地理方向又称为对外贸易地区分布，它指明了一国出口商品的去向和进口商品的来源，从而反映一国与其他国家和地区或区域集团之间经济贸易联系的程度。一国的对外贸易地理方向通常受经济互补性、国际分工的形式和贸易政策的影响。海关总署网站数据显示，2023 年我国的对外贸易地区分布依次为东盟、欧盟、美国、日本、韩国等，即我国与这五个区域集团或国家的对外贸易位居前五位，它们为我国主要贸易伙伴。同时，海关总署网站数据显示，自 2021 年开始，我国与俄罗斯、沙特阿拉伯、哈萨克斯坦等国家的进出口贸易额也在迅猛发展。

8. 对外贸易依存度

对外贸易依存度，简称外贸依存度，又称为对外贸易系数，是指一国对外贸易额在其国内生产总值（或国民生产总值）中所占的比重。

外贸依存度分为出口依存度和进口依存度。出口依存度是指一国出口总额在国内生产总值（或国民生产总值）中所占的比重，进口依存度是指一国进口总额在国内生产总值（或国民生产总值）中所占的比重。

外贸依存度反映了一国经济发展对对外贸易的依赖程度，或反映了该国的对外开放程度。同时，外贸依存度也表明了对外贸易在一国国民经济发展中的地位与作用。

 思考与训练 1.2

改革开放以来，我国对外贸易得到了长足发展，参见图 1.2。1985 年，我国外贸依存度仅为 22.8%，2006 年一度攀升至 65.2%。2007 年之后，外部主要经济体受 2007 年美国次贷危机的影响，复苏缓慢，同时我国内部调整经济结构。在这两种因素叠加的情况下，我国外贸依存度呈现整体下降趋势，2015 年回落到 40% 以下，之后多年维持在 33% 左右。

问题： 如何看待我国外贸依存度在加入世界贸易组织后逐年提高，以及从 2007 年开始整体下降的现象？

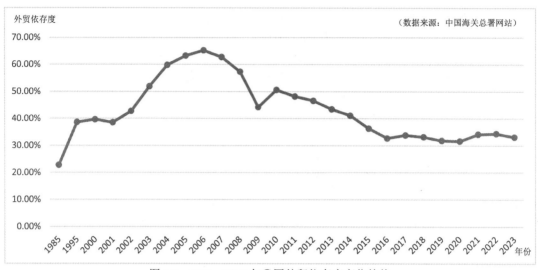

图 1.2　1985—2023 年我国外贸依存度变化趋势

二、国际贸易的分类

国际贸易的类别，可以有以下几种不同的划分方法。

1. 按商品流向的不同划分

国际贸易按商品流向的不同可分为出口贸易、进口贸易和过境贸易。

（1）出口贸易又称为输出贸易，是指一国将本国生产和加工的商品输往国外市场销售。从国外输入的商品，没有在本国消费，又未经本国加工而再次输出国外的，称为复出口或再输出。

（2）进口贸易又称为输入贸易，是指一国将国外生产和加工的商品输入本国市场销售。输往国外的商品未经消费和加工又输入本国的，称为复进口或再输入。

（3）过境贸易又称为通过贸易，甲国出口乙国的商品经由丙国的国境，这种贸易对丙国而言就是过境贸易。

2. 按商品形态和内容的不同划分

国际贸易按商品形态和内容的不同可分为有形贸易和无形贸易。

（1）有形贸易即货物贸易，是指实物商品的进出口，如玉米、纺织品、机械设备等商品的进出口。有形贸易的进出口必须办理通关手续，因而反映在海关统计中，是构成一国或地区国际收支经常项目的重要内容。

（2）无形贸易是指非物质形态商品的进出口。一般来说，无形贸易包括服务贸易和知识产权贸易。世界贸易组织《服务贸易总协定》按提供服务的方式，把国际服务贸易分为跨境交付、境外消费、商业存在和自然人流动等四种形式。知识产权贸易是指以知识产权为标的的贸易，主要包括知识产权许可、知识产权转让等内容。根据世界贸易组织《与贸易有关的知识产权协定》的规定，知识产权包括版权与有关权、商标权、地理标志权、工业品外观设计权、专利权、集成电路布图设计权、未披露过的信息的保护权等。服务贸易和知识产权贸易不经过海关，不能在海关的贸易统计表中反映出来，但会反映在该国国际收支平衡表中，是一国或地区国际收支的重要组成部分。

视野拓展

跨境交付是指从一世界贸易组织成员境内向任何其他成员境内提供服务。这个过程一般没有人员、物资和资金的流动，而是通过电信、计算机的联网实现服务的，如视听服务等。境外消费也称为境外服务，是指一成员的消费者到（在）另一成员境内接受服务，如病人到境外就医、学生到境外留学等。商业存在，是指一成员的法人在另一成员境内通过建立商业机构（附属企业或分支机构），为所在地和其他成员的消费者提供服务，以获取报酬，其特点是服务提供者（个人、企业或经济实体）到境外开业。自然人流动，是指一成员的自然人在其他任何成员境内提供服务，如专家到境外讲学、医生在境外从事个体服务等。

3. 按是否有第三国参加划分

国际贸易按是否有第三国参加可分为直接贸易、间接贸易和转口贸易。

（1）直接贸易是指商品生产国与商品消费国直接买卖商品的行为。

（2）间接贸易是直接贸易的对称，是指商品生产国与商品消费国通过第三国进行买卖商品的行为。其中，商品生产国是间接出口，商品消费国是间接进口，第三国是转口。

（3）转口贸易又称为再输出贸易或中转贸易。商品生产国与商品消费国通过第三国进行的贸易，对第三国来说，就是转口贸易。

4. 按贸易方式的不同划分

国际贸易按贸易方式的不同可分为一般贸易、加工贸易和对销贸易。

（1）一般贸易是指一国境内企业单边进口或出口货物的交易形式。

（2）加工贸易是指一国境内企业从境外进口全部或部分原辅材料、零部件、元器件、配套件、包装物料等，经境内企业加工或装配后，将成品或半成品复出口的交易形式，包括来料加工和进料加工。

（3）对销贸易是指在互惠的前提下，由两个或两个以上的贸易方达成协议，规定一方的进口商品可以部分或者全部以相对的出口商品来支付的交易形式，如补偿贸易就属于对销贸易的一种形式。

第二节　古代和当代的国际贸易

国际贸易的历史源远流长。从古代的奴隶社会到封建社会时期，国际贸易经历了一个缓慢发展的过程。从资本主义生产方式确立到当代，国际贸易发展迅猛，对各国经济发展的影响越来越大。本节主要介绍国际贸易的产生及其在不同发展时期的主要特点。

一、国际贸易的产生与发展

国际贸易属于历史范畴，它是在一定历史条件下产生和发展起来的，并随着社会生产力和社会分工的发展而发展。

（一）国际贸易的产生

国际贸易的产生必须同时具备两个基本条件：一是社会生产力的发展，产生了可供交换的剩余产品；二是社会分工的扩大及国家的形成。

在原始社会初期，人类处于自然分工状态，既没有剩余产品和私有制，也没有阶级和国家，当然也就没有对外贸易。人类社会的三次大分工，逐步推动了社会生产力的发展，商品生产和商品交换更加频繁和广泛，加速了私有制、阶级和国家的产生。在第三次社会大分工以后，商品交换开始超越国界，产生了国际贸易。因此，从根本上说，社会生产力的发展和社会分工的扩大是国际贸易产生和发展的基础。

（二）国际贸易的发展

国际贸易的历史虽然源远流长，但受限于社会生产力，从奴隶社会到封建社会，国际贸易发展缓慢。在资本主义生产方式确立起来之后，国际贸易进入快速发展阶段。

1. 奴隶社会的国际贸易

原始社会末期出现了阶级和国家，商品经济有了很大发展，商品流通最终超出国家的界限，形成最早的国际贸易。在公元前 2000 多年，由于水上交通便利，地中海沿岸的奴隶社会国家之间就已开展了对外贸易，其中以腓尼基和希腊最为繁荣和发达。在我国夏商时代，贸易主要集中在黄河流域，并同西域一些地区进行贸易。

奴隶社会的国际贸易规模虽然有限，但对手工业的发展促进很大，在一定程度上推动了社会生产力的进步。

2. 封建社会的国际贸易

封建社会取代了奴隶社会之后，国际贸易有了较大发展。尤其是公元 11 世纪以后，随着意大利北部和波罗的海沿岸城市的兴起及城市手工业的发展，地中海、北海、波罗的海和黑海沿岸的一些城市，如威尼斯、鹿特丹等成为当时西方贸易的中心。这些城市联系着西欧和东方的市场。

我国早在西汉时期，就已经开辟了以长安为起点，经中亚通往中东和欧洲的陆上丝绸之路，我国的丝绸、瓷器等由此输往欧洲各国，并从中东、欧洲输入香料、玻璃、呢绒及手工艺品等。明朝时期，不仅陆上贸易有所发展，而且海上贸易也很发达。郑和七次下西洋，足迹遍布东南亚、南洋诸岛、阿拉伯半岛和东非一带，同许多国家发展和保持了贸易关系。我国成为当时的海上贸易强国。

视野拓展

我国古代对外贸易有以下五个特点。①先陆路贸易，后海路贸易。②外贸政策由开放到闭关，但民间贸易基本上未曾断绝。③官方贸易不以营利为主，而以加强友好往来为主。不管是陆路还是海路，带去的都是我国精美的工艺品、丝绸和瓷器，虽然畅销，但有不少是赠送的；返航时不仅带回货物，而且常有外国使臣搭船来我国访问。④对外贸易与文化交流同步进行，例如西亚商人带来了西方宗教，我国科技也相继西传。⑤外贸促进了民族融合。

总体上来说，在自然经济仍占统治地位的封建社会，社会分工和生产力仍不发达，进入流通领域的商品有限，国际贸易在各国经济生活中的作用还相当小，对各国经济发展的影响也不显著。

3. 资本主义社会的国际贸易

虽然国际贸易的历史源远流长，但具有世界性的国际贸易还是在资本主义生产方式确立起来后才出现的。在资本主义生产方式下，国际贸易的规模急剧扩大，国际贸易活动遍及全球，贸易商品种类日益繁多，国际贸易逐渐成为影响世界经济发展的一个重要因素。在资本主义发展的各个不同历史时期，国际贸易的发展各具特点。

（1）资本主义生产方式准备时期（14 世纪至 18 世纪中叶）的国际贸易。这一时期，工场手工业的发展使社会劳动生产率得到提高，商品生产和商品交换得到了进一步发展，这为国际贸易的扩大提供了必要的物质基础。这一时期的地理大发现更是加速了资本主义的原始资本积累，使得世界市场初步形成，从而大大扩展了世界贸易的规模。15 世纪末至 16 世纪初，葡萄牙的里斯本、西班牙的塞维利亚、荷兰的阿姆斯特丹、英国的伦敦等先后成为繁荣的国际贸易港口，其贸易范围远及亚洲、非洲和美洲。这一时期国际贸易的商品除奢侈品外，工业原料和城市消费品的比重开始增加。

（2）资本主义自由竞争时期（18 世纪后期至 19 世纪中叶）的国际贸易。这一时期，欧洲国家先后发生了产业革命和资产阶级革命，资本主义机器大工业生产方式得以建立并广泛发展，社会生产力水平大大提高，可供交换的产品空前增多，真正的国际分工开始形成。另外，大工业使交通运输和通信联络产生了变革，极大地方便和推动了国际贸易的快速发展。其间，英国成为国际贸易的中心。同时，国际贸易的商品结构及国际贸易的方式都有了很大变化。1848 年美国芝加哥出现了第一个谷物交易所，1876 年伦敦成立了有色金属交易所。国际信贷关系也逐步发展起来，各种票据的使用开始广泛流行。

（3）垄断资本主义时期（19 世纪末至 20 世纪初）的国际贸易。这一时期，各主要资本主义国家从自由竞争阶段逐步过渡到垄断资本主义阶段，国际贸易也出现了一些新的变化。同自由竞争时期相比，垄断资本主义时期国际贸易的规模仍在扩大，但增长速度下降，主要是垄断组织开始对国际贸易产生严重影响。垄断组织通过垄断价格，使国际贸易成为其追求最大利润的手段。一些主要资本主义国家的垄断组织也开始资本输出。资本输出不仅带动了本国商品的出口，而且还能以低廉的价格获得原材料。同时，资本输出也是这些垄断组织在国外市场上排挤其他竞争者的一种有力手段。

4. 第二次世界大战后国际贸易的新发展

第二次世界大战后，第三次科技革命的发生，引起了一系列新兴工业的相继兴起、跨国公司的大量出现，极大地促进了生产国际化的发展，使国际分工更加深入，国际市场范围日益扩大，为国际贸易的发展提供了极其有利的条件。在这一时期，国际贸易呈现出以下几个特点。

（1）国际贸易结构走向高级化。具体表现为传统初级产品的比重下降，工业制成品的比重持续上升。例如 1950 年，工业制成品出口价值占世界全部商品出口价值的 34.9%，此后这一比例不断上升，到 2000 年，国际贸易中将近四分之三的商品都是工业制成品；高新技术产品出口高速增长，其中办公和通信设备成为出口增长最快的部分；现代服务业发展迅速，服务业贸易的比重不断增加。特别是进入 21 世纪以来，国际服务贸易额更是以两位数的速度快速增长。2003 年，国际服务贸易额增长了 12%，为 17 630 亿美元；2007 年，国际服务贸易额首次突破 3 万亿美元。不仅如此，国际服务贸易结构也日趋高级化，技术、知识、资本密集型服务业迅速发展，金融、保险、法律、咨询等业务不断扩大。

（2）国际直接投资逐渐成为国际贸易的主要推动力。跨国公司全球化经营，实行大规模的行业内分工和内部贸易，大大扩大了国际贸易的规模。跨国公司内部贸易在整个国际贸易中所占的比重逐渐提高，20 世纪 90 年代为 40%，21 世纪初在 50%以上。

（3）发达国家之间的贸易成为主要的贸易流向。20世纪60年代初，北美、西欧和日本相互间的贸易量低于当时世界总贸易量的40%，80年代初这一比重增加到41%，90年代初为47%左右；到了2000年，上升到了近50%。如果算上新加坡、韩国等新兴工业化国家，这一比例会更高。

（4）区域性自由贸易迅速发展。第二次世界大战后，尤其是20世纪90年代以来，各种形式的区域性经济合作越来越多，其中最多的是自由贸易区，包括欧洲自由贸易区、北美自由贸易区、东南亚国家的自由贸易区等。各经济贸易集团内部成员间的贸易发展十分迅速，成为国际贸易发展的重要特点。

（5）贸易保护主义势力抬头，手段不断翻新。第二次世界大战后，在关贸总协定的推动和美国等国家的倡导下，20世纪50年代至70年代，贸易政策和体制总的特点是各发达国家倾向于贸易自由化。但20世纪70年代中期以来，以美国为首的西方国家经济普遍出现"滞胀"，贸易保护逐渐兴起。一些发达国家不仅通过高关税和配额限制发展中国家的农产品、服装等出口，还运用高技术标准的"绿色壁垒"，贸易保护的手段更加隐蔽，更具有针对性。

二、当代国际贸易的特点

进入21世纪后，国际贸易已经见到或可以预测的未来有以下几个特点。

1. 全球贸易自由化进程加快，贸易保护主义仍然存在

全球贸易自由化是指诸多国家和地区通过一定的协议或形式，使相关的经济活动在全世界范围内按照一定的规则，在没有贸易壁垒和贸易障碍的全球市场下协调运行。

20世纪90年代以来，世界范围的贸易自由化进程明显加快。特别是世界贸易组织正式运作以来，在推进贸易自由化方面已取得了实质性进展，通过谈判先后达成了《信息技术协议》《基础电信协议》《金融服务协议》，推动了相关领域的贸易自由化进程。

在全球贸易向自由化推进的大背景下，部分国家和地区贸易保护主义时有抬头，推出各种显性或隐性的贸易壁垒或贸易障碍。2024年8月WTO官网通报的数据显示，从2021年12月31日开始启动和实施的卫生和植物检疫措施共22 065项，其中正在实施的有3 496项；技术性贸易壁垒措施共32 478项，其中正在实施的有3 431项。

2. 区域贸易集团化的趋势不断加强

区域贸易集团化主要表现在以下两个方面。第一，区域经济组织数目不断增加，20世纪50年代仅有20多个，20世纪90年代有150多个，2020年年底仅向世界贸易组织通报的有效区域贸易协定就超过350个。第二，区域内贸易额在对外贸易中的比重逐渐加大。20世纪50年代，欧洲经济共同体（欧盟前身）内部贸易额仅占其对外贸易额的30%左右，目前欧盟内部贸易额已增长到其对外贸易额的60%～70%，东盟自由贸易区的这一比重也达40%～50%。

3. 协调管理贸易成为各国外贸政策趋向

国际间的经济协调愈趋加强，已经初步形成了网状、多层次的国际宏观协调机制，对稳定世界贸易秩序、促进国际分工有序进行，以及对全球经济增长均起到了积极的作用。

纵观当今世界国际贸易协调与管理实践，大致可分为全球、地区和国别等三个层次。

（1）全球性协调管理机制。在全球范围内，有世界贸易组织、国际货币基金组织和世界银行等国际机构就宏观贸易、投资及货币事宜制定并实施"游戏规则"。

（2）地区性协调管理机制。在各地区内，相关国家和地区通过经贸机构、双边或多边协定

等机制进行协调。例如，以欧盟、北美自由贸易区和亚太经济合作组织为代表的各类经贸组织的运作，促使区域内生产要素不断趋向自由流通和优化配置。这有利于各国企业从事跨国生产和经营，实现要素互补、优势互补，在公平竞争的基础上实现经济效益最大化，从而有助于区域内各成员之间的经济、贸易、投资和科技合作，促进共同发展。

（3）国别性协调管理机制。许多国家的政府根据本国经济发展战略，利用财政、金融、产业政策及关税和非关税等手段进行宏观管理和调控，一方面建立和健全全国性市场交易机制，促进企业增加出口；另一方面最大限度地规范外商在本国境内的生产和经营活动，监管外国商品在本国境内的生产和促销活动。

4．国际贸易结构由传统的生产要素型向知识经济型转变

传统的贸易结构是在经济结构相对简单，知识和技术的作用尚未被充分认识的时代形成的。随着科学技术的发展，特别是信息时代的到来，技术成为新的生产要素和经济增长点，这一点逐渐成为人们的共识。在这个前提下，国际贸易结构也发生了深刻的变化。科技含量、知识含量、技术程度等科技要素决定和改变着各国在国际分工中的地位，并成为衡量和界定一国，乃至国际贸易结构的主要指标。以技术服务和信息交换为内容的国际技术服务贸易的形成和发展，以高新技术产品和高价值技术为对象的现代技术贸易的扩展，构成了国际贸易结构变化的基础。它引导国际贸易由以生产要素投入为标准的传统贸易结构，向以智力资源的利用为主导的知识经济型结构转变，国际贸易结构向服务、高科技和"绿色产品"方向倾斜。

5．国际竞争方式由单一型、粗放式向综合型、集约式转变

进入 20 世纪 90 年代，迅猛发展的科学技术的触角伸向世界经济的每一个角落，影响着人们的消费习惯和生活质量，也随之引发了国际贸易方式和国际竞争方式的变化，主要表现为国际市场竞争的焦点由商品价格转向商品品质，国际竞争向更高层次发展。不仅竞争范围拓宽了，竞争能力标准发生了变化，而且比较优势也发生了变化。

6．电子商务对国际贸易的影响持续加深

自电子商务问世以来，这种新型的线上贸易形式对传统贸易产生了强烈的冲击，并且有力地推动了国际贸易的发展，甚至可以说，电子商务引发了国际贸易的革命。电子商务的普及提高了国际贸易的交易效率，突破了时空限制，即使远在北极圈的小城居民，在"双十一"时也能通过电商平台购买我国商品，并且很快收到商品。电子商务对国际贸易的交易方式、营销模式、管理方式、监管机制等各个方面都产生了深远影响，未来这种影响将不断深化。

视野拓展

在学习本课程前，读者可能没太关注跨境电商，其实它已经深入我们的生活。估计有的读者曾通过京东国际、考拉海购、亚马逊等平台购买过境外商品，这类 B2C（企业对个人）跨境电子商务的扩张对传统贸易方式和 B2B（企业对企业）电子商务都产生了深刻影响。

跨境电子商务相关新闻

需要说明的是，B2B 跨境电子商务（传统国际贸易数字化）较 B2C 跨境电子商务更具发展潜力，除商务信息交换、洽谈等环节的数字化日渐成熟外，支付、物流、通关等环节的数字化也日渐加深。在 2018 年由美国运往我国的一船大豆的交易中，合同、信用证、植物检疫认证及其他各种单证均实现了数字化，交易效率大大提升。

导入案例分析

改革开放以来，我国进出口贸易得到了长足发展，成为经济增长的主要拉动力。目前，我国已与世界上 220 多个国家与地区开展了贸易，"中国制造"到"中国智造"享誉世界。我国进出口贸易快速发展的主要原因可以归纳为以下几个方面：一是国民经济的快速、协调、稳定发展，为扩大进出口奠定了坚实的物质基础。二是国际环境的改善，特别是 2001 年我国加入世界贸易组织以来，关税总水平由 2001 年的 15.3% 降低到 2024 年的 7.3%，非关税壁垒也逐步取消，对外贸易发展的内外环境进一步改善。三是外贸经营主体多元化，企业竞争力提高，为对外贸易的发展带来了新的活力。我国民营企业占外贸总额的比例从 2004 年的 14% 提高到 2023 年的 52.4%。四是外商直接投资形成强大的生产能力和相对稳定的外销渠道，成为我国进出口贸易的主要推动力。数据显示，2008 年，外商投资企业创造了全国 55.3% 的出口，吸纳的劳动力达到了 4 500 万人。2023 年，外商投资企业的进出口贸易额仍占我国进出口贸易额的 30.2%。

对外贸易名副其实地成为我国经济增长的"发动机"。

 # 自测题

一、单项选择题

1. 贸易条件是指（　　　）。
   A. 投资环境　　　　　　　　　　　B. 初级产品与工业制成品的比价
   C. 进出口比价　　　　　　　　　　D. 市场价格水平

2. 以国境和关境作为标准，国际贸易可分为（　　　）。
   A. 进口贸易和出口贸易　　　　　　B. 有形贸易和无形贸易
   C. 总贸易和专门贸易　　　　　　　D. 过境贸易和转口贸易

3. 能够比较确切地反映一国对外贸易实际规模，便于各个时期进行比较的是（　　　）指标。
   A. 贸易顺差　　　　B. 对外贸易额　　　　C. 对外贸易商品结构　D. 对外贸易量

4. 我国聘请外教到本国讲学属于（　　　）。
   A. 跨境交付　　　　B. 境外消费　　　　C. 自然人流动　　　　D. 商业存在

5. 当一国在一定时期内的进口总额大于出口总额时，可称之为（　　　）。
   A. 贸易顺差　　　　B. 贸易逆差　　　　C. 净出口　　　　D. 净进口

二、简答题

1. 国际贸易主要有哪些分类标准？
2. 简述当代国际贸易的特点。
3. 请到海关总署网站查询与我国进出口额排名前 15 的国家和地区，同时分别查询我国与这些国家和地区的出口总额和进口总额，并以柱状图的形式表示。

 课后阅读与分析

第二章

国际贸易理论

【学习指导】

本章主要介绍一国参与国际分工所依据的国际贸易理论。学习本章后，应了解自由贸易理论和保护贸易理论，掌握现代国际贸易新理论，并能利用这些理论分析国际分工的现状。

【导入案例】

2010 年，我国国内生产总值（GDP）首次超越日本位居世界第二，截至 2024 年，我国国内生产总值一直位居第二。2023 年我国的人均国内生产总值为 1.27 万美元。相伴随的是，我国的劳动力低成本传统优势正在丧失。改革开放的前 30 多年，我国积极参与国际分工，依据比较优势理论，很长一段时间主要依赖人口、土地、资源等传统优势要素参与其中，被锁定在全球价值链加工、组装等低附加值环节，导致企业在出口贸易的附加值获取能力方面未有明显优势。这一分工模式虽然曾为我国经济发展带来积极的影响，但并不可持续。

讨论：什么是比较优势理论？我国应采取什么分工理论促进中国制造业企业全球价值链的攀升？

第一节　自由贸易理论

自由贸易理论是国际贸易的核心理论，是整个国际贸易理论发展的主线，对各种不同类型国家的贸易理论和政策选择产生了深远的影响。自由贸易理论的核心是，开展自由贸易可使参与的贸易国均获得贸易利益。亚当·斯密是自由贸易理论的创始者，大卫·李嘉图则对自由贸易理论进行了进一步的发展。

一、绝对优势理论

亚当·斯密（Adam Smith，1723—1790）是英国古典政治经济学的主要奠基人之一，也是国际分工理论的创始者。绝对优势理论的提出是在工场手工业到机器大工业的过渡时期，当时重商主义学说仍占统治地位。随着英国工业革命的开展，封建主义和重商主义成为新兴资产阶级迫切要求发展资本主义的障碍。亚当·斯密代表工业资产阶级的利益，于 1776 年出版了经济学论著《国民财富的性质和原因的研究》（简称《国富论》）。他在书中批判了重商主义的保护贸易政策，鼓吹自由放任的经济思想，创立了自由放任的自由主义经济理论。在国际分工和国际贸易方面，他提出了主张自由贸易的绝对优势理论，亦称绝对成本说。

绝对优势理论主要有以下几个观点。

（1）分工能提高劳动生产率：①分工能够提高劳动生产者的熟练程度；②分工使工人专门从事某项作业，可以节省与生产没有直接关系的时间；③分工有利于改良工具和发明创造。人类的交换倾向产生分工，社会劳动生产力的巨大提高都是分工的结果。

（2）分工的依据是绝对优势或绝对成本。亚当·斯密认为，一国应该依据生产成本来判断生产某种产品的优势。某种产品的生产成本及费用越低，就说明该国在此种产品的生产上具有绝对优势，一国应当生产其具有绝对优势的产品，然后与他国进行交换，换回本国处于绝对劣势的产品。世界各国按照这种绝对成本差异进行国际分工，生产本国具有绝对优势的产品并进行贸易，将会使各国的资源得到有效利用，大大提高劳动生产率，从而对参与此种分工的各国都有利。

（3）绝对优势存在的原因是自然禀赋或后天有利条件。亚当·斯密认为，各国都有适宜生产某种产品的绝对有利的条件，因而该产品的生产成本会绝对低于别国。一般绝对有利的条件来源于两方面：一是一国气候、环境、土壤、矿藏资源等自然禀赋的优势，属于先天优势；二是一国通过教育、培训而获得的具有较高劳动生产率的工艺技能，生产成本自然比别国低。

二、比较优势理论

大卫·李嘉图（David Ricardo，1772—1823）是英国工业革命深入发展时期的经济学家，也是资产阶级古典经济学的完成者。

李嘉图所处的时代正值英国工业革命迅速发展、资本主义不断上升的时期。当时英国社会的主要矛盾是工业资产阶级和地主贵族阶级之间的矛盾。1815年《谷物法》的颁布加剧了这一矛盾，工业资产阶级迫切需要从理论上论证实行谷物自由贸易的优越性。李嘉图站在工业资产阶级一边，其《政治经济学及赋税原理》一书，继承和发展了亚当·斯密的绝对优势理论，提出了以自由贸易为前提的比较优势理论（也称相对优势理论），为工业资产阶级的斗争提供了有力的理论武器。

1. 比较优势理论的主要观点

李嘉图认为，决定国际分工和国际贸易的一般基础是比较优势（相对成本），而不是绝对优势（绝对成本），即使一国与另一国相比，在两种产品的生产上都占绝对优势或均处于绝对劣势，分工和贸易仍然可以进行，结果对两国都有利。他认为国家之间应按"两优择其重，两劣择其轻"的比较优势原则进行分工。

如果一个国家在两种产品的生产上都处于绝对有利地位，但有利的程度不同，而另一个国家在两种产品的生产上都处于不利地位，但不利程度不同。在此情况下，前者应专门生产更为有利的产品，后者应专门生产不利程度较小的产品，通过对外贸易，双方都能取得比自己以等量劳动力所能生产的更多的产品，从而实现社会劳动力的节约，给贸易双方都带来利益。但实现这种分工的必要前提是自由贸易。

2. 比较优势理论的例证说明

为了说明这一理论，李嘉图沿用了英国和葡萄牙生产葡萄酒与毛呢的例子，并对条件作了一些变更，如表2.1所示。在分工前，葡萄牙生产葡萄酒和毛呢所需的劳动人数均少于英国，即在这两种产品的生产上均占优势。但两相比较，葡萄牙生产葡萄酒所需的劳动人数比英国少40人，生产毛呢只少10人，即分别少1/3和1/10。显然，葡萄牙在葡萄酒的生产上优势更大一些。英国在两种产品的生产上都处于劣势，但在毛呢的生产上劣势小一些。根据李嘉图的比较优势理论"两优择其重，两劣择其轻"的分工原则，葡萄牙应该专门生产葡萄酒，英国应该专门生产毛呢，然后两国进行交换。

表 2.1　英国和葡萄牙生产葡萄酒与毛呢的有关数据

	国家及合计	葡萄酒		毛　呢	
		葡萄酒产量（单位）	所需劳动人数（人/年）	毛呢产量（单位）	所需劳动人数（人/年）
分工前	英国	1	120	1	100
	葡萄牙	1	80	1	90
	分工前合计	2	200	2	190
分工后	英国			2.2	220
	葡萄牙	2.125	170		
	分工后合计	2.125	170	2.2	220
国际交换	英国	1		1.2	
	葡萄牙	1.125		1	

按照上述情形进行专业化分工后，英国生产毛呢，葡萄牙生产葡萄酒，两国的产量都会增加。分工后，英国可生产 2.2 单位毛呢，葡萄牙可生产 2.125 单位葡萄酒。如果两国按照 1∶1 的比例进行交换，则英国可获得 1 单位葡萄酒和 1.2 单位毛呢，葡萄牙可获得 1 单位毛呢和 1.125 单位葡萄酒。可见，按此原则分工并交换，两国都会得利。

第二节　保护贸易理论

通过绝对优势理论和比较优势理论，我们知道国际贸易能让我们的世界更美好，但贸易保护主义为什么一直存在？20 世纪末叶，我国的汽车工业全面落后于发达国家，我们是不是应该全面放弃这类行业转而只生产我们有优势的产品？后来使用了什么方法使我国的汽车工业腾飞呢？

一、幼稚工业保护理论

幼稚工业是指处于成长阶段尚未成熟但具有潜在优势的产业。

对幼稚工业保护理论真正实现全面地阐述、发展和完善的是 19 世纪的德国经济学家弗里德里希·李斯特（Friedrich List，1789—1846）。李斯特是德国政治家、理论家和经济学家，资产阶级政治经济学历史学派的先驱，早年曾主张自由贸易。1825 年流亡美国，受到汉密尔顿保护贸易思想和美国实施保护贸易政策成效的影响，转而提倡贸易保护主义。1841 年，李斯特的代表作《政治经济学的国民体系》一书系统地阐述了幼稚工业保护理论。

19 世纪初，德国还是一个在政治上分裂、经济上落后的农业国，在对外贸易中主要出口原料和食品，进口制成品。关于如何改变德国的落后局面，在德国存在自由贸易和保护贸易两种对外贸易政策的激烈论战。李斯特代表德国资产阶级的利益，根据当时欧洲诸国的经济发展实际，以生产力理论为基础，以经济发展阶段理论为依据，以保护关税为核心，提出落后国家发展经济的理论学说——幼稚工业保护理论。幼稚工业保护理论的观点有以下几个。

1. 生产力理论

生产力理论是李斯特幼稚工业保护理论的理论基础。李斯特认为，生产力是一个国家改变其落后状态最为重要的因素。自由贸易理论符合英国的利益而不利于其他落后国家。从短期来看，按照自由贸易理论，一国从国外进口成本较低的商品比在本国生产能得到更多的利益，即短期能得到更多的财富。但是本国工业得不到发展，因为贸易只是既定财富的再分配，它使一个国家获得了短期的贸易利益，却使其丧失了长期的生产利益，即创造物质财富的能力。如果采取保护关税政策，发展本国的工业生产力，可能开始时成本较高，丧失短期利益，但是当本国工业发展起来以后，生产成本就会下降，生产力得以提高，生产力的提高会带来更多财富。

2. 经济发展阶段理论

经济发展阶段理论是李斯特幼稚工业保护理论的理论依据。李斯特认为，自由贸易理论忽视了不同国家的历史和经济发展特点，处在不同发展阶段的国家采用相同的经济发展模式是错误的。他提出各国经济发展必须经过五个发展阶段，即原始未开化时期、畜牧时期、农业时期、农工业时期和农工商业时期。各国处于不同经济发展阶段，应该实行不同的对外贸易政策。当一国处于农工业时期，即第四阶段时，应该实行保护贸易政策。因为此阶段本国的工业尚处于建立和发展时期，与外国自由竞争的能力较弱，为避免外国商品对本国工业的冲击，应该实施保护贸易政策。当时的德国和美国处于第四阶段，应该实行保护贸易政策。

3. 幼稚工业保护对象的选择

李斯特提出的选择保护对象的原则是：农业不需要保护；一国工业虽然幼稚，但在没有强有力的竞争对手时也不需要保护；只有刚刚开始发展且有强有力的外国竞争者的幼稚工业才需要保护。李斯特还提出保护的时间以30年为最高期限，在此期限内，如果被保护对象还扶植不起来，就应该任其消亡。

4. 幼稚工业保护手段的选择

通过禁止输入与征收高关税的办法保护幼稚工业，以免税或征收轻微进口税的方式鼓励复杂机器的进口。为保护幼稚工业，李斯特提出，"对某些工业品可以实行禁止输入，或规定的税率事实上等于全部，或至少部分地禁止输入"。同时，"凡是在专门技术与机器制造方面还没有获得高度发展的国家，对于一切复杂机器的输入应当允许免税，或只征收轻微的进口税"。

20世纪末，我国的汽车工业全面落后于发达国家，我国把其列入幼稚工业，采取征收高关税和一些非关税手段对其进行保护，这使汽车产业得到了长足的发展，为我国进入汽车时代打下了坚实的产业基础。汽车产业的腾飞也为我国创造了大量财富并增加了大量优质的就业岗位。

二、超保护贸易理论

约翰·梅纳德·凯恩斯（John Maynard Keynes，1883—1946）的经济学说是在20世纪30年代资本主义大危机的背景下，为适应垄断资产阶级的需要而产生的。1929年到1933年，资本主义世界发生空前严重的经济危机，使市场问题进一步尖锐化。凯恩斯认为，保护贸易的政策能够保护经济的繁荣，扩大就业，因此国家应干预经济生活，把对外贸易与扩大有效需求结合在一起，于是形成了超保护贸易理论。

视野拓展

超保护贸易理论是由凯恩斯及其追随者马克卢普、哈罗德共同创立的。凯恩斯是英国经济学家，凯恩斯主义的创始人和现代宏观经济学的奠基人，著名的《就业、利息和货币通论》是其代表作。马克卢普（Machlup）是出生于奥地利的美国经济学家，美国普林斯顿大学教授，凯恩斯的主要追随者之一，其代表作是《国际贸易与国民收入乘数》。哈罗德（Harrod）是英国经济学家，牛津大学教授，凯恩斯的主要追随者之一，其代表作是《国际经济学》和《动态经济学》。

超保护贸易理论的理论依据主要是投资乘数原理和对外贸易乘数理论。

1. 投资乘数原理

投资乘数原理是资产阶级经济学家凯恩斯首先创立的，它论证了在一定消费倾向下，投资和就业量的关系。凯恩斯在《就业、利息和货币通论》一书中用乘数原理来分析投资对国民收入的作用，提出了投资乘数原理。

凯恩斯认为，投资的增加对国民收入的影响有乘数作用，即增加投资所引致的国民收入的增加是投资增加的若干倍。若用 ΔY 表示国民收入的增加，K 表示乘数，ΔI 表示投资的增加，则

$$\Delta Y = K \cdot \Delta I$$

投资具有乘数作用是因为国民经济各部门是相互联系的。某一部门的一笔投资会在各部门引起连锁反应，从而国民收入会有若干倍的增加。例如，投资于生产资料的生产，会引起从事生产资料生产的人们的收入增加，收入的增加又会引起他们对消费品需求的增加，进而引起消费品生产的人们的收入增加……以此类推，由此增加的国民收入总量会等于原增加投资量的若干倍。凯恩斯认为，增加的倍数取决于"边际消费倾向"。如果边际消费倾向为 0，也就是说，人们将增加的收入全部用于储蓄，那么国民收入就不会增加；如果边际消费倾向为 1，即人们把增加的收入全部用于消费，那么国民收入增加的倍数将无穷大；如果边际消费倾向介于 0 和 1 之间，即人们将增加的收入的一部分用于消费，那么国民收入增加的倍数将在 1 和无穷大之间。

2. 对外贸易乘数理论

对外贸易乘数理论是凯恩斯的追随者马克卢普和哈罗德等人在投资乘数原理的基础上引申提出的。他们认为，在开放经济体制下，国民经济不仅受制于投资乘数，还受到对外贸易乘数的制约。一国的出口和国内投资一样，有倍增国民收入的作用；而一国的进口则与国内储蓄一样，有倍减国民收入的作用。当输出商品和劳务时，从国外得到的货币收入会使出口产业部门的收入和消费增加，必然会引起其他产业部门生产、就业和收入的增加。如此反复下去，国民收入的增加量将为出口量的若干倍。当进口商品和劳务时，必然向国外支付货币，于是收入减少，消费随之减少，国内生产缩减，收入减少……因此，只有当贸易为顺差时，才能增加一国就业量，提高国民收入。此时，国民收入的增加将为贸易顺差的若干倍。这就是对外贸易乘数理论的观点。

第三节　国际贸易新理论

大概在 2010 年之后，对企业而言，我国人力成本已经不低了，部分制鞋、制衣企业在东南亚、非洲投资建厂。但为什么电子企业工厂外迁的较少？为什么有些制鞋、制衣企业也没有外

迁？同是智能手机，为什么华为、小米手机能卖到欧美，苹果手机在我国也有市场？绝对优势理论、比较优势理论、保护贸易理论似乎都不能很好地解释这些问题，本节将介绍几个主要的国际贸易新理论。

微课堂

生产要素禀赋理论

一、生产要素禀赋理论

古典国际贸易理论作为现代国际贸易理论的基础，在长达一个世纪的时间里占据支配地位。直到 20 世纪三四十年代，国际贸易发生了许多新的变化，国际贸易理论研究相应地呈现出空前的繁荣景象。其中，瑞典经济学家贝蒂·俄林（Bertil Ohlin，1899—1979）在其著作《地区间贸易和国际贸易》一书中，采取了他的老师赫克歇尔学说的主要论点，提出了生产要素禀赋理论，因此该理论也被称为赫克歇尔－俄林理论。

生产要素禀赋理论的主要观点有以下几个。

1. 商品价格的国际绝对差异是国际贸易产生的直接原因

商品价格的国际绝对差异是指不同国家的同种商品以本国货币表示的价格，按照一定的汇率折算成以同种货币表示的价格时出现的价格差异。当两国价格差异大于商品的各项运费时，从价格低的国家输出商品到价格高的国家，贸易双方都因交换而获利，国际贸易才能发生。

2. 生产要素价格的差异来源于国家间生产要素禀赋的差异

俄林把生产要素分为自然资源（含土地）、资本和劳动力三类。自然资源又分为五小类：农业和林业资源、渔业和狩猎业资源、矿产资源、水力发电资源、运输业资源。资本分为两小类：短期资本和长期资本或安全资本和风险资本。劳动力分为三小类：不熟练工、熟练工和技术工。受自然、社会等因素的影响，各地区或国家间的上述生产要素禀赋存在差异，形成了本地区或国家的价格机制。这种价格机制受到生产要素需求和供给因素的影响，其中生产要素供给是主要的，供给相对丰富的要素价格较低，供给相对稀缺的要素价格较高。

3. 生产要素的比例决定具体产业的设立

地区或国家间应该按照生产要素的丰缺和比例进行分工。俄林得出结论：一个国家生产并出口那些大量使用本国供给丰富的生产要素的产品，价格就低，因而出口就有比较优势；相反，生产那些需大量使用本国稀缺的生产要素的产品，价格就高，出口就不利。为了提高世界的生产效率，充分利用各国的资源，每个国家都应生产和出口使用本国丰富的生产要素的要素密集型产品，进口使用本国稀缺的生产要素的要素密集型产品。

 思考与训练 2.1

我国在改革开放之初，出口的产品主要为纺织服装（高峰时此类产品的出口额占出口总额的比例在 50% 以上）、鞋类、箱包等劳动密集型产品。请根据生产要素禀赋理论对此现象进行分析。而现在，此类劳动密集型产品的出口额占我国出口总额的比例已不足 20%，为什么？

二、里昂惕夫之谜

里昂惕夫之谜是指里昂惕夫在对生产要素禀赋理论进行验证时，因为验证结果与生产要素禀赋理论正好相反，结果引发了持续一代人的争论，它成为西方传统国际贸易理论在当代新发展的转折点。

（一）里昂惕夫之谜的提出

瓦西里·里昂惕夫（Wassily Leontief，1906—1999）是当代著名的美国经济学家，投入产出经济学的创始人，诺贝尔经济学奖获得者。

里昂惕夫对生产要素禀赋理论确信无疑，按照这个理论，一个国家出口的应是密集地使用了本国丰富的生产要素生产的产品，进口的应是密集地使用了本国稀缺的生产要素生产的产品。基于以上认识，1952年，他利用"投入-产出"分析法对美国1947年的外贸商品结构进行了具体分析，其目的是对生产要素禀赋理论进行验证。他把生产要素分为资本和劳动力两种，计算出每百万美元出口商品和进口商品所使用的资本和劳动力，从而得出美国出口商品和进口商品中所含的资本和劳动力的密集程度。其计算结果是，美国出口商品具有劳动密集型特征，而进口商品具有资本密集型特征。这个验证结果与生产要素禀赋理论正好相反。该结果使西方经济学界大为震惊和困惑，因而将这一结论称为"里昂惕夫反论"或"里昂惕夫之谜"。

（二）对里昂惕夫之谜的各种解释

里昂惕夫对生产要素禀赋理论的验证结果深深地震撼了世界各国的经济学家，他们纷纷从各种角度对里昂惕夫之谜产生的原因进行解释，现选取两个具有代表性的学说加以说明。

1. 熟练劳动说

熟练劳动说又称要素非同质说，最先由里昂惕夫提出，后来由美国经济学家基辛加以发展。里昂惕夫认为，由于美国工人的劳动效率比其他国家高大约3倍，因此在以效率为单位衡量劳动的条件下，美国就成为劳动要素相对丰富而资本要素相对稀缺的国家。为什么美国工人的劳动效率比其他国家高呢？里昂惕夫认为，这是由于美国企业管理水平较高，工人所受的教育和培训较多、较好，以及美国工人进取心较强，这些论点可以看作熟练劳动说的雏形。

后来，美国经济学家基辛对这个问题进一步加以研究。他利用美国1960年的人口普查资料，将美国企业职工分为熟练劳动和非熟练劳动两大类，并且根据这两大分类对14个国家的进出口商品结构进行分析，得出了资本要素较丰富的国家倾向于出口熟练劳动密集型产品，资本要素较缺乏的国家倾向于出口非熟练劳动密集型产品的结论。例如，在这14个国家的出口商品中，美国的熟练劳动密集型产品比重最高，非熟练劳动密集型产品比重最低；印度的熟练劳动密集型产品比重最低，非熟练劳动密集型产品比重最高。在进口商品方面，正好相反。这表明发达国家在生产含有较多熟练劳动的商品方面具有优势，而发展中国家在生产含有较少熟练劳动的商品方面具有比较优势。因此，劳动熟练程度的不同是国际贸易产生和发展的重要因素之一。

2. 人力资本说

人力资本说是由美国经济学家凯南等人提出来的，它用对人力投资的差异来解释"谜"的产生。凯南等人认为，劳动是不同质的，这种不同质表现为劳动效率的差异。这种差异主要是由劳动熟练程度决定的，而劳动熟练程度又取决于对劳动者进行培训、教育的开支和其他有关的开支，即决定智力开支的投资。凯南等人认为，国际贸易商品生产所需的资本，既包括有形资本（物质资本），也包括无形资本，即"人力资本"。所谓人力资本，主要是指用于职业教育、技术培训等方面的资本。正是由于美国投入了较多的人力资本而拥有更多的熟练技术劳动力，所以美国出口的商品含有较多的熟练技术劳动要素。若将人力资本部分加到有形资本中，将明显得出美国出口资本密集型产品、进口劳动密集型产品的结论，这个结论仍符合生产要素禀赋理论。

三、产业内贸易理论

最早提出产业内贸易理论的是经济学家沃顿。1960年，沃顿在考察卢森堡、比利时、荷兰经济联盟内部的贸易形式时发现，联盟内部各国专业化生产的产品大多是同一贸易分类项下的。1962年，麦克利在分析36个国家的贸易数据时也发现，发达国家间的进出口商品构成有较大的相似性，发展中国家的则较小。1966年，巴拉萨将这种不同国家在同一个产业部门内部进行贸易的现象，即一国同时出口和进口同一产业的产品，国家间进行的同产业的产品差异化竞争，称为产业内贸易。

产业内贸易理论的内涵如下。

（1）产品的差异性是产业内贸易的基础。在每一个产业部门内部，产品由于其质量、性能、规格、商标、牌号、款式、包装等方面的不同而被视为差异产品，即使其实物形态相同，也可由于信贷条件、交货时间、售后服务和广告宣传等方面的不同而被视为差异产品。各国由于财力、物力、人力的约束和科学技术的差距，不可能在具有比较利益的部门生产所有的差异产品，而必须有所取舍，着眼于某些差异产品的专业化生产，以获取规模经济利益。例如，欧盟和我国都生产小汽车，汽车产业是欧盟的传统优势产业，而我国在新能源汽车领域有一定优势，各方都有一部分消费者喜欢对方的产品，所以两方会发生较大规模的小汽车交换产业内贸易。

（2）需求偏好相似是产业内贸易的动因。瑞典经济学家林德指出，不同国家的经济发展水平和人均收入水平不同，需求结构与需求偏好亦不同。两国的经济发展水平和人均收入水平越接近，需求结构与需求偏好越相似，相互间的贸易量便越大；相反，则会阻碍国际贸易的发展。

（3）不同国家产品和消费层次结构的重叠使得相互间的产业内贸易成为可能。对发达国家来说，由于经济发展水平相近，其产品和消费层次结构也大体相同，这种重合是发达国家之间进行产业内贸易的前提和基础。在发达国家与发展中国家之间，产品和消费层次结构也有部分重叠，这种重叠使得发达国家与发展中国家之间相互进出口具有差别的产品成为可能。这就很好地解释了同是智能手机，为什么华为、小米手机能卖到欧美，而苹果手机在我国也有市场了。

四、国家竞争优势理论

1990年，美国哈佛大学商学院教授迈克尔·波特出版了《国家竞争优势》一书，提出了国家竞争优势理论。波特的理论第一次明确地揭示了对外贸易的根本动力是寻求国家竞争优势，而且第一次清晰、系统地阐述了国家竞争优势的确切内涵。

波特认为，一国兴衰的根本原因在于其能否在国际市场上取得竞争优势，竞争优势形成的关键在于能使主导产业具有优势，主导产业的建立有赖于生产效率的提高，提高生产效率的源泉在于企业具有创新机制。从宏观层面来看，一个国家竞争优势的获得取决于四个基本因素和两个辅助因素，这些因素构成该国企业的竞争环境，并促进或阻碍国家竞争优势的产生。

国家竞争优势的基本因素有以下几个。

（1）生产要素。波特将生产要素划分为基本要素和推进要素。前者是指先天拥有或不需花费太大代价便能得到的要素，如自然资源、气候、地理位置和非熟练劳动力等。后者则指需要花费很大代价才能得到的要素，如基础设施、熟练劳动力和高科技等。一国的竞争优势只靠基本要素难以长久，只有拥有推进要素的国家才能保持竞争优势。因此，拥有推进要素对一国建立目标竞争力而言非常重要。

（2）需求因素。波特认为，本国市场对有关行业的需求是影响一国竞争优势的重要因素。例如，本国市场对有关行业的某类产品需求扩大，就会促使该行业竞争和发展，形成一定的规模经济，从而有利于国际竞争优势的增强。而国内需求质量高更有利于促进创新，提高产品竞争力。如果国内的消费者比较挑剔、品位较高，就会迫使本国企业努力提高产品的质量、档次和服务水平，从而取得竞争优势。例如，荷兰人特别喜爱鲜花，由此产生了庞大的花卉产业。正是由于国内消费者对鲜花的强烈需求和高度挑剔，荷兰才成为世界上最大的鲜花出口国之一。

（3）支持性产业和相关产业。一个国家要想获得持久的竞争优势，就必须获得在国际上有竞争力的供应商和相关产业的支持。近年来，我国的机械工业后来居上，所依靠的正是完整产业链带来的成本优势，以及智能化、信息化等相关产业所提供的支持。所谓相关产业，是指因为共用某些技术、共享同样的营销渠道或服务而联系在一起的产业或具有互补性的产业。相关产业往往是某一行业的新加入者获得竞争优势的源泉，会带来新的资源、新的技术和新的竞争方法，从而促进产业的创新和升级。例如，新能源汽车涉及电池、人工智能等诸多产业，无论是电池技术有所突破，还是辅助驾驶在人工智能的支持下有所进步，都会给新能源汽车产业带来巨大的革新。

（4）企业战略、结构和竞争。不同国家的企业在目标、战略和结构上都不相同，国家竞争优势来自对它们的选择和搭配。国家竞争优势还取决于国内的竞争程度，激烈的国内竞争是企业创造和保持竞争优势有力的刺激因素。

📖 视野拓展

国家竞争优势的建立还必须考虑两个辅助因素：一是机遇因素，这是指世界经济的发展变化及某些重要发明、技术突破、汇率变化、其他突发事件等；二是政府因素，这是指一国政府所采取的宏观经济政策等，这些都影响一国国际竞争优势的变化。

导入案例分析

比较优势理论的主要观点是国家间应按"两优择其重，两劣择其轻"的比较优势原则进行分工。虽然我国的劳动力成本有逐年提高的趋势，但与发达国家相比，我国在劳动密集型产品的生产上还具有比较优势。但如果我国简单地依据比较优势理论来确定贸易结构乃至产业结构，势必会使经济难以持续增长。依据国家竞争优势理论，我国需加快发展新质生产力，鼓励传统产业积极应用互联网、智能制造等数字化手段，与数字化技术深度融合，以生产效率的提高抵消传统生产要素的劣势，继续保持国际竞争力。同时，利用我国本土规模市场优势，积极培养国内消费市场，加快构建以国内大循环为主体、国内国际双循环相互促进的新发展格局。如此，我国就能在新一轮全球化分工和产业布局上占据制高点，推动全球价值链、产业链和供应链向优化方向发展。

自测题

一、单项选择题

1．亚当·斯密认为两国进行贸易的基础是（　　）。
　A．两国商品绝对成本的差异　　　　　　B．两国商品相对成本的差异
　C．两国商品价格的绝对差异　　　　　　D．两国商品价格的相对差异

2．提出按比较优势进行国际分工的西方经济学家是（　　）。
　A．亚当·斯密　　　B．大卫·李嘉图　　　C．俄林　　　　　　D．海尔斯

3．俄林认为一国应出口大量使用（　　）。
　A．相对丰富生产要素所生产的产品　　　B．相对稀缺生产要素所生产的产品
　C．劳动成本相对低的产品　　　　　　　D．劳动成本相对高的产品

4．里昂惕夫之谜说明（　　）存在矛盾。
　A．绝对利益论与相对利益论　　　　　　B．相对利益论与生产要素禀赋理论
　C．实践的验证结果与生产要素禀赋理论　D．实践的验证结果与相对利益论结论

5．（　　）是指一个国家同时出口和进口同类产品。
　A．公司内贸易　　　B．中间产品贸易　　　C．产业间贸易　　　　D．产业内贸易

二、简答题

1．简述大卫·李嘉图比较优势理论的主要内容。
2．评述李斯特的幼稚工业保护理论。
3．生产要素禀赋理论的主要内容是什么？
4．从理论上对产业内贸易的解释有哪些？举例说明我国与其他国家进行的产业内贸易。

 课后阅读与分析

第三章

国际贸易政策

【学习指导】

本章主要介绍一国在其对外贸易领域所实施的贸易政策。学习本章后，应该了解关税的含义、特点和征收标准，掌握关税的种类、非关税措施、一国促进出口的措施，并了解我国目前实施的鼓励进口的措施。

【导入案例】

自 2001 年年底加入世界贸易组织以来，我国认真履行加入世界贸易组织的降关税承诺，关税总水平已由 2001 年的 15.3%降至 2017 年的 9.8%。2018 年我国 4 次主动降关税，关税总水平降至 7.5%。为加快推进国内先进制造业的创新发展及满足人民群众日益增长的美好生活需要，我国现在每年都会对相应的高科技产品、食品、药品等商品实施低于最惠国税率的进口暂定税率。进入 2024 年，我国再次调整进口关税，自 1 月 1 日起，对 1 010 项商品实施低于最惠国税率的进口暂定税率。

讨论：什么是最惠国税率？什么是进口暂定税率？征收关税的目的是什么？我国近年来主动降关税对经济发展起到了什么作用？

第一节 关税措施

关税不仅是国家的一种财政收入，而且是各国对外贸易政策的重要手段。

一、关税的含义与特点

关税是指进出口商品经过一国关境时，由政府设置的海关向进出口商课征的一种税。其特点如下。

（1）关税的主体是海关和进出口商。关税与一些国内税不同，关税的征税主体是海关，税收（纳税）主体是进出口商。当商品进出关境时，进出口商依据海关法向当地海关缴纳关税，因而进出口商是税收主体，即关税的纳税人。

（2）关税的客体是进出关境的货物。关税是对特定货物途经海关通道进出口而征的税。根据关税法规的有关规定，对各种进出口商品制定不同的税目和税率并进行征税。

（3）关税具有涉外统一性，执行统一的对外经济政策。国家征收关税不单是为了满足政府财政上的需要，更重要的是利用关税来贯彻执行统一的对外经济政策，实现国家的政治、经济目的。关税政策、关税措施也往往和经济政策、外交政策紧密相关，具有涉外性。

（4）关税是一种间接税。关税主要针对进口商品征税，其税赋可以由进口商垫付，然后把它作为成本的一部分加在货价上，进口商在货物出售后可收回这笔垫款。因此，关税最后转嫁给买方或由消费者承担。

二、关税的征收标准

关税的征收方法也称为关税的征收标准，主要有从量税和从价税两种。在这两种主要征收标准的基础上，又有混合税和滑准税。

（1）从量税，是以商品的重量、数量、容量、长度、面积等作为标准计征的关税。例如，2024年我国对关税税号为3702322000的胶卷征收从量税，普通税率为每平方米104元，最惠国税率为每平方米4.5元。从量税税额的计算公式为

$$从量税税额 = 货物数量 \times 每单位从量税$$

（2）从价税，是以进出口商品的计税价格为标准，按一定比例计征的关税。绝大部分的进出口商品都按从价税征收进出口关税。从价税税额的计算公式为

$$从价税税额 = 货物的计税价格 \times 从价税税率$$

（3）混合税，是指征税时同时使用从量和从价两种征收标准计征，以两种税额之和作为商品的关税税额。混合税税额的计算公式为

$$混合税税额 = 从量税税额 + 从价税税额$$

（4）滑准税，又称滑动税，是指在海关税则中，预先按商品的价格高低分档制定若干不同的税率，然后根据进口商品价格的变动而增减进口税率的一种关税征收标准。当商品价格上涨时采用较低的税率，当商品价格下跌时采用较高的税率，其目的是使商品的国内市场价格保持稳定。

视野拓展

关税调整对生活的影响

进口关税调整与商品价格相关联，特别是关系民生的食品、药品，降低进口关税会为普通居民的生活带来利好。

三、关税的种类

根据不同的标准，可对关税进行不同的分类。

（一）按照征收的对象或商品的流向分类

按照征收的对象或商品的流向分类，关税可分为以下三种。

（1）进口关税，是指对输入国内的外国商品征收的关税。这种关税一般由进口国海关在外国商品进入关境时，或从海关保税仓库、自由港、自由贸易区等提出运进境内市场时对进口商征收。

（2）出口关税，是指对输往境外的本国商品征收的关税。这种关税一般由出口国海关在本国商品出口到境外时向出口商征收。现在大部分国家不征收出口关税。

（3）过境税，又称通过税。它是一国海关对通过其关境再转运到第三国的外国商品所征收的关税。第二次世界大战后，大多数国家都不征收过境税，只对外国商品通过其领土时征收少量的准许费、印花费、登记费、统计费等。

（二）按照差别待遇和特定的实施情况分类

该分类标准主要是针对进口关税进行分类的。各国征收关税的依据是海关税则，也称关税

税则。海关税则分为单式税则和复式税则两类，单式税则是指一个税目只有一个税率，即对来自任何国家的同一税目进口商品均按同一税率征税，没有差别待遇。目前只有少数国家实行单式税则。复式税则是指在同一个税目下设有两个或两个以上的税率，对来自不同国家的同一税目进口商品按不同的税率征税，实施差别待遇。目前，大多数国家都采用复式税则。

复式税则项下的进口关税种类主要有最惠国税、协定税、特惠税、暂定税、普通税、普遍优惠制关税。为了限制进口，进口国政府有时还会临时制定进口附加税。

1. 最惠国税

一国对来自与其签有最惠国待遇条款贸易协定的国家实行的关税，称为最惠国税或正常关税。通常情况下，正常的进口关税就是指最惠国税。《中华人民共和国关税法》（以下简称《关税法》）规定，原产于共同适用最惠国待遇条款的世界贸易组织成员的进口货物，原产于与我国缔结或者共同参加含有相互给予最惠国待遇条款的国际条约、协定的国家或者地区的进口货物，以及原产于我国境内的进口货物，适用最惠国税率。

微课堂
按照差别待遇和特定的实施情况分类的进口关税

2. 协定税

一国与别国或其他地区通过签订双边或多边的贸易协定而确定的关税，称为协定税。《关税法》规定，原产于与我国缔结或者共同参加含有关税优惠条款的国际条约、协定的国家或者地区且符合国际条约、协定有关规定的进口货物，适用协定税率。适用协定税率的进口货物有暂定税率的，从低适用税率；其最惠国税率低于协定税率且无暂定税率的，适用最惠国税率。

3. 特惠税

特惠税又称优惠税，是指对从某个国家和地区进口的全部商品或部分商品，给予特别优惠的低关税或免税待遇。《关税法》规定，原产于我国给予特殊关税优惠安排的国家或者地区且符合国家原产地管理规定的进口货物，适用特惠税率。如自 2024 年 12 月 1 日起，对原产于同我国建交的安哥拉共和国等 43 个最不发达国家 100%税目产品适用税率为零的特惠税率。

4. 暂定税

暂定税是指对进出口的部分商品在一定期限内实施的更为优惠的关税。暂定税率一般低于最惠国税率，实施暂定税是常见的自主调整关税的方式。这种税率一般按照年度制定，并且随时可以根据需要恢复按照法定税率征税。每逢年末，我国都会对部分进口商品的关税税率进行调整，这主要是为了适应经济社会发展情况。《关税法》规定，适用最惠国税率的进口货物有暂定税率的，适用暂定税率。如 2024 年，我国对进口冻鳕鱼实施的暂定税率为 2%，而法定的最惠国税率为 7%。

5. 普通税

一国对来自与其没有签订关税互惠条款贸易条约或协定的国家和地区的进口商品所征收的关税，称为普通税。《关税法》规定，原产于除适用最惠国税率、协定税率、特惠税率以外的国家或者地区的进口货物，以及原产地不明的进口货物，适用普通税率。

6. 普遍优惠制关税

普遍优惠制关税简称普惠税，是发达国家单方面给予发展中国家出口制成品和半制成品的一种关税优惠待遇。

普遍性、非歧视性和非互惠性是普惠制的三项基本原则。普遍性是指发达国家对所有发展中国家出口的制成品和半制成品给予普遍的关税优惠待遇；非歧视性是指应使所有发展中国家都无歧视、无例外地享受普惠制待遇；非互惠性即非对等性，是指发达国家单方面给予发展中国家特殊的关税减让，而不要求发展中国家给予发达国家对等待遇。随着我国经济的发展，发达国家基本都终止了对我国出口商品给予的普遍优惠制关税政策。

7. 进口附加税

进口附加税是进口国海关对进口的外国商品除征收一般进口关税外，还出于某种特定目的而额外加征的关税。实施进口附加税通常是一种限制进口的临时性措施，进口附加税主要包括以下两种。

（1）反补贴税，是对于直接或间接接受任何奖金或补贴的外国货物在进口时所征收的一种进口附加税。征收反补贴税的目的在于增加进口商的成本，抵消进口商品所享受的补贴金额，削弱其竞争能力，使进口国的同类商品能与进口商品在市场上公平竞争，从而保护进口国的国内生产和市场。

（2）反倾销税，是指对实行商品倾销的进口货物所征收的一种进口附加税。征收反倾销税的目的在于抵制商品的倾销，保护本国商品的国内市场。

📖 视野拓展

想了解我国对来自不同国家或地区的进口商品征收多少进口关税吗？可以通过"互联网+海关"网站进行查询。以海关编码 0201300090（其商品名称是"其他鲜或冷藏的去骨牛肉"）为例，经查询，2024 年的进口最惠国税率为 12%，进口普通税率为 70%，对原产于韩国的进口协定税率为 4%，对原产于美国的进口协定税率为 42%，对原产于澳大利亚的进口协定税率为 0%，对原产于东盟十国的进口协定税率为 0%。

第二节　非关税措施

受世界贸易组织多边关税减让谈判结果的影响，许多国家纷纷将贸易政策的限制手段从关税措施转向了非关税措施，并把其作为限制进口的主要措施。非关税措施是相对关税措施而言的，它是指除关税以外的各种限制进口的措施。

一、直接非关税措施

直接非关税措施主要包括进口配额制、"自动"出口配额制和进口许可证制度。

1. 进口配额制

进口配额制又称进口限额，指一国政府对一定时期内（如一季度、半年或一年）某种商品的进口数量或金额规定一定的限额，在规定的限额以内商品可以进口，超过限额就不准进口，或不完全禁止进口，但要征收较高的关税或罚款。进口配额制主要有以下两种。

（1）绝对配额，是指在一定时期内，一国政府对某种商品的进口数量或金额规定一个最高数额，超过这个数额后，便不准进口。

（2）关税配额，是指在一定时期内，一国政府对某种商品的进口规定一个配额，对规定配额以内的进口商品给予低税、减税或免税待遇，对超过配额的进口商品则征收较高的关税、附加税或罚款。如我国 2024 年对进口砂糖，配额内税率为 15%，配额外税率为 50%。

2. "自动"出口配额制

"自动"出口配额制又称"自动"出口限制，简称"自限"，是指出口国在进口国的要求或压力下，"自动"规定在某一时期内该国某种商品出口的限额，在限定的数额内自行控制出口，超过数额即禁止出口。

3. 进口许可证制度

进口许可证制度是指一国规定进口商进口某种商品须事先向本国主管部门申领进口许可证，并凭许可证进口商品的制度。

根据我国对进口商品的许可程度分类，可分为自动进口许可证和进口许可证。实施自动进口许可证管理的商品，实际上是可自由进口的商品，凡列明属于自动进口许可的商品，进口商只要按规定申领自动进口许可证，即可获准进口。实施自动进口许可管理，目的是便于国家统计和监测货物进口情况。实施进口许可证管理的商品，进口商必须向政府有关部门提出申请，经政府有关部门逐笔审查批准后才能进口。

📘 视野拓展

我国目前只对少数商品实施配额制和许可证制。想了解我国对什么商品实施这些制度吗？可以通过中华人民共和国商务部（以下简称商务部）官网进行查询。如 2024 年的实施情况如下。

（1）属于进口关税配额管理的货物包括羊毛、毛条、食糖、化肥等 4 种。

（2）属于出口配额管理的货物有 17 种，其中，出口活牛（对港澳）、活猪（对港澳）、活鸡（对香港）、小麦、玉米、大米、小麦粉、玉米粉、大米粉、药料用人工种植麻黄草、煤炭、原油、成品油（不含润滑油、润滑脂、润滑油基础油）、锯材、棉花的，凭配额证明文件申领出口许可证；出口甘草及甘草制品、苁蓉草及苁蓉草制品的，凭配额招标中标证明文件申领出口许可证。

（3）属于自动进口许可管理的货物有 45 种，包括牛肉、猪肉、羊肉、鲜奶、原油、成品油、化肥、汽车产品、飞机、船舶、医疗设备等。详见商务部、海关总署公布的《自动进口许可管理货物目录（2024 年）》。

（4）属于进口许可证管理的货物有 14 种，包括消耗臭氧层物质、化工设备、金属冶炼设备、工程机械、起重运输设备等，详见商务部、海关总署公布的《进口许可证管理货物目录（2024 年）》

（5）属于出口许可证管理的货物有 43 种，包括活牛、活猪、活鸡、牛肉、猪肉、鸡肉、小麦、玉米、大米、稀土、锡及锡制品、煤炭、白银、汽车（包括成套散件）及其底盘等，详见商务部、海关总署公布的《出口许可证管理货物目录（2024 年）》。

二、间接非关税措施

具有间接限制进口作用的非关税措施主要有外汇管制、歧视性政府采购、进出口的国家垄断、进口最低限价、进口押金制度和烦琐的海关程序。

1. 外汇管制

外汇管制是指一国政府通过法令对外汇收支、结算、买卖和使用所采取的限制性措施。实行外汇管制的主要目的是集中外汇的使用，防止外汇投机，限制资本的流出和流入，稳定货币汇率，改善或平衡国际收支。

2. 歧视性政府采购

歧视性政府采购是指一国政府通过制定法令和政策规定各级政府在采购公共物品时，必须优先购买本国产品的做法。具体包括以下内容。

（1）优先购买本国货物与服务。如英国政府规定，其国内机构使用的通信设备和电子计算机必须是英国产品。

（2）强调货物与服务中的国产化程度。在政府不得不使用外国货物与服务时，强调国产化率，如零部件国产化、当地产品含量等。

（3）偏向国内企业的招标。在政府出资的工程招标中，采用的评价标准或程序偏向国内企业。

3. 进出口的国家垄断

进出口的国家垄断是指在对外贸易中，对某些或全部商品的进口或出口规定由国家机构直接经营，或者把某些商品的进口或出口的专营权给予某些垄断组织。

各国规定由国家垄断的进出口商品主要有四大类：第一类是烟和酒，第二类是农产品，第三类是武器，第四类是石油。

如自2021年8月起，我国国营贸易管理货物有13种。其中，进口国营贸易管理货物为小麦、玉米、大米、食糖、烟草及其制品、原油、成品油、化肥、棉花，出口国营贸易管理货物为玉米、大米、烟草及其制品、钨及钨制品、锑及锑制品、煤炭、原油、成品油、棉花、白银。未列入国营贸易企业目录或者未获得非国营贸易允许量的对外贸易经营者，不得从事上述货物的进出口活动。

4. 进口最低限价

进口最低限价就是一国政府规定某种进口商品的最低价格。凡进口商品的价格低于规定的最低价格，则征收进口附加税或禁止进口，以达到限制低价商品进口的目的。例如，1985年智利对进口的绸坯布规定每千克的最低限价为52美元，低于此限价，将征收进口附加税。

5. 进口押金制度

进口押金制度，又称为进口存款制度，是指一国政府为控制某些商品的进口，或为了在一段时间内控制全国的进口量，规定进口商在进口商品前，必须预先按进口金额的一定比例，在规定的时间内到指定的银行无息存放一笔现金的制度。

6. 烦琐的海关程序

一些国家即使名义上没有什么进口限制，但其仍然可以通过制定烦琐的进口海关程序达到限制进口的目的。

（1）海关对申报表格和单证作出严格要求，不仅要求进口商出示商业发票、原产地证书、货运提单、保险单等，而且故意在申报表格、单证上做文章。如法国强行规定进口商提交的单据必须是法文等。

（2）通过商品归类提高税率。海关武断地把进口商品分类在税率高的税目下，以增加进口商品的关税，从而达到阻碍商品进口的目的。如美国对一般的打字机进口不征收关税，但将它归类为玩具打字机时，则要征收35%的进口关税等。

（3）专断的海关估价。专断的海关估价是指有些国家根据国内某些特殊规定，违背海关估价协议，通过人为地提高某些进口商品的海关估价从而提高进口关税，增加进口商的关税负担，以此来阻碍商品的进口。

三、新型非关税措施

乌拉圭回合谈判的结果使关税措施进一步削弱，传统的非关税措施也受到众多诸边协议的约束。各国在保护环境、维持生物多样性和维护本国人民生命安全的名义下实施或加强了一系列新型非关税措施，其中主要包括技术性贸易措施、环境贸易措施等。

 视野拓展

近年来，技术壁垒已成为出口中仅次于汇率、关税的第三个"拦路虎"。贸易伙伴国所设置的技术门槛主要体现在检测、检验、认证等技术性程序上，且认证种类趋向繁杂，除了产品认证外，还有实验室和企业管理认证等。企业出口难度还体现在重复认证上。例如，上海出入境检验检疫局发布的《国外技术性贸易措施对我国电气设备出口影响研究报告（2016 年）》显示，电气设备行业遭遇的国外技术性贸易措施超过 22 种，遍布多数发达贸易伙伴和大部分新兴市场，且不同地区之间认证结果的互认程度低，同一种产品要"敲开"多个市场的"门"，就得配多把认证"钥匙"，这迫使一些中小企业放弃了国外市场。

我国多数企业尤其是中小企业，应对国外技术性贸易措施的主要难题之一是信息不畅，因而对目标市场准入条件的变化不敏感。商务部在其官网上不定期更新《出口商品技术指南》，可帮助企业尽快了解和掌握国外市场的标准、技术法规、认证检验等市场准入要求，使企业跨越国外技术壁垒。

1. 技术性贸易措施

技术性贸易措施（壁垒）是指进口国对进口商品制定强制性和非强制性的、苛刻烦琐的技术法规或标准、卫生检疫规定及检验商品的合格评定程序，从而提高对进口商品的要求，增加进口难度，最终达到限制进口的目的。

（1）技术法规是指强制性执行的有关产品特性或与产品特性有关的生产工艺和生产方法的规定。按照欧盟委员会 2011/884/EU 决议和 2013/287/EU 决议等要求，输入欧盟成员国的米制品中不得含有转基因成分，且米制品在输入欧盟成员国时必须批批随附欧盟规定格式的证明（该批米制品不含有转基因成分的健康证书），这给我国米制品出口欧盟造成了不小的困扰。

（2）技术标准是指经公认机构批准的、非强制性执行的、供通用或重复使用的产品或相关工艺和生产方法的规则、指南或特性的文件，包括有关符号、包装、标志或标签要求等。根据美国食品药品监督管理局（FDA）的规定，属于装饰、陈列用途的陶瓷器皿（如盘、碟类等），必须加上 "Not for food use./Plate may poison food./Decorative purpose only."（非食品用或本品可使食品有毒或仅供装饰用）等永久标志，否则不予放行。

（3）合格评定程序是指任何直接或间接用以确定产品是否满足技术法规或技术标准要求的程序，如抽样、检验和检查，评估、验证和合格保证，注册、认可和批准。

2. 环境贸易措施

环境贸易措施又称为绿色贸易壁垒，是近年来国际上出现的一种新型非关税措施。它是指以保护环境、保护人类和动植物生命健康为名构筑的贸易壁垒。环境贸易措施的主要表现形式如下。

（1）绿色市场准入。该措施指发达国家以保护环境为名，禁止进口一些污染环境和影响生态环境的产品。如美国食品药品监督管理局规定，所有在美国出售的鱼类都必须来自经美方证明未受污染的水域。

（2）绿色技术标准。发达国家制定了严格的强制性环境保护的技术标准，凡不符合其标准的产品，将被拒绝进口。如根据欧盟的规定，在纺织服装中禁用24种含致癌芳香胺的偶氮染料和俗称蓝染料的偶氮染料；限制使用对人体有害的阻燃整理剂（2，3-二溴丙基）、磷酸酯tris、氮丙啶基、磷化氧tris、多溴联苯，全面禁用五溴二苯醚、八溴二苯醚两种阻燃整理剂；植入了五氯苯酚的纤维和结实或耐受力强的纺织品不能用来制作服装或装饰材料；装饰物、人造皮革和衣服配件中，金属镉的含量不得超过0.01%，禁止将金属镉涂布于服装面料表面；禁止在儿童用品中使用含量超过0.1%的PVC增塑剂（引自商务部2016年12月《出口商品技术指南 儿童服装》）。

（3）绿色标志，也称为环境标志，是由政府管理部门、公共或民间环境团体依据一定的环境保护标准，向有关申请者颁发其产品或服务符合环境保护要求的一种特定标志。绿色标志向消费者表明该产品或服务在研究、生产、使用、回收利用和处置的整个过程中符合环境保护要求。

（4）绿色包装制度。绿色包装就是能节约资源、减少废弃物、用后易于回收再用和再生、易于自然分解、不污染环境的包装。如丹麦颁布法令，要求所有进口的啤酒、矿泉水、软饮料一律使用可再装的容器，否则拒绝进口。

（5）绿色卫生检疫制度。为了保护环境和生态资源，确保人类和动植物免受污染物、毒素、微生物、添加剂等的影响，防止超标产品进入国内市场，许多国家，特别是发达国家制定了严格的绿色卫生检疫制度，尤其是对农药残留、放射性残留、贵金属含量等的要求日趋严格。欧盟具有一套堪称世界上最为完备的食品安全管理体系，该体系法规众多，且不断在进行有计划的更新和完善。其中一项法规是《动植物源性食品及饲料中农药最高残留限量的管理规定[（EC）NO 396/2005]》。欧盟每年都要多次修订农药残留限量标准，为增加透明度和便于查询，欧盟建立了数据库，读者可以在欧盟官网搜索适用于每种作物的农药最高残留限量。2017—2019年，欧盟对（EC）NO 396/2005共修订了32次，如2018年修订的（EU）2018/960规定了高效氯氟氰菊酯（lambda-cyhalothrin）的最高残留限量为0.01mg/kg，较之前的标准提高了百倍。2020年上半年，欧盟对（EC）NO 396/2005共修订6次，如增加了氯酸盐的限量要求，标准为0.05mg/kg，将茶叶中可芬诺和伏草隆的限量均由0.02mg/kg放宽到0.05mg/kg。截至2020年年底，欧盟茶叶农药残留限量标准共设置496项，对未涉及的农药残留则依据默认标准（0.01mg/kg）进行判定。从欧盟限定的数量和标准来看，其均属于全世界最严格的标准之一。

第三节　促进出口与出口管制的措施

各国除了利用关税和非关税措施限制进口外，还会采用各种促进出口的措施扩大商品的出口。限制进口和促进出口是国际贸易政策相辅相成的两个方面。同时，一国也会对某些产品，尤其是战略物资和高科技产品实行出口管制。

一、促进出口的措施

目前，各国实施的促进出口的措施主要包括出口信贷、出口信贷国家担保制、出口补贴、商品倾销、外汇倾销、出口退税、特区措施等，现归纳如下。

1. 出口信贷

出口信贷指一个国家为了鼓励商品的出口，增强商品的国际竞争能力，在政府的支持下，由本国专业银行或商业银行向本国出口商或外国进口商（或银行）提供比市场利率低的贷款，以满足买方支付进口商品资金的需要。

出口信贷按借贷关系可分为买方信贷和卖方信贷。

（1）买方信贷，是指出口国银行直接向外国进口商（买方）或进口方银行提供的贷款。其附带条件是贷款必须用于购买出口国的商品，从而促进一国商品的出口。这种贷款又称"约束性贷款"。

（2）卖方信贷，是指出口国银行向本国出口商（卖方）提供的贷款。这种贷款合同由出口商与出口国银行签订。卖方信贷通常用于大型商品（飞机、轮船等）和成套设备（生产线等）贸易的场合。由于这些商品出口所需资金多、延续时间长，进口商一般都采用延期付款的方式。在这种情况下，出口商可利用卖方信贷填补因进口商赊购商品而占用的资金，以维持资金的正常周转。因此，卖方信贷是银行帮助出口商向外国进口商提供延期付款，以促进商品出口的一种手段。

2. 出口信贷国家担保制

出口信贷国家担保制是指由出口国政府设立专门机构，为出口商或商业银行向进口商提供的贷款进行风险担保的一种制度。当外国债务人拒绝付款，即发生呆账或坏账时，国家担保机构即按担保的金额给予补偿。该制度的实质是国家代替出口商或商业银行承担风险，为出口商创造安心出口的环境，以争夺国外市场。

3. 出口补贴

出口补贴，又称为出口津贴，是指一国政府为了降低出口商品的成本和价格，加强其在国外市场上的竞争力，对出口商在出口商品时给予财政上的优惠待遇。

出口补贴的方式有直接补贴和间接补贴两种。

（1）直接补贴，是指出口某种商品时，政府直接给予出口商的现金补贴。其目的是弥补出口商品国内价格高于国际市场价格而给出口商带来的亏损，或者补偿出口商所获利润率低于国内利润率所造成的损失。

（2）间接补贴，是指政府对出口商出口商品给予财政上的优惠待遇。如退还或减免出口商缴纳的销售税、消费税、所得税等国内税；对出口原料或半制成品加工再出口给予暂时免税或退还已缴纳的进口税；免征出口税；对出口商实行延期付税、降低运费、提供低息贷款，以及对企业开拓国际市场提供补贴等。

4. 商品倾销

商品倾销是指商品出口国以低于该商品的国内市场价格，甚至低于商品生产成本的价格向国外市场抛售商品的行为，旨在打击竞争对手，占领国外市场，扩大商品销路。

商品倾销按其倾销的具体目的和持续时间的不同可以分为以下三类。

（1）偶然性倾销。这种倾销通常是因为销售旺季已过，或因生产经营厂商改换其他业务，将在国内市场上不能售出的"剩余货物"以较低的价格在国外市场上抛售。这对进口国的同类商品会造成一定的不利影响，但由于该类倾销的持续时间较短，进口国通常较少对其采取反倾销措施。

（2）间歇性或掠夺性倾销。这种倾销是指出口商以低于国内价格甚至低于生产成本的价格间歇性地在国外市场上抛售商品，以把进口国的生产者逐出本行业，然后再以垄断地位提高价格，弥补倾销所造成的损失。这种倾销严重损害了进口国的利益，往往会遭到进口国反倾销的抵制或其他报复。

（3）持续性倾销。这种倾销是指长期以低于国内的价格在国外市场上出售商品。

5. 外汇倾销

外汇倾销是指一国利用本国货币对外贬值的办法向国外倾销商品。一国货币贬值后，出口商品用外国货币表示的价格降低了，其竞争力就提高了，从而扩大了商品出口。同时，在本国货币贬值后，进口商品用本国货币表示的价格就会上涨，削弱了进口商品的竞争能力，从而达到限制进口的目的。

6. 出口退税

出口退税是指国家为了增强出口商品的竞争能力，由该国税务机构等行政机构将商品价格中所含的间接税退还给出口商，使出口商品以不含税的价格参与国际市场竞争的一种措施。

7. 特区措施

特区措施是指政府通过建立经济特区来促进本国出口贸易发展的措施。我国经济特区的主要类型有以下几种。

（1）多种经营的经济特区，是指一国在其港口或港口附近等地划出一定的范围，新建或扩建基础设施并提供减免税收等优惠政策，以吸引国外或境外的企业在经济特区内从事外贸、加工工业、农牧业、金融保险和旅游业等多种经营活动的区域。如我国自1979年以来，先后建立的深圳、珠海、汕头、厦门和海南经济特区等。

（2）保税区，又称为保税仓库，是海关设置的或经海关批准注册的，受海关监管的特定地区或仓库。外国商品存入保税区内，可以暂时不缴纳进口税，如再出口，不缴纳出口税；如要运往所在国的国内市场，则需办理进口报关手续，缴纳进口税；运入区内的外国商品可进行储存、改装、分类、混合、展览、加工和制造等。如我国最早在1990年设立的上海外高桥保税区等。

（3）出口加工区，是一国或地区在其港口或邻近港口、国际机场的地方，划出一定的范围，新建和扩建码头、车站、道路、仓库和厂房等基础设施，提供免税等优惠待遇，鼓励外国企业在区内投资设厂，生产以出口为主的制成品的加工区域。

（4）自由贸易试验区（以下简称自贸试验区），是指在贸易和投资等方面比世界贸易组织有关规定更加优惠的贸易安排，在主权国家和地区的关境以外，划出特定的区域，准许外国商品豁免关税自由进出。建设自贸试验区是在新时代推进改革开放的重要战略举措，在我国改革开放进程中具有里程碑意义。自2013年9月设立首个自贸试验区（上海自贸试验区）以来，截至2024年12月，我国累计设立了22个自贸试验区，涉及22个省份的数十个城市和海南岛全岛，形成了覆盖东西南北中的改革开放新格局。十多年来，自贸试验区以制度创新为核心，推出了一系列首创性实践，实现了一系列突破性进展，一大批改革开放制度创新成果复制推广到全国，有效发挥了自贸试验区作为改革开放试验田的作用。

二、出口管制的措施

出口管制是指国家通过法令和行政措施对本国的出口贸易实行管理与控制。一般而言，世界各国都会努力扩大商品出口，然而出于某些政治、军事和经济上的考虑，各国都有可能限制和禁止某些战略性商品和其他重要商品输往国外，于是就要实行出口管制。

需要实行出口管制的商品一般有以下几类。

（1）战略物资和先进技术资料。如军事设备、武器、军舰、飞机、先进的电子计算机和通信设备、先进的机器设备及其技术资料等。

（2）国内生产和生活紧缺的物资。对这类物资实行管制的目的是保证国内生产和生活需要，抑制国内该类物资价格上涨，稳定国内市场。例如，西方各国往往对石油、煤炭等能源物资实行出口管制。

（3）需要"自动"限制出口的商品。这是为了缓和与进口国的贸易摩擦，在进口国的要求下或迫于对方的压力，不得不对某些具有很强国际竞争力的商品实行出口管制，如发展中国家根据纺织品"自限协定"自行控制出口。

（4）本国在国际市场上占主导地位的重要商品和出口额大的商品。对于一些国家来讲，其出口商品较为单一、出口市场集中，且该商品的市场价格容易出现波动，对这类商品实行出口管制，是为了稳定国际市场价格，保证正常的经济收入。例如，欧佩克（OPEC）对成员的石油产量和出口量进行控制，以稳定石油价格。

（5）为对某国实行制裁而禁止向其出口的商品。例如，冷战时期，美国控制对苏联的粮食出口；伊拉克入侵科威特时，美国禁止向伊拉克出口商品。

（6）某些历史文物和艺术珍品及黄金、白银等特殊商品。出于保护本国文化艺术遗产和弘扬民族精神的需要而采取对相关商品的出口管制措施，大多数国家对这类商品实行出口许可证制，以控制其出口。

（7）濒危珍稀动物及其制品（含濒危珍稀动物药材）。

第四节　鼓励进口措施

开放市场，扩大进口，对一国经济发展具有不容忽视的重要作用。进口国政府可以通过有关经济、行政的办法及措施鼓励外国商品进口，例如降低或免除进口关税、降低非关税措施的保护程度或取消非关税措施等。

近些年我国实施鼓励进口政策，以增加国内短缺商品的进口。鼓励进口有利于稳增长、转方式、调结构、惠民生，推进贸易便利化，构建开放型经济新体制。我国目前实施的鼓励进口措施主要体现在以下几个方面。

1. 继续优化进口关税结构

加入世界贸易组织后，我国认真履行降关税承诺，关税总水平由 2001 年的 15.3%降至 2017 年的 9.8%。自 2018 年开始，我国每年都会通过调整进口暂定税率主动降低关税，到 2024 年，我国关税总水平降至 7.3%。降税产品主要是涉及民生的药品和食品、信息技术产品，以及为改善环境、助力制造业优化升级所需的设备、零部件和原料等。

进入 2024 年，自 1 月 1 日起对 1010 项商品（不含关税配额商品）实施进口暂定税率。主要调整包括：一是加快推进先进制造业创新发展，降低氯化锂、低砷萤石、燃料电池用气体扩散层等国内短缺的资源、关键设备和零部件的进口关税。二是保障人民生命健康，以高质量供给满足居民消费需求，对部分抗癌药、罕见病药的药品和原料等实施零关税，降低特殊医学用途配方食品等的进口关税。三是降低甜玉米、芫荽、牛蒡种子的进口关税。四是根据国内产业发展和供需情况变化，在我国加入世界贸易组织承诺范围内，提高乙烯、丙烯、6 代以下液晶玻璃基板等部分商品的进口关税。

2. 进一步提高贸易便利化水平

随着全球价值链深入发展，贸易便利化水平成为影响全球贸易和国际竞争力的突出因素。近年来，我国整体通关时间大幅压缩，从关检融合到国际贸易"单一窗口"标准版建设与推广，从 2018 年全面实施"海关预裁定制度"到出台优化口岸营商环境的《提升跨境贸易便利化水平的措施（试行）》，再到《优化口岸营商环境促进跨境贸易便利化工作方案》，我国贸易便利化水平得到了明显提升。借助自贸试验区加大对贸易便利化工作的制度创新和改革探索力度，我国加快了对贸易便利化试点成熟经验在全国的复制推广，这些举措使我国贸易便利化方面大步前行。

3. 不断完善进口促进体系

（1）营造投资合作良好环境，提升政府公共服务水平。加大对重点市场宣传推介力度，及时发布政策和市场信息。加强国别贸易投资法律政策研究。建设跨境贸易投资综合法律支援平台。做好企业境外商务投诉服务。提升商事法律、标准体系建设等方面的服务水平。

（2）办好进博会、广交会、消博会等一批综合展会。对标国际一流展会，丰富完善中国国际进口博览会（以下简称进博会）功能，着力提升其国际化、专业化水平，增强吸引力和国际影响力，确保"越办越好"。研究推行中国进出口商品交易会（以下简称广交会）线上线下融合办展新模式，同时采取多项措施，全力办好广交会进口展，吸引境外优质企业参展，让我国消费者能便利地分享来自全球的优质产品。通过中国国际消费品博览会（以下简称消博会）推动海外精品"引进来"，助力国货潮品"走出去"，共创美好生活。

视野拓展
进博会亮点

（3）培育进口贸易促进创新示范区。充分发挥示范区在促进进口、服务产业、提升消费等方面的示范引领作用。提升监管水平，加强服务创新。研究建立追踪问效、评估和退出机制。

（4）促进跨境电商等新业态的发展。积极推进跨境电商综合试验区建设，不断探索好经验、好做法，研究建立综合试验区评估考核机制。扩大跨境电商零售进口试点。推广跨境电商应用，促进跨境电商企业 B2B 业务的发展。

 导入案例分析

关税具有保障国家财政收入、调节社会经济活动和在对外经贸中保护本国经济利益的功能。改革开放以来，我国充分运用征、减、免、退等关税政策推动国家经济发展。可以说，关税的变迁见证了我国对外贸易的发展历程。

最惠国税率是我国对从大多数国家进口货物适用的税率。暂定税率是指对进出口的部分商品在一定期限内实施的关税税率，暂定税率一般低于最惠国税率，征收暂定税是常见的自主调整关税的方式。

　　我国近年多次主动降低进口关税，主要是为了适应经济社会发展情况，通过进口来满足国内超大规模的市场需求，满足人民群众对美好生活的向往。如降税涉及药品和婴幼儿奶粉、鲑鱼等优质水产品，使患者和消费者的支出切切实实地减少了。同时降税还涉及新基建和高新技术产业所需的设备、零部件和原材料，以及改善环境所需的技术产品，降低这些商品的进口关税，可以有效降低国内产业升级所需的高新技术设备及零部件、国内紧缺资源及部分优质原料等商品的进口成本，有利于加快产业现代化、数字化和智能化进程，促进产业升级。

 自测题

一、单项选择题

　　1. 关税的税收主体是（　　），当商品进出关境时，其依据海关法向当地海关缴纳关税。

　　A. 本国的出口商和本国的进口商　　　　B. 外国的出口商

　　C. 外国的进口商　　　　　　　　　　　D. 海关

　　2. 我国与智利已签署双边的自由贸易区协定，根据该协定，我国从智利进口新鲜樱桃，适用的进口关税税率是（　　）。

　　A. 普通税率 70%　　B. 最惠国税率 10%　　C. 协定税率 0%　　　D. 无法确定

　　3. 出口补贴作为一种促进出口的措施，就是在出口某种商品时给予出口商（　　）优惠待遇。

　　A. 现金补贴或财政上的　　　　　　　　B. 仅在现金补贴上的

　　C. 仅在财政上的　　　　　　　　　　　D. 仅在退还进口税上的

　　4. （　　）不属于技术性贸易措施。

　　A. 技术法规　　　　　　　　　　　　　B. 反倾销税

　　C. 有关符号、包装、标志或标签要求　　D. 合格评定程序

　　5. A 国规定，自 2024 年起，从国外进口的食糖数量不得超过 150 万公吨，超过后即禁止进口，该贸易限制属于（　　）。

　　A. "自动" 出口配额　　　　　　　　　　B. 关税配额

　　C. 国别配额　　　　　　　　　　　　　D. 绝对配额

二、简答题

　　1. 按照差别待遇和特定的实施情况，关税可分为哪几类？

　　2. 谈谈现在新型的非关税措施有哪些。

　　3. 促进出口的措施有哪些？

 课后阅读与分析

第四章

世界贸易组织与区域经济一体化

【学习指导】

本章主要介绍世界贸易组织的基本情况及区域经济一体化的现象。学习本章后，应了解关贸总协定与世界贸易组织的产生，世界贸易组织的宗旨、目标、基本原则，了解区域经济一体化的形式和目前典型的区域经济一体化范例等。

【导入案例】

历经 8 年谈判，终于在 2020 年 11 月 15 日第四次区域全面经济伙伴关系协定（RCEP）领导人会议期间签署了涵盖 15 个成员的《区域全面经济伙伴关系协定》，这意味着全球最大的自贸区正式诞生。RCEP 初始成员包括东盟十国及中国、日本、韩国、澳大利亚和新西兰，总人口、经济体量、贸易总额均占全球总量约 30%，这意味着全球约三分之一的经济体量形成了一体化大市场。2023 年 6 月，全部成员均完成 RCEP 生效程序。

RCEP 成员承诺降低关税、开放市场、减少标准壁垒，这是反对单边主义和保护主义的信号，支持了自由贸易和多边贸易体制，有助于对全球经济形成正向预期，拉动全球经济复苏。

RCEP 释放出的巨大活力吸引了不少经济体。2023 年 8 月斯里兰卡提交加入 RCEP 的申请，2024 年 6 月智利提交加入 RCEP 的申请，与此同时，孟加拉国等国家和地区在准备提交申请。

讨论：什么是区域经济一体化？RCEP 的生效对各成员的经济发展起到了什么作用？

第一节　世界贸易组织

世界贸易组织的前身是关税与贸易总协定（General Agreement on Tariffs and Trade，GATT）。世界贸易组织作为一个正式的国际组织于 1995 年 1 月 1 日成立，这标志着世界经济和贸易进入了一个新的发展时期。

一、关贸总协定与世界贸易组织的诞生

关税与贸易总协定简称关贸总协定，因为它是世界贸易组织的前身，在此有必要先介绍一下它产生的背景以及对世界经济发展的作用。

1. 关贸总协定产生的背景

关贸总协定是第二次世界大战后，在美国的主导下，由 23 个国家于 1947 年 10 月 30 日在日内瓦签订，并于 1948 年 1 月 1 日正式生效的临时性协定，是关于调整和规范缔约成员之间关

税水平和经贸关系权利与义务的多边国际协定。

第二次世界大战后初期，美国在军事、政治和经济上处于绝对领先地位。为了开拓海外市场，建立和维护美国在世界经济、政治领域中的地位，美国积极策划从国际金融、投资和贸易各方面重建国际经济秩序。为此，美国提出"贸易自由化"的口号，首先倡议建立一个以实现贸易自由化为目标的国际贸易组织，把它作为与国际货币基金组织、国际复兴开发银行并重的，专门协调各成员对外贸易政策和国际经济贸易关系的第三个国际性的组织机构。1946 年 2 月，联合国经济及社会理事会开始筹建该组织，并于 1947 年 4 月在日内瓦举行的第二次筹备会议上通过了"国际贸易组织宪章"草案。在这次会议上，为了尽快进行关税减让谈判，参加会议的代表将这项草案的有关关税的条文汇编成一个文件，即关税与贸易总协定，并经过谈判达成一项"临时适用议定书"，作为总协定的组成部分。

2. 关贸总协定的作用

关贸总协定是一个"临时规则"的协定，准备俟各成员政府批准"国际贸易组织宪章"就将之取代。但是由于"国际贸易组织宪章"没有被有关成员政府批准，关贸总协定就成为缔约成员调整对外贸易政策和措施以及国际经济关系方面的重要法律准则。直到 1994 年年底，关贸总协定仍然是各缔约成员签订的一项国际多边协定。但关贸总协定临时机构在 40 多年间一直扮演着国际贸易组织的角色，它主持多边贸易谈判，发挥着国际贸易组织的作用。

关贸总协定在维护国际贸易秩序、推进贸易自由化和促进国际贸易的发展等方面做出了重要贡献。在关贸总协定临时机构的主持下，从 1947 年到 1993 年，历经八轮多边贸易谈判，关税总体水平得以大幅降低，非关税措施受到抑制。

3. 世界贸易组织的诞生

1991 年 12 月 20 日，各成员在乌拉圭回合谈判中正式提出建立"多边贸易组织"的决定。1993 年 11 月中旬，多边贸易组织协议的起草工作完成，于同年 12 月定名为《建立世界贸易组织协议》。1994 年 4 月，各成员在摩洛哥马拉喀什会议上签署了乌拉圭回合谈判最后文件和关于建立世界贸易组织的协定，决定于 1995 年 1 月 1 日正式建立世界贸易组织，取代原来的关贸总协定临时机构，并按照乌拉圭回合谈判达成的最后文件对各成员享受的权利和履行的义务进行监督和管理。

> **思考与训练 4.1**
> 关贸总协定与世界贸易组织有什么不同？

二、世界贸易组织的宗旨与目标

世界贸易组织的宗旨是提高人民的生活水平，保证充分就业；大幅度和稳定地增加实际收入和有效需求，扩大货物和服务的生产与贸易，按照可持续发展的目的，最优化运用世界资源，保护环境，并以不同经济发展水平下各自需要的方式，加强采取各种相应的措施；积极努力，确保发展中国家，尤其是最不发达国家在国际贸易增长中获得与其经济发展需要相称的份额。

世界贸易组织的目标是建立一个完整的、更具活力和永久性的多边贸易体制，以巩固原来的关贸总协定临时机构为贸易自由化所做的努力和乌拉圭回合谈判的所有成果。

三、世界贸易组织的基本原则

世界贸易组织为了维护正常的国际贸易秩序，规范各成员的国际贸易行为，在框架协议中规定了有关国际贸易的一些基本原则。各成员都必须遵守这些原则，否则将受到相应的制裁，这些原则可归纳为以下五项。

1. 非歧视原则

非歧视原则又称无差别原则，是世界贸易组织最重要的原则之一。非歧视原则是世界贸易组织的基石，是各成员平等地进行贸易的重要保证，也是避免贸易歧视、贸易摩擦的重要基础。这一原则承袭了关贸总协定的非歧视原则，主要针对进出口商品与有关事项。它要求世界贸易组织成员相互给予无条件的最惠国待遇和国民待遇。

（1）最惠国待遇原则，是指一成员现在和将来在贸易、投资方面给予任何其他成员的一切优惠、特权、豁免，也应该无条件地给予其他成员，即要求每一个成员在货物贸易、服务贸易和与贸易有关的知识产权方面以相等的方式对待其他所有成员。最惠国待遇具有自动性、同一性、普遍性。

（2）国民待遇原则，是指在其他成员的产品或服务、服务提供者及知识产权所有者进入本国后，其享受的待遇不低于本国产品或服务、服务提供者及知识产权所有者享受的待遇。和最惠国待遇原则一样，国民待遇原则的目标也是保证"市场竞争机会均等"。但是，两者有所区别，最惠国待遇原则要求对其他成员一视同仁，国民待遇原则要求平等地处理本国与其他成员的关系。

2. 自由贸易原则

所谓自由贸易原则，从本质上来说，就是限制和取消一切妨碍和阻止国际间开展贸易的障碍，包括法律、法规、政策和措施等。世界贸易组织的一个重要目标就是通过关税减让、取消数量限制来促进世界自由贸易的开展。在实行关税措施方面，世界贸易组织要求成员应通过关税减让的谈判来逐步降低关税。关税减让的原则是各成员彼此做出互惠与平等的让步，达成关税减让协议。在非关税方面，要求各成员应坚持一般取消数量限制原则，禁止使用非关税壁垒，尤其是以配额和许可证为主的数量限制。

3. 透明度原则

透明度原则，是指成员应公布所制定和实施的贸易措施及其变化情况（如修改、增补或废除等），不公布的不得实施，同时还应将这些贸易措施及其变化情况通知世界贸易组织。成员参加的有关影响国际贸易政策的国际协议，也在公布和通知之列。

4. 公平竞争原则

公平竞争原则是指成员应避免采取扭曲市场竞争的措施，同时纠正不公平贸易的行为，在货物贸易、服务贸易和与贸易有关的知识产权方面，创造和维护公开、公平、公正的市场环境。如在货物贸易领域方面制定的《反倾销协议》《补贴与反补贴措施协议》《保障措施协议》《农业协议》等都体现了公平竞争的原则。

5. 给予发展中国家和最不发达国家优惠待遇原则

世界贸易组织成员大部分为发展中国家，为促进发展中国家的出口贸易和经济发展，世界贸易组织的各项规则允许发展中国家在相关的贸易领域享有优惠待遇。如《农产品协议》规定，农产品进口数量限制等措施应以等量关税取代，并实行关税下降：发达国家在六年内使关税降低36%，发展中国家在十年内使关税降低24%，最不发达国家免除降税义务。

四、我国与世界贸易组织

2001 年 11 月 10 日，世界贸易组织第四届部长级会议在卡塔尔首都多哈以全体协商一致的方式，审议并通过了我国加入世界贸易组织的决定。2001 年 12 月 11 日，我国正式加入世界贸易组织，成为其第 143 个成员。

我国加入世界贸易组织以来，经历了调整，付出了努力，日渐成长为一个成熟的贸易大国，惠及自身，也惠及世界。

1. 我国以开放促进发展

加入世界贸易组织是我国改革开放的重要里程碑。加入世界贸易组织以来，我国在关税减让、消除贸易壁垒、根据世贸规则完善国内贸易法律体系和开放市场等方面切实履行了作为发展中国家应该履行的义务，兑现了加入世界贸易组织时做出的郑重承诺。我国有计划、有步骤地减让关税，达到并超过了世界贸易组织对发展中国家设定的要求，并按照非歧视原则在全境实行公平、统一的关税税率。

加入世界贸易组织后，我国经济发展进入又快又好的时期。2001 年我国人均 GDP 刚达 1 000 美元，到 2023 年已增长到 1.27 万美元。加入世界贸易组织后，我国的进出口贸易呈现爆发式增长，为我国经济发展提供了强大动力，使我国成为举足轻重的贸易大国。

2. 我国以竞争促进成长

加入世界贸易组织之初，"狼来了"是我国企业普遍担心的问题。在大规模削减关税和消除贸易壁垒后，我国企业开始直接面对境外同行的竞争。竞争是促进生产力提升的有效手段。我国企业知难而进，主动引入了国际竞争与合作。经过 20 多年的努力，我国经济不但没有被挤垮，还在"与狼共舞"的过程中涌现出一大批具有世界竞争力的企业，如华为集团、福耀集团等。我国在高速铁路、造船、通信、机械、环保等领域还实现了跨越式发展，出现了一大批掌握核心技术和知识产权的企业。

3. 我国逐步熟悉规则

世界贸易组织统计数据显示，2001—2006 年，我国向世界贸易组织争端解决机制申诉并正式立案的贸易争端只有 1 起。根据中国贸易救济信息网的统计，截至 2024 年 8 月，我国共向世界贸易组织提出 38 起申诉。这充分显示了我国企业利用世贸规则维护自身权益的意识在不断加强。

在理解把握规则和应诉水平方面，我国也在不断取得进步。2010 年以来，我国先在"中美禽肉限制措施案"中赢得世界贸易组织争端解决机制的支持，使得美国最终修改了其国内法律中与世贸规则不符的条款。而后，我国又在"中欧紧固件反倾销措施案"等裁决中获胜，维护了国内企业的权益。

我国运用世贸规则保护自身权益的能力不断提升，从而在一定程度上遏制了国际贸易中滥用反倾销、反补贴等措施的贸易保护主义行径，为改善国际贸易环境，推动建立公平合理的国际贸易秩序做出了贡献。

微课堂
中国加入世界贸易组织的崎岖之路

视野拓展
中国积极应对国外的反倾销和反补贴调查实例

第二节　区域经济一体化

区域经济一体化是指区域内或区域间的国家或地区或政治实体通过签署书面协议，逐步取消关税和非关税壁垒，实现彼此间货物、服务和生产要素的自由流动，进而协调产业、财政和货币政策，进行各种要素的合理配置，促进相互间的经济整合和发展，并建立起超国家或地区组织的过程。

一、区域经济一体化的形式

按一体化的程度，区域经济一体化可分为以下几种形式。

（1）优惠贸易安排。优惠贸易安排是经济一体化中最低级和最松散的一种形式，它是指成员之间通过协定或其他形式，对全部或部分商品规定特别的关税优惠。如建立初期的东南亚国家联盟和亚太贸易协定等都属于此类。

（2）自由贸易区。自由贸易区各成员之间相互取消关税和进口数量限制，使商品在区域内完全自由流动，但各成员仍保持各自的关税结构，按照各自的标准对非成员征收关税。例如欧洲自由贸易联盟、北美自由贸易区、中国-东盟自由贸易区等。

（3）关税同盟。关税同盟是指各成员之间不仅取消关税和其他壁垒，实现内部的自由贸易，还取消了对外贸易政策的差别，建立起对非成员的共同关税壁垒。其一体化程度比自由贸易区更进一步。1948 年比利时、卢森堡和荷兰组成的关税同盟，是较早成立的关税同盟之一。

（4）共同市场。共同市场是指除了在成员内完全废除关税和数量限制并建立对非成员的共同关税壁垒之外，还取消了对生产要素流动的各种限制，允许劳动力、资本等在成员之间自由流动。欧洲经济共同体在 20 世纪 80 年代接近该种形式。

（5）经济同盟。经济同盟是指成员之间不但商品与生产要素可以完全自由流动，建立对外统一关税，而且要求成员制定并执行某些共同经济政策，逐步消除各成员在政策方面的差异，使一体化程度从商品交换扩展到生产、分配乃至整个国民经济，形成一个庞大的经济实体，如在 20 世纪末建成的欧盟。

（6）完全经济一体化。完全经济一体化是区域经济一体化的最高级形式。完全经济一体化不仅包括经济同盟的全部特点，而且各成员还统一所有重大的经济政策，如财政政策、货币政策、福利政策、农业政策，以及有关贸易及生产要素流动的政策，并由其相应的机构执行共同的对外经济政策。1993 年欧洲统一大市场及欧盟的建立，就标志着欧洲经济共同体已开始向完全经济一体化迈进。

二、区域经济一体化的范例

区域经济一体化已成为当代世界经济发展的一大特点。在众多的区域经济一体化组织中，对世界贸易有重要影响的主要是欧洲联盟、北美自由贸易区、东盟自由贸易区、中国-东盟自由贸易区、亚太经济合作组织和中国"一带一路"倡议。

1. 欧洲联盟

1951 年，法国、意大利、比利时和荷兰等国签署为期 50 年的《关于建立欧洲煤钢共同体的条约》（又称《巴黎条约》）；1957 年，六国外长在罗马签署建立欧洲经济共同体与欧洲原子能共同体的两个条约（通称《罗马条约》）；1965 年六国签订《布鲁塞尔条约》，决定将欧洲煤钢共同体、欧洲经济共同体和欧洲原子能共同体统一起来，统称欧洲共同体。之后，英国、丹麦、爱尔兰、希腊、西班牙、葡萄牙先后加入，这个一体化组织规模不断扩大，1993 年后期定为"欧洲联盟"（简称欧盟）。1999 年 1 月，欧洲单一货币——欧元进入实施阶段；2002 年 1 月 1 日，欧元开始流通，并与各成员国货币共同流通；自 2002 年 3 月 1 日起，欧元区成员国货币全部退出流通，欧元成为欧元区唯一法定货币。自 2004 年 5 月 1 日起，中东欧十国（波兰、匈牙利、斯洛伐克、拉脱维亚、立陶宛、爱沙尼亚、塞浦路斯、捷克、斯洛文尼亚、马耳他）正式成为欧盟成员国。2004 年之后，保加利亚、罗马尼亚、克罗地亚相继加入欧盟，在 2016 年英国决定脱离欧盟之前，欧盟成员国已有 28 个；2020 年 1 月 31 日英国宣布正式"脱欧"，欧盟成员国降为 27 个。

2. 北美自由贸易区

北美自由贸易区（North America Free Trade Area，NAFTA），前身是 1989 年美国和加拿大建立的美加自由贸易区。1994 年美国、加拿大、墨西哥三国签订的《北美自由贸易协议》正式生效，之后逐步取消关税。北美自由贸易区把三个成员国的经济更紧密地联系了起来。

3. 东盟自由贸易区

东南亚国家联盟（Association of Southeast Asian Nations，ASEAN），简称东盟，前身是马来西亚、菲律宾和泰国于 1961 年 7 月在曼谷成立的东南亚联盟。1967 年 8 月，印度尼西亚、泰国、新加坡、菲律宾四国外交部部长和马来西亚副总理在曼谷举行会议，发表了《曼谷宣言》，正式宣告东南亚国家联盟成立。随着后期文莱、越南、老挝、缅甸、柬埔寨的陆续加入，东盟发展成由 10 个成员组成的联盟。1993 年，东盟开始向东盟自由贸易区过渡，决定在其后的 10 年内在各成员之间取消制成品的大部分关税，目前建立东盟自由贸易区的既定目标已经基本实现。

4. 中国-东盟自由贸易区

中国-东盟自由贸易区（China-ASEAN Free Trade Area），涵盖中国和 10 个东盟成员，共 11 个成员，也是发展中国家间最大的自贸区。

2000 年 11 月，我国提出了建立中国-东盟自由贸易区的设想，得到了东盟各成员的积极响应。2002 年 11 月，我国与东盟签署《中国-东盟全面经济合作框架协议》，决定在 2010 年建成中国-东盟自由贸易区，并正式启动自由贸易区建设进程，相互之间大幅下调关税。2010 年 1 月 1 日，我国和东盟六个老成员（指文莱、菲律宾、印度尼西亚、马来西亚、泰国和新加坡）之间，已有超过 90%的商品实行零关税，我国对东盟成员的平均关税从 9.8%降到 0.1%，东盟六个老成员对我国的平均关税从 12.8%降到 0.6%。东盟四个新成员（指越南、老挝、柬埔寨和缅甸）与我国在 2015 年实现了 90%商品零关税的目标。

在自贸区政策的推动下，自 2009 年开始，我国已成为东盟的第一大贸易伙伴。从 2010 年开始，东盟成为我国的第三大贸易伙伴；到 2019 年，东盟成为我国的第二大贸易伙伴；到 2021 年，东盟超越欧盟，跃升为我国的第一大贸易伙伴。

5. 亚太经济合作组织

亚太经济合作组织（Asia-Pacific Economic Cooperation，APEC），简称亚太经合组织，成立于 1989 年，我国于 1991 年加入该组织。自 1993 年起，APEC 每年举行一次成员首脑非正式会议，主要讨论与全球及区域经济有关的议题，如促进全球多边贸易体制建立、实施亚太地区贸易投资自由化和便利化等。近年来，APEC 也开始介入一些与经济相关的其他议题，如人类安全、反腐败、抗灾和文化合作等。

APEC 现有 21 个成员，包括澳大利亚、文莱、加拿大、智利、中国、印度尼西亚、日本、韩国、马来西亚、墨西哥、新西兰、巴布亚新几内亚、秘鲁、菲律宾、俄罗斯、新加坡、泰国、美国和越南等。

6. 中国"一带一路"倡议

"丝绸之路经济带"和"21世纪海上丝绸之路"合称"一带一路"倡议。"一带一路"倡议倡导共商、共建、共享的理念，得到了国际社会的高度关注和积极响应。"丝绸之路经济带"是在古丝绸之路概念的基础上形成的一个新的经济发展区域，东牵亚太经济圈，西系欧洲经济圈；"21世纪海上丝绸之路"从海上联通欧亚非，和"丝绸之路经济带"形成一个海上、陆地的闭环。

为保证"一带一路"倡议的顺利实施，我国牵头成立了亚洲基础设施投资银行（以下简称亚投行，于2016年1月正式运作）。亚投行创始成员为57个，成立后不断有新成员加入。截至2024年3月30日，亚投行成员已达109个，批准了260个项目，批准融资总额超过510亿美元，动员资本超1600亿美元到基础设施建设中，惠及37个亚洲域内与域外成员。

共建"一带一路"倡议提出以来，各方在基础设施建设、产业投资合作、绿色低碳发展等多个领域开展务实合作，取得丰硕成果。基础设施建设方面，中老铁路、雅万高铁等一大批标志性项目陆续建成并投运；产业投资合作方面，中国与130多个国家和地区签订了双边投资协定，中国企业与共建国家政府、企业合作共建的海外产业园超过70个；绿色低碳发展方面，中国企业与100多个国家和地区开展绿色能源项目合作；数字经济合作方面，中国已与数十个国家签署数字经济国际合作谅解备忘录，数字交通和空间信息走廊加快建设，"丝路电商"拓展经贸合作新渠道。[①]

 视野拓展

我国与他国和地区签订的自由贸易协定详情及最新情况，可登录商务部的"中国自由贸易区服务网"查询。截至2024年7月，我国已与包括东盟、瑞士、新加坡、澳大利亚、韩国等在内的国家（组织）和地区签署了22个自由贸易协定，涉及29个国家和地区。随着自由贸易协定的落地实施，我国与这些协定内国家和地区的贸易量也在逐渐增长。

"一带一路"对国际贸易格局产生了巨大影响，可登录"中国一带一路网"查询相关信息，以便更深入地了解"一带一路"。

 导入案例分析

区域经济一体化是指区域内或区域间的国家或地区或政治实体通过签署书面协议，逐步取消关税和非关税壁垒，实现彼此间货物、服务和生产要素的自由流动，进而协调产业、财政和货币政策，进行各种要素的合理配置，促进相互间的经济整合和发展，并建立起超国家或地区组织的过程。

RCEP促进了区域经济一体化进程，提升了成员经济增长潜力，主要表现在以下几方面。

第一，RCEP成为区域合作机制的"整合器"，将中日韩等亚洲主要经济体纳入单一市场规则安排之中，降低了区域内经贸制度性成本。关税减让、贸易便利化等措施促进了区域内贸易，释放了区域大市场的巨大潜力。RCEP正式生效后的2022年至2023年，有8个成员经济增速

---

① 主要数据引自国家发展改革委一带一路建设促进中心副主任2024年7月24日在山东省临沂市举行的共建"一带一路"产业发展国际研讨会上的总结。

高于生效前，并高于世界平均增速。2023 年，中国与 RCEP 其他经济体贸易额占中国外贸总额的比重较 2021 年提升 1.1 个百分点，其中中国与东盟贸易额占比较 2021 年提升近 4 个百分点。2023 年，中国对东盟投资增幅高达 44.6%，双向累计投资超过 3800 亿美元。

第二，RCEP 重塑了亚洲分工合作格局，提升了亚洲在全球产业格局中的地位。原产地累积规则促进区域内产业链供应链价值链融合发展，区域产业链供应链韧性进一步增强，RCEP 区域内中间品贸易占贸易总额比重由 2021 年的约 64.5% 上升至 2023 年的约 66%。

第三，RCEP 强化了东盟在区域经贸合作中的主体作用，助力东盟成长为全球第四大经济体。预计到 2030 年前后，东盟国内生产总值将达到 6.6 万亿美元左右，成为仅次于美国、中国、欧盟的世界第四大经济体。

第四，RCEP 推动了"亚洲生产、全球消费"分工格局的调整，逐步形成"亚洲生产、亚洲消费"的新格局。

 自测题

一、单项选择题

1．缔约一方保证缔约另一方在本方境内享有不低于任何第三方享有的待遇属于（　　）。
　　A．最惠国待遇　　　B．国民待遇　　　　C．磋商原则　　　　D．关税保护原则

2．如一国的某些旅游景点，外国游客的门票价格高于国内游客的门票价格，这不符合世界贸易组织的（　　）。
　　A．普惠制原则　　　B．国民待遇原则　　C．最惠国待遇原则　D．特惠待遇原则

3．按目前的一体化的发展程度，RCEP 属于以下哪种形式？（　　）
　　A．优惠贸易安排　　B．自由贸易区　　　C．关税同盟　　　　D．共同市场

4．各成员之间不仅取消了关税和其他壁垒，实现内部的自由贸易，还取消了对外贸易政策的差别，建立起对非成员的共同关税壁垒，这是区域经济一体化形式中的（　　）。
　　A．自由贸易区　　　B．关税同盟　　　　C．共同市场　　　　D．经济同盟

5．世界贸易组织成员通过（　　）促进世界贸易自由化。
　　A．提高关税　　　　　　　　　　　　　B．征收反倾销税
　　C．采取进口许可证制度　　　　　　　　D．降低关税、取消数量限制

二、简答题

1．世界贸易组织的宗旨与目标是什么？
2．世界贸易组织的基本原则有哪几项？
3．通过网络搜集资料，简述近年来我国加快实施的自由贸易区战略。

 课后阅读与分析

第五章

进出口交易前的准备工作

【学习指导】

企业要开展进出口贸易，必须拥有自己的客户群并配备熟悉外贸业务的员工。寻找客户以及与客户建立业务联系，是外贸业务员开展进出口业务前必须做好的准备工作。准备工作做得好与坏，与进出口计划的完成与否及每笔交易的成败有着密切的关系。

学习本章后，应掌握寻找客户的途径、建立业务联系的基本技能，并熟悉进出口业务流程。

【导入案例】

出口前做好资信调查

我国 HY 公司于 20×× 年 6 月接到美国 FAV 公司的业务信函，业务涉及的总金额高达 200 万美元。FAV 公司在后续信函中告知，由于距货物销售的旺季还有一段时间，希望在前期购买小批量货物来试探市场走向，一旦市场反应良好，将按上述金额大批量购买。

FAV 公司向 HY 公司提出前期购买价值为 30 万美元的货物，要求 HY 公司给予 60 天的赊销期。HY 公司的决策层经过研究，认为双方的合作前景良好，同时双方的合作又能够给公司带来相当大的利润，于是同意了 FAV 公司的要求，签订了售货合同。

经过两个月的放账后，HY 公司开始向 FAV 公司催款，但 FAV 公司称 HY 公司的货物在市场上反馈不佳，积压十分严重，并以该批货物的质量与合同规定不符等理由，要求减少还款金额。HY 公司意识到情况严重，于是通过专业机构调查对方资信，发现对方的财务状况十分混乱，其供货商早在三个月前就取消了给其授予的信用限额，并正在追讨欠款。FAV 公司根本没有能力偿还 30 万美元的货款。经过几个月的努力追讨，HY 公司在当地法院通过诉讼保全，拿回了 40% 的货款，FAV 公司也随即破产。

讨论： 从 HY 公司的遭遇中你得到什么启示？

第一节　寻找客户的途径

客户是企业的交易对象。广泛地同客户建立贸易关系，建点铺面，组织推销网，是企业开展进出口贸易业务的重要条件之一。

然而，对于刚从大学毕业进入外贸公司的新业务员而言，最大的困惑莫过于该如何找到自己的客户，做成自己的第一笔交易。本节将就如何寻找客户从而建立起自己的业务网络做出说明。

一、充分利用公司已有资源

大学毕业生就业状况调查表明，大部分大学毕业生刚进入公司时，虽然拥有扎实的专业理论知识，但往往缺乏实际操作经验及自己的业务网络。在实际操作上，大学毕业生能做的就是虚心向老业务员学习，熟悉公司内部的各种管理规章和操作细节，熟练掌握外贸流程的各个操作步骤与环节，这样才能从生手逐渐成为熟手。这是所有外贸业务员都必须经历的过程，大学毕业生要勤学好问、肯动脑筋。

建立自己的业务网络并没有那么简单，因为对于外贸业务员而言，自己的客户就是自己的饭碗，属于商业机密。即使是同事，也不会轻易向其透露自己的客户信息，而从别人那里挖客户也有悖商业道德。但这并不是说在这方面公司就毫无资源可利用，任何公司都会有一些不属于个人的公共客户，外贸业务员只要多加留意，就能挖掘出有用的信息，从而培养属于自己的客户。例如，某外贸公司的小李，进入公司两三个月后一直没有建立起自己的客户关系网络。一个偶然的机会，她从公司领导处得知有一个来自中东的客户对某电子配件进行过询盘，而接待该客户的原业务员现已离开了公司。因此，小李主动从领导处要来了这份询盘，并立即与该客户联系。通过在线上与客户的几次洽谈，双方最终达成协议，小李完成了自己进入公司以来的第一笔交易，并通过该客户认识了中东的其他客户，从而建立起自己在中东的业务网络。

二、充分利用各种交易会或展览会

参加各种交易会或展览会，是外贸业务员获得客户的重要渠道。在展览会上不仅能接触到有意向的客户，还能了解同行信息，及时把握行业发展趋势。

1. 国内参展

我国每年都有不少交易会或展览会，如中国进出口商品交易会（广交会）、中国-东盟博览会（东博会）、中国国际高新技术成果交易会（高交会）、全国药品交易会、中国国际中小企业博览会（中博会）等。来我国参加这类交易会或展览会的境外团体与个人非常多，这为我们寻找境外客户提供了十分便捷的途径。参加这类交易会或展览会不仅有利于实现交易，更重要的是在交易会或展览会中我们能跟客户进行面对面的沟通，增进了解，联络感情，从而建立稳定的业务关系。

2. 国外参展

为了进一步开拓国际市场，除了在国内参展，有条件的企业还可以参加国外的大型展览会。据统计，许多世界性展览会都在欧洲举办，每年在欧洲举办的贸易展览会约占世界总量的60%，而且部分欧洲展览会规模较大，参展商数量和观众人数众多。与欧洲相比，美国的展览会的国际影响力较小。大多数情况下，美国的展览会更多是为了满足美国各州间贸易往来的需要，因此外国参展商的成交量常常较小。此外，日本是世界上重要的纺织品交易市场之一，所以在日本举办的纺织品展览会也受到了各国企业的青睐。

参展信息可以通过登录各地的商务厅（局）官网查询，一些行业协会也会组织行业内的企业出国参展。表 5.1 是某年佛山市商务局组织外贸企业参加的部分展览会信息。由于展览会名称常有变化，当年的展览会名称应以各地商务厅（局）官网公布的为准。

企业如果要到国外参展，需要了解世界各地展览会的相关信息，筛选出适合自己参加的展览会，提高参展的效率，避免盲目参展。企业参展前要注意展览会的参展范围、举办地点、举办时间，以及近几届及本届展览会的详细情况。这些信息可通过展览会主办方的官网进行了解，同时企业可以看看主办方官网是否会公布参展商名单，根据参展商名单一方面评估展览会质量，另一方面找到自己的"差异化"优势，在展览会中争取表现得更突出。在选择是否参展前，也可以用横向思维，多问问合作过的几个重点客户，看他们是否参加。客户常参加的展览会往往具有不错的影响力，这种展览会大概率也是目标客户的集聚地。

表 5.1 某年国外部分展览会信息

国家/地区	展览会名称
德国	德国科隆国际五金工具博览会、德国科隆国际食品展览会、德国法兰克福国际汽车及零配件展览会、柏林国际电子消费品展览会、德国科隆国际办公家具及管理设施展览会、德国法兰克福国际圣诞礼品展览会等
英国	英国微型工艺品展览会、英国世界水果蔬菜展览会、英国国际广告标识展览会等
法国	法国巴黎国际食品及饮料博览会、法国巴黎国际复合材料展览会、法国国际医院医疗设备展览会等
意大利	意大利米兰国际摩托车展览会、意大利博洛尼亚国际建材展览会、意大利维罗纳国际石材展览会、米兰秋季国际箱包皮具展览会、里米尼国际陶瓷技术展览会等
美国	美国中部卡车展览会、美国厨卫展览会、美国国际体育用品展览会、美国国际五金工具及户外花园用品展览会、美国拉斯维加斯国际消费类电子产品展览会等
日本	日本东京国际家用纺织品展览会、日本东京国际礼品及消费品博览会、日本国际办公家具展览会、日本东京国际模具及金属加工展览会、日本东京国际体育健身展览会、日本大阪国际生活用品展等
东盟	马来西亚（吉隆坡）国际汽车零配件及售后服务展览会、越南国际家具及室内家居配件展、泰国国际电子展、印尼雅加达国际建材及技术展、马来西亚国际食品展等
俄罗斯	俄罗斯家用电器与家庭用品博览会、俄罗斯莫斯科国际玩具及婴童用品展览会，俄罗斯国际暖通、制冷、卫浴、空调及泳池设备展览会，俄罗斯莫斯科纺织面料展览会，等等
印度	印度新德里国际建材展览会、印度新德里国际 LED 照明展览会、印度孟买国际家具展览会、印度国际皮革展览会等

在参展前，外贸业务员可自己事先设计一张客户信息卡，内容应包括客户的姓名、职位、公司、地址、国家，客户感兴趣的产品型号及价格与需求数量、需解决/存在的问题、预计采购时间，等等。外贸业务员在展览会中要及时整理客户信息卡，根据与客户在展览会中的沟通情况将客户分为对企业新产品感兴趣的老客户、当场下单客户、目标客户、获取过资料的客户、仅留下名片的客户等。展览会结束后，外贸业务员还要针对不同的客户开展跟进工作，通过发邮件、直接打电话或利用社交媒体与客户联系。

微课堂

参展与客户跟进

通过网络平台
获取国外客户

三、充分利用网络平台

企业可以充分利用跨境电子商务平台、网络黄页、网络展览会、搜索引擎等网络平台寻找潜在的客户。

（一）跨境电子商务平台

跨境电子商务，是指不同国家和地区的交易双方通过互联网及其相关信息平台实现交易的一种新型贸易形式。自跨境电子商务问世以来，这种新型的线上贸易形式对传统国际贸易产生了强烈的冲击，并且有力地推动了国际贸易的发展，成为企业开拓国际市场的有力工具。

出口企业一般需要借助第三方跨境电子商务平台实现交易。跨境电子商务平台有 B2B（business to business，企业对企业）模式和 B2C（business to customer，企业对个人）模式。目前比较知名的跨境电子商务 B2B 平台主要有阿里巴巴国际站、环球资源网、敦煌网和中国制造网等，出口跨境电子商务 B2C 平台主要有亚马逊（Amazon）、易贝（eBay）、速卖通（AliExpress）、Wish、兰亭集势、SHEIN、Temu、TikTok Shop 等，进口跨境电子商务 B2C 平台主要有考拉海购、天猫国际、京东国际、聚美极速免税店等。

除了以上这些大家耳熟能详的平台外，各个国家和地区还有很多其他的跨境电子商务平台，它们有很大的发展潜力。例如，东南亚跨境电子商务平台来赞达（Lazada）和虾皮（Shopee），北美跨境电子商务平台沃尔玛（Walmart）和新蛋网（Newegg），拉美跨境电子商务平台 Linio，欧洲跨境电子商务平台 Otto（德国）和 BingaBinga（英国）。不同的平台在全球的影响力、推广策略、物流模式和支付方法上都存在一定差异，企业和个人可以根据自身的产品优势和销售区域定位选择合适的平台。

（二）网络黄页

网络黄页（yellow page）又称网络工商名录，收录了国内外众多的贸易公司及商号的名称、电话、邮箱地址、传真号码、公司地址、主要经营项目及历史经营情况等。

这类名录通常是由各国的商会编纂的。如欧洲黄页是一个利用多种语言和多媒体技术对欧洲市场进行推广的专业商业目录，展示语言多达 25 种，是进出口企业特别是中小企业寻找境外客户，尤其是欧洲客户的首选途径。据统计，每月有来自 150 多个国家和地区的 160 多万名买家通过欧洲黄页来检索自己需要的产品。

又如美国黄页，它专注于提供本地化搜索服务，旗下有 City Pages、People Pages 等。据统计，56%的美国人在购买产品前会翻阅美国黄页或浏览其旗下网站，美国黄页及其旗下网站一年的浏览量就高达 150 亿人次。

（三）网络展览会

除了国内外实地展览会以外，网络展览会也越来越多，如中国-非洲经贸博览会、"一带一路经济开发与自贸园区联盟"网上博览会、中视蓝海网上展览会等。

除各行政相关部门、行业协会、跨境电子商务平台组织的网络展览会外，国内外原有知名展览会也陆续开通了网络展览会，如中国国际进口博览会网上签约会等，值得关注。

（四）搜索引擎

可以通过搜索引擎寻找的对象有两类：一是客户，二是产品。用户只要在搜索引擎中输入关键词，就能搜索到相应的结果，这自然不难。但要说明的是，同样的关键词，使用不同的搜索引擎搜索会得到不同的结果。另外，很多国家和地区都有本土搜索引擎，用户应尽可能利用这些搜索引擎，使用目标国和地区的文字或英文输入关键词进行搜索。用户只要大胆尝试，往往会获得意想不到的效果。下面介绍两种搜索方法。

1. 常规方法

常规方法是直接输入产品名称或客户类型进行搜索，如输入"产品名称 + 客户类型"或"buy/import/ purchase + 产品名称"进行搜索。表示客户类型的英文单词有 importer、distributor、buyer、 company、wholesaler、retailer、supplier、vendor 及其复数形式。例如，搜索关于椅子的客户，可以输入 "chair importer" "chair distributor" "chair wholesaler" "chair retailer" "buy chair" 等，就能搜到不少客户，这是非常便捷有效的方法。搜索时应该优先考虑给搜索词加上引号。

2. 国家和地区名称限制方法

可以在常规方法的基础上加上国家和地区名称进行搜索，例如想搜索美国客户的信息，可以搜索 "USA chair distributor"，也可以通过输入 "产品名称+site:+国家" 的方法进行搜索，例如搜索英国经营推拉门的公司，可在搜索引擎中输入 "sliding door site: UK"。一般使用这种搜索方法可以得到所搜索的产品在目标市场中的情况，其中也包含不少客户信息和客户信息源。

四、充分利用海外社交媒体

海外社交媒体已成为外贸从业人员获取客户资源的一种越来越有效的途径，如脸书（Facebook）、领英（LinkedIn）、TikTok、X（原推特）、WhatsApp、Instagram、YouTube 等。

脸书是一种封闭式的综合性社交媒体，在外贸方面的应用主要是通过关键词搜索、寻找目标客户，与目标客户建立好友关系，通过沟通逐步增强互信进而促成交易。外贸从业人员也可通过在自己的脸书主页上发布与更新公司和产品信息来吸引目标客户。

领英是一个面向商业客户的社交网络服务网站，十分受外贸从业人员的青睐。相对于脸书等，领英的注册用户大多是旨在维护人际关系的老板、采购人员、产品经理等，与外贸从业人员的一致性较高。领英注重用户信息专业化，用户信息真实性较高，全面真实的用户信息可以使我们快速找到潜在客户。在领英可以使用直接收集用户信息、按公司分类查找、按个人查找等三种方法寻找客户，找到的用户信息一般都有电子邮箱，有的还会有电话号码。

TikTok 是抖音的国际版，作为一个全球流行的短视频平台，它为跨境电商提供了一个新的宣传、沟通甚至销售的渠道。在 TikTok 上发布关于公司或产品的优质视频，能获得平台更多的推送流量，从而吸引目标客户的注意。在 TikTok 上与关注者互动，回复其他用户的评论和私信，可与其建立起有效的联系，这对维护品牌形象、促进产品销售大有好处。

第二节　建立业务联系

找到潜在客户后，就该考虑怎样与客户建立业务联系并尽可能与其保持稳定的业务关系。

一、对潜在客户进行调查

在与潜在客户签订贸易合同之前，应克服急于求成的心态，对潜在客户的各方面情况进行深入、细致的调查，避免产生不必要的贸易纠纷，避免像本章导入案例中的 HY 公司一样上当受骗，给自己或公司带来无法挽回的经济损失。

1. 调查的内容

对潜在客户的调查包括对其资信情况、经营范围、经营能力及商业习惯等的调查。

（1）资信情况，包括企业的资金和信用两个方面。资金是指企业的注册资本、实际资本、公积金、其他财产以及资产负债的情况等；信用是指企业的经营作风与习惯，如是否重合同、讲信誉，有无不良信用记录，等等。对中间商的资信情况更应重视。

（2）经营范围，主要是指企业经营的商品类别、企业性质（是实际用户还是中间商、专营商或兼营商）。

（3）经营能力，主要是指企业的活动能力、销售渠道、贸易关系、经营做法以及经营历史等。

（4）商业习惯。不同国家和地区的人，受不同的文化、价值观、风俗习惯的影响，会有不同的商业习惯。为了更有效地与潜在客户进行沟通，必须了解其特有的商业习惯。

导入案例分析

导入案例中，HY 公司被 FAV 公司即将带来的高额利润和美好的合作前景诱惑，同意了 FAV 公司提出的赊销条件，同时又忽略了赊销条件下的资信调查。在根本不了解对方经营状况及信用限额的前提下，HY 公司贸然发出大批货物，因此其遭受损失并非偶然。本案例中，HY 公司在出口前忽略了对贸易伙伴的资信调查是其遭受损失的直接原因。

2. 调查的途径

首先可以通过客户的企业官网进行最基本的调查，同时也可以通过银行、工商团体、咨询机构、驻外机构等途径进行调查，也可对客户进行实地考察。

（1）客户的企业官网。这是最基础的获取客户信息的渠道。利用企业官网可以清楚地了解客户的企业文化、发展历程、主营产品、经营模式、下游受众、主要决策人以及联系方式等基础内容。

（2）通过银行调查。企业通过国内往来银行对客户进行调查是常见的一种调查途径。这种调查通常由企业拟好文稿，附上调查对象的资料，寄给国内往来银行的资信部；然后，国内往来银行根据要求，通过其国外的分支机构或其他往来银行在当地进行调查。

（3）通过工商团体和咨询机构调查。工商团体包括商会、同业公会、贸易协会等。通过这种途径获得的信息，有时可能仅仅是纸面的"证明"，缺乏可靠性，需要仔细分析。企业通过咨询机构获取的信息较为客观，但所需费用比较高。

（4）委托驻外机构就地调查或在业务活动中对客户进行实地考察。委托驻外机构就地调查或在业务活动中对客户进行实地考察所获得的信息，一般都比较具体、可靠，对业务的开展有较大的参考价值。同时，企业利用各兄弟进出口公司之间定期交流的客户资料、发生重大情况时的临时通报，可对客户的情况有更全面的了解，有利于做到互相配合、统一对外。

此外，国外出版的行业名录、厂商年鉴等对企业了解客户的经营范围和活动情况也有一定的参考价值。

二、与潜在客户建立业务联系

对潜在客户的资信进行调查并确认后，企业就可以着手与其建立业务联系了。建立业务联系的途径可以是派出业务代表到客户所在地直接与其洽谈，也可以是以信函的方式快速与客户取得联系。随着通信科技的不断发展，信函的形式不断增多，从传统的书信、电报、电传发展到传真、电子邮件、社交媒体等，这不仅提高了通信速度，而且降低了通信成本。在外贸实践中，企业主要通过电子邮件等手段与客户建立业务联系。

微课堂
初次与客户建立
业务联系

（一）初次联系业务信函的主要内容

初次与客户取得联系时，一般要说明客户信息的来源、发函的目的，以及表达希望与其建立良好业务关系的愿望，并希望对方尽快回复。通常，发信人首先要告诉对方自己是如何获悉其名称、地址的，然后告知对方自己的公司性质、业务范围等，自我介绍一番，并说明发函的目的，最后表达在未来希望能与之合作的真诚愿望。当然，发信人也可以在信函中提出一些要求，如希望获得对方进一步的信息、说明交易的条件等。

1. 说明信息来源

阐述己方是如何获悉对方信息的，如通过老客户介绍、利用网络搜索等。

【例】

（1）We learned from the…that you are interested in…

（2）Mr. …has recommended you to us as a leading importer in…

（3）We have obtained your name and address from the…

2. 自我介绍

为引起对方的交易兴趣，在信函中要进行自我介绍，包括本公司的基本情况和产品的基本情况。前者主要包括公司性质、业务范围、宗旨以及以往业绩等，后者主要包括产品的质量特性、价格水平、销路等，同时也可附上产品目录、价目单或另行邮寄样品。

【例】

（1）We are a leading company with many years' experience in…

（2）We enjoy a good reputation internationally in the circle of…

（3）To give you a general idea of our products, we are enclosing our catalogue for your reference.

3. 说明发函目的

发函目的基本上是表达希望扩大产品销量（出口时）或寻找进货渠道（进口时）、建立良好外贸业务关系的愿望。

【例】

（1）In order to expand our products into…we are writing to you to seek cooperation possibilities.

（2）We are writing to you to establish long-term trade relations with you.

（3）We wish to express our desire to enter into business relationship with you.

4. 表达希望尽快取得回复

结尾部分表达希望对方尽快回复，如下单或告知相关意见。

【例】

（1）Your comments on our products or any information on your market demand will be really appreciated.

（2）We are looking forward to your specific inquiries.

（3）We are looking forward to your favorable reply.

案例5.1

DEF Chair Co., Ltd.从阿里巴巴国际站获得 Chair Imports Pty Limited 求购沙滩椅的信息，已于4月18日通过电子邮件给该公司发出简短的业务信函，如示范5.1所示。

 示范5.1 与客户建立业务联系的信函

Dear Sir or Madam,

We have obtained your name and address from ××××××.com.

We supply beach chair for Home Depot with high quality and competitive price. Hope to cooperate with you.

We are looking forward to your specific inquiries.

Best wishes!

Yuhong Mao (Miss)

Chief Seller

DEF Chair Co., Ltd.

Tel: 86-1370298××××

（二）编写初次联系业务信函的注意事项

编写初次联系业务信函时，需要注意以下几点。

（1）切忌信函过长。客户的时间很宝贵，他们每天都可能收到数百封电子邮件，如果收到一个不认识的人发来的一封长篇大论式的电子邮件，一般都不会认真去看。而且很多外国客户的时间观念很强，他们每天都有固定的时间用来处理电子邮件，长篇大论式的电子邮件如果不是熟人发的，他们一般会直接删除，或者将其设为垃圾邮件。

（2）信函需要有一个明确的主题。一个不明确的主题会使客户根本没兴趣打开陌生人的电子邮件。主题要言简意赅，要能直接吸引客户打开电子邮件，做到这一点需要一些技巧。

【例】如示范5.1，在给对方发出的电子邮件中，可以设置"Re: Chair Imports Pty Limited / Home Depot vendor-chair / DEF Chair Co., Ltd."这样一个主题。其中 Chair Imports Pty Limited 是客户的公司名称，在写给对方的电子邮件的主题中首先加上对方公司名称，表示对对方的尊重；Home Depot vendor-chair 明确表示发件人是美国第二大零售商 Home Depot（家得宝）的供应商，这样既表明了自身实力，也易引起对方的兴趣；最后的 DEF Chair Co., Ltd.是自己的公司名称。

（3）切忌长篇大论式的公司介绍。如果公司有突出的优势，可以写，但是应一笔带过。如上述信函，用一两句话概括重点，引起客户的兴趣，让其反过来咨询各种问题，以达到吸引客户的目的，为以后的进一步交往做好铺垫。如收到其回复，外贸业务员继续跟进就有可能开展一笔外贸业务了。

（4）附件不要太大，且最好是 PDF 格式。如要发送附件，建议附件的大小不超过200KB，PDF 格式比较合适。如果附件是 Word 或 ZIP 格式的，容易被客户当成病毒而不去打开。

第三节 熟悉进出口业务流程

对于一个业务上的生手来讲，接到第一个客户的询盘或发盘，无疑是令人振奋的好事。接下来外贸业务员应该考虑的是如何与客户进行具体的磋商，并进一步订立合同和履行合同。因此，外贸业务员必须全面熟悉外贸业务流程及掌握各个环节的具体操作。

本节主要介绍出口业务流程和进口业务流程，各业务环节的具体操作在后续章节中会进行详细介绍。

一、出口业务流程

一笔出口交易大体上可分为三个阶段：①交易前的准备阶段；②对外洽谈阶段；③履行合同阶段。

交易前的准备工作，已经在前面第一节和第二节做了相应的介绍，即寻找客户、做好客户调查、与潜在客户建立业务联系。若收到客户的询盘或发盘，则意味着双方可进入具体的洽谈阶段。图 5.1 所示是 CIF（Cost Insurance and Freight，成本、保险费加运费）条件下的出口业务流程。对外洽谈阶段就是企业与客户就各交易条件进行具体磋商的阶段，一般要经过询盘、发盘、还盘直至接受。接受意味着双方对所有的交易条件达成了一致，双方可着手签订一份书面合同。签订书面合同后，有关当事人必须履行合同规定的各项义务。履行合同时，有关当事人务必做到重合同、守信用，否则，违约的一方必须承担法律责任。

图 5.1 CIF 条件下的出口业务流程

对于出口方来讲，出口合同的履行就是要按照合同的规定，完成交货并安全收回货款等一系列的工作。不同结算方式下的工作流程会有所不同，特别是后期的交单结汇工作流程，新手外贸业务员需要特别注意。

二、进口业务流程

一笔进口交易大体上可分为三个阶段：①交易前的准备阶段；②对外洽谈阶段；③履行合同阶段。

以 FOB（Free On Board，装运港船上交货）条件成交、信用证方式结算为例，进口业务各阶段的具体工作内容如图 5.2 所示。

图 5.2　FOB 条件下的进口业务流程

自测题

一、多项选择题

1．属于跨境电子商务 B2B 平台的有（   ）。

　　A．阿里巴巴国际站　　B．中国制造网　　　　C．亚马逊　　　　　　　D．敦煌网

2．对潜在的客户进行调查，调查的内容包括（   ）。

　　A．企业的资金和信用

　　B．企业经营的商品类别和企业性质

　　C．企业的销售渠道

　　D．客户所在国和地区的风俗习惯和商业习惯

3．常见的寻找国外客户的途径有（   ）。

　　A．参加广交会　　　　　　　　　　　　　B．到国外参加知名的展览会

　　C．在欧洲黄页上寻找企业信息　　　　　　D．阿里巴巴国际站的 RFQ 询盘

二、判断题

1．企业参展前可通过展览会主办方的官网了解展览会的参展范围、举办地点、举办时间，以及近几届和本届展会的详细情况等。　　　　　　　　　　　　　　　　　　　　（   ）

2．TikTok 是抖音的国际版，企业可在 TikTok 上发布有关公司、产品的视频，吸引目标客户的注意，从而获得目标客户的询盘。　　　　　　　　　　　　　　　　　　　　（   ）

3．不同的跨境电子商务平台在全球的影响力、推广策略、物流模式和支付方法上都存在一定差异，企业和个人可以根据自身的产品优势和销售区域定位选择合适的平台。　　（   ）

 课后阅读与分析

第六章

进出口商品报价

【学习指导】

本章主要介绍《国际贸易术语解释通则 2020》中涉及的 11 种贸易术语、核算出口价格及对外报价的技巧。学习本章后，应掌握常用的贸易术语，能运用有关的理论分析案例并提出解决方法；在理解这些贸易术语的含义及掌握其应用的基础上，继续学习在国际贸易中对外报价，以及在合同中订立合适的价格条款等内容。

【导入案例】

CIF 合同不是到货合同

我国某外贸公司出口一批圣诞礼品给英国客户，采用 CIF 术语，凭不可撤销即期信用证付款。由于圣诞礼品的销售时效性很强，到货的早晚会直接影响货物的价格，因此合同中对到货时间做了如下规定："10 月自中国港口装运，卖方保证载货轮船最迟于 11 月 20 日到达英国目的港。如载货轮船迟于 11 月 20 日到达英国目的港，在买方的要求下，卖方必须同意取消合同，如货款已经收妥，则须退还买方。"合同订立后，该外贸公司于 10 月中旬将货物装船出口，凭信用证规定的单据（发票、提单、保险单等）向银行收妥了货款。不料，轮船在航行过程中主要机件损坏，无法继续航行。为保证货物如期到达目的港，该外贸公司以重金租用大功率拖轮拖带该轮船继续前进。但因途中又遇大风浪，该轮船到目的港的时间迟于 11 月 20 日。该外贸公司最终因这笔交易遭受了重大经济损失。

讨论：（1）如按《国际贸易术语解释通则 2020》的解释，采用 CIF 术语成交时卖方承担的主要义务是什么？

（2）当合同中的规定与惯例不同时，惯例是否对买卖双方有约束力？

（3）如果按英国客户的要求，保证货物最迟于 11 月 20 日到达目的港，该合同应使用哪种贸易术语成交？

（4）该外贸公司应从中吸取什么教训？

第一节　贸易术语和与其有关的国际贸易惯例

贸易术语是在国际贸易的长期实践中形成的，它的出现推动了国际贸易的发展。但是，最初各国对贸易术语并没有统一的解释，为了减少分歧，陆续出现了一些有关贸易术语的解释和规则。这些解释和规则在国际上被广泛采用，从而形成了一般的国际贸易惯例。

一、贸易术语的含义

国际货物买卖是在不同国家和地区之间进行的，买卖双方距离遥远，且多数情况下双方并不直接接触，在卖方交货和买方接货的过程中会涉及许多问题，如图6.1所示。

图6.1　买卖双方在货物交接过程中应确定的事项

从图6.1中可以发现，如果每笔交易都要求买卖双方对上述手续/责任、费用和风险逐项反复磋商，将耗费双方大量的时间和精力，并影响交易的达成。为此，在国际贸易的长期实践中，逐渐形成了各种不同的贸易术语用于解决上述问题。

在图6.1中，交货地点是核心问题，交货地点不同，往往各方承担的风险、责任和费用也不同。例如，按装运港船上交货（FOB）条件成交与按目的地交货（DAP）条件成交，前者卖方在装运港船上交货，后者卖方在目的地交货，由于交货地点不同，后者卖方承担的责任大、费用多、风险高。这样，DAP价格自然要比FOB价格高。所以贸易术语关系到商品的价格构成，采用不同的贸易术语成交，价格应该是不同的，这就是贸易术语被称为价格术语的原因。

综上所述，贸易术语（trade terms）又称价格术语（price terms）、交货条件，一般用代表相关含义的三个大写英文字母表示，后接港口（机场）或指定接货地或目的地，是用来划分买卖双方在货物交接过程中各自承担的责任、费用和风险的专门用语。采用某种专门的贸易术语，能明确买卖双方在货物交接过程中各自承担的有关责任、费用和风险，即确定交货条件。

二、与贸易术语有关的国际贸易惯例

在国际贸易业务实践中，由于各国法律制度、贸易惯例与习惯做法不同，国际上对同一贸易术语的理解与运用也有差异，所以容易产生贸易纠纷。为了减少纠纷和避免争议，某些国际组织、商业团体、学术机构便先后制定了一些统一解释贸易术语的规则，这些规则在国际上被广泛接受，从而成为一般的国际贸易惯例。国际贸易惯例是在国际贸易中反复实践形成的，并经国际组织加以编纂与解释的习惯做法。

有必要指出的是，国际贸易惯例本身不是法律，并不具有普遍的约束力，对买卖双方不具有强制性。国际货物买卖双方可以自愿选择采用何种惯例，并在合同中做出明确的规定。买卖双方也可在合同中做出与某种惯例不同的规定，这时合同条款的效力将超越惯例的规定，双方都要按合同的规定履约。但是，如果买卖双方在合同中既不排除也不明确规定采用何种惯例，一旦双方事后发生争议而申请诉讼或仲裁，法院或仲裁机构往往会引用某种公认的或影响较大的国际贸易惯例来判决。

与贸易术语有关的国际贸易惯例主要有以下三种。

1.《1932 年华沙-牛津规则》

《1932 年华沙-牛津规则》（*Warsaw-Oxford Rules 1932*）是国际法协会专门为解释 CIF 合同而制定的。19 世纪中叶，CIF 贸易术语在国际贸易中被广泛采用，但是在这一术语下买卖双方的具体义务没有统一的规定和解释。对此，国际法协会于 1928 年在波兰首都华沙开会，制定了关于 CIF 合同的统一规则，称为《1928 年华沙规则》。其后，在 1932 年的牛津会议上，人们对此规则进行了修改，并改名为《1932 年华沙-牛津规则》，一直沿用至今。

2.《1990 年美国对外贸易定义修订本》

《美国对外贸易定义》形成于 1919 年，是美国的几个商业团体共同制定的有关对外贸易定义的统一解释，供从事对外贸易的人员参考使用。后鉴于贸易习惯的演变，该惯例经过了 2 次修订，目前使用的是《1990 年美国对外贸易定义修订本》（*Revised American Foreign Trade Definitions 1990*）。

《1990 年美国对外贸易定义修订本》一共解释了以下六种贸易术语：①EXW（Ex Works-named place），工厂交货；②FOB（Free On Board），在运输工具上交货；③FAS（Free Along Side），在运输工具旁边交货；④CFR（Cost and Freight），成本加运费；⑤CIF（Cost, Insurance, Freight），成本加保险费、运费；⑥DEQ［Delivered Ex Quay（Duty Paid）］，目的港码头交货。

《1990 年美国对外贸易定义修订本》主要在北美洲国家有比较大的影响力。由于它对贸易术语的解释，尤其是对 FOB、FAS 和 DEQ 术语的解释与国际商会制定的《国际贸易术语解释通则》有明显的差异，所以我国企业在同北美洲国家的企业进行交易时应格外注意，以减少双方的争议。

3.《国际贸易术语解释通则》

《国际贸易术语解释通则》（*International Rules for the Interpretation of Trade Terms*，INCOTERMS，以下简称《通则》）是国际商会为统一各种贸易术语的解释而制定的。最早的《通则》产生于 1936 年，后来为适应国际贸易业务发展的需要，国际商会先后进行了多次修订和补充，基本已形成每 10 年修订一次的习惯，现在最新的修订版本是 2020 年 1 月 1 日生效的《国际贸易术语解释通则 2020》（英文简称 INCOTERMS® 2020，以下简称《2020 通则》）。《2020 通则》解释的 11 种贸易术语如表 6.1 所示。

表 6.1　《2020 通则》的基本内容

组别特征	简称、全称及中文含义	交货地点	风险界限	订立运输合同	订立货运保险合同	海关清关手续
适合海运和内河水运	FOB（Free On Board）船上交货	指定装运港	装运港船上	买方办理	卖方无义务	需要时，卖方办理出口清关手续，买方办理进口清关手续
	CFR（Cost and Freight）成本加运费	指定装运港	装运港船上	卖方办理	卖方无义务	

续表

组别特征	简称、全称及中文含义	交货地点	风险界限	订立运输合同	订立货运保险合同	海关清关手续
适合海运和内河水运	CIF（Cost Insurance and Freight）成本、保险费加运费	指定装运港	装运港船上	卖方办理	卖方办理	需要时，卖方办理出口清关手续，买方办理进口清关手续
	FAS（Free Alongside Ship）船边交货	指定装运港船边	装运港船边	买方办理	卖方无义务	
适合任何运输方式	EXW（Ex Works）工厂交货	货物产地、所在地	货交买方	买方办理	卖方无义务	需要时，进出口清关手续全由买方办理
	FCA（Free Carrier）货交承运人	指定装运地	货交承运人	买方办理	卖方无义务	需要时，卖方办理出口清关手续，买方办理进口清关手续
	CPT（Carriage Paid To）运费付至	指定装运地	货交承运人	卖方办理	卖方无义务	
	CIP（Carriage and Insurance Paid To）运费和保险费付至	指定装运地	货交承运人	卖方办理	卖方办理	
	DAP（Delivered at Place）目的地交货	指定目的地	货交买方	卖方办理	卖方无义务	
	DPU（Delivered at Place Unloaded）目的地卸货后交货	指定目的地	货交买方	卖方办理	卖方无义务	
	DDP（Delivered Duty Paid）完税后交货	指定目的地	货交买方	卖方办理	卖方无义务	需要时，进出口清关手续全由卖方办理

　　国际商会意识到，在国际贸易实务中有很多交易者将《通则》运用于纯粹的内贸合同，因此在《2010 通则》中，国际商会首次明确贸易术语同样适用于国内贸易。如果把贸易术语应用于国内贸易，那么就不存在边境通关手续的问题。所以，《2010 通则》和《2020 通则》在一些地方都做出了明确说明，只有在适用的情况下卖方或买方才有义务办理出口或进口所需的清关手续。

　　《通则》只适用于规定"有形货物"的销货合同中买卖双方的权利、义务及与交货有关的事项，如谁办理货物的进出口通关手续，谁承担装卸费用及货物灭失或损坏的风险，货运保险合同或运输合同由谁签订，等等。对于无形商品的贸易，《通则》并不适用。

第二节　常用的六种贸易术语

　　我国对外贸易中使用的主要贸易术语为 FOB、CIF 和 CFR，随着集装箱运输和多式联运业务的发展，采用 FCA、CIP 和 CPT 贸易术语的业务也日益增多。因此，熟悉这六种常用贸易术语的含义、买卖双方的义务，以及在使用中应注意的问题就显得特别重要。

微课堂
解读 FOB、CIF、CFR 贸易术语

一、FOB

　　FOB［Free On Board（insert named port of shipment），船上交货（指定装运港）]，是指卖方必须在约定的日期或按买方通知的约定期限内的交货时间，在指定装运港将货物装上船（该船舶由买方指定），或取得已经如此交付的货物即完成交货。有关货物灭失或损坏的风险从货物装上该船舶时起转移给买方，此后产生的一切费用由买方承担。

使用 FOB 贸易术语时，如果买卖双方当事人希望《2020 通则》适用于他们的合同，如装运港是深圳港，其正确的表达方式是"FOB Shenzhen Incoterms® 2020"。

FOB 贸易术语仅适用于海运和内河水运运输方式下买卖双方意在将货物交到船上即完成交货的情形。因此，FOB 贸易术语不适用于货物在装上船之前已经移交给承运人的情形，如货物在集装箱堆场交付给承运人，在该情形下，应该采用货交承运人的贸易术语，即 FCA 贸易术语。

（一）买卖双方基本义务的划分

根据《2020 通则》的规定，FOB 贸易术语下买卖双方的基本义务如表 6.2 所示。

表 6.2 FOB 贸易术语下买卖双方的基本义务

项目	卖 方	买 方
责任	1. 如适用，办理出口国要求的所有出口清关手续并支付费用，如出口许可证、出口安检清关、装运前检验及任何其他官方证件 2. 在约定的日期或按买方所通知的约定期限内的交货时间在指定装运港将符合合同规定的货物装上买方指定的船只，或取得已经如此交付的货物，并给予买方充分的通知 3. 在完成交货前必须遵守任何与运输有关的安全要求 4. 负责提供商业发票、合同要求的其他与合同相符的证据以及证明货物已交至船上的通常单据，根据双方约定，单据可以是纸质或电子形式	1. 如适用，办理任何过境国和进口国要求的所有手续并支付费用，如进口许可证及过境所需的任何许可、进口及任何过境安检清关、装运前检验及任何其他官方证件 2. 负责订立自指定装运港起运的货物运输合同，并给予卖方任何与运输相关的安全要求、船名、装船地点及约定期限内的交货时间（如有）的充分通知 3. 收取卖方按合同规定交付的单据，支付价款，提取货物
费用	1. 货物在指定装运港装上船之前的一切费用 2. 如适用，承担与出口清关有关的关税、税款和任何其他费用	1. 货物在指定装运港装上船之后的一切费用，包括货物从指定装运港起运的运费 2. 如适用，承担与过境或进口清关有关的关税、税款和任何其他费用
风险	货物在指定装运港装上船之前的一切风险	货物在指定装运港装上船之后的一切风险

注："税款"指国内税（如增值税、消费税等）税款，不含关税税款，后同。

（二）采用 FOB 贸易术语成交需要注意的事项

在实际业务中采用 FOB 贸易术语成交时，需注意以下几点。

1. 卖方完成交货义务问题

卖方将货物装上船或取得已经如此交付的货物即完成交货义务，此处的"取得已经如此交付的货物"适用于交易链中的多层销售（链式销售）。链式销售在大宗商品贸易中尤其常见。链式销售是指货物在运输期间沿着销售链频繁地被买卖多次，它是一种和直接销售相对的销售方式。如果发生链式销售，处于链式销售中间的销售商并不将货物"装船"，因为货物已经由处于这一链式销售的第一个销售商装船。因此，链式销售的中间销售商对其买方应承担的义务不是将货物装船，而是取得已经如此交付的货物。

2. 船货衔接及风险前移问题

以 FOB 贸易术语成交的合同属于装运合同，卖方的一项基本义务是按照规定的时间和地点完成装运，然而 FOB 条件下是由买方负责安排运输工具的，即租船订舱由买方负责，所以存在船货衔接问题。买方应及时租船订舱，并将船名、装船地点和约定期限内的交货时间（如有）及时通知卖方，以便卖方及时备货、安排装船。按照《2020 通则》的规定，如买方未能按照规定给予卖方有关船名、装船地点及约定期限内的交货时间的充分通知，或买方指定的船只未按时到达，或未能接收货物，或早于买方通知的交货时间停止装货，由此产生的各种费用，如空舱费（dead freight）、滞期费（demurrage）及卖方增加的仓储费等，均由买方承担，但以货物已正式划归合同项下，即清楚地划分出或以其他方式确定为合同项下的货物为前提条件。如果买方指派的船只按时到达装运港，而卖方却未能备妥货物并按时装船，那么由此产生的上述费用将由卖方承担。

 思考与训练 6.1

（1）采用 FOB 贸易术语成交，如果买方未给予卖方有关船名、装船地点和约定期限内的交货时间的充分通知，或其指定的船只未按时到达，或未接收货物，此时货物损坏或灭失的风险何时转移？

（2）国际贸易实务中很多人把 FOB 价格称为"离岸价"，这种说法是否准确？

3. 订立货运保险合同问题

按照《2020 通则》的规定，卖方没有替买方订立货运保险合同的义务，买方也没有替卖方订立货运保险合同的义务。由于货物在指定装运港装船之后灭失或损坏的风险由买方承担，所以在实际业务中，买方需要自担风险和费用为货物办理货运保险。此时，在买方要求并由其承担风险和费用的情况下，卖方必须向买方提供办理货运保险所需的信息。

二、CIF

CIF［Cost Insurance and Freight（insert named port of destination），成本、保险费加运费（指定目的港）］，是指卖方必须在合同规定的装运期内在装运港将货物装上船，或取得已经如此交付的货物。有关货物灭失或损坏的风险从货物装上船时起转移给买方，卖方还需订立把货物运至指定目的港的运输合同并支付运费，负责订立货运保险合同及支付货运保险费。

使用 CIF 贸易术语时，如果买卖双方希望《2020 通则》适用于他们的合同，如目的港是釜山，其正确的表达方式是"CIF Busan Incoterms® 2020"。CIF 贸易术语后注明的是目的港名称，但它与 FOB 贸易术语一样，是装运港交货的贸易术语，即卖方仍是在装运港完成交货而不是货到目的港后才完成交货。

CIF 贸易术语仅适用于海运和内河水运，CIF 贸易术语不适合货物在装上船之前转移风险的情形，如货物在集装箱堆场交付给承运人，在该情形下，应该采用 CIP 贸易术语。

（一）买卖双方基本义务的划分

按照《2020 通则》的规定，CIF 贸易术语下买卖双方的基本义务如表 6.3 所示。

 思考与训练 6.2

CIF 贸易术语条件下，卖方是否在目的港交货？有人把 CIF 价格称为"到岸价"，这种说法是否准确？

（二）采用 CIF 贸易术语成交需要注意的事项

在实际业务中采用 CIF 贸易术语成交时，需注意以下几点。

1. 在买卖合同中要明确规定装运港和目的港

在 CIF 贸易术语中，有两个港口很重要：货物交到船上的港口，即装运港；货物从船上卸下的港口，即目的港。采用 CIF 贸易术语成交时，当货物在装运港装上船后，货物灭失或损坏的风险即从卖方转移给买方，卖方仍是在装运港完成交货，但是卖方必须订立把货物从装运港运至指定目的港的运输合同。所以，买卖合同中必须明确规定装运港和目的港。

表 6.3　CIF 贸易术语下买卖双方的基本义务

项目	卖　　方	买　　方
责任	1. 如适用，办理出口国要求的所有出口清关手续并支付费用，如出口许可证、出口安检清关、装运前检验及任何其他官方证件 2. 负责订立把货物运至指定目的港的运输合同，或设法获取此运输合同。在约定的日期或期限内将符合合同规定的货物在装运港装上船，或取得已经如此交付的货物，并及时给买方发出通知 3. 自付费用订立货运保险合同 4. 必须遵守货物运至目的地过程中任何与运输相关的安全要求 5. 负责提供商业发票、保险单据、合同要求的其他与合同相符的证据和货物运往指定目的港的通常运输单据，根据双方约定，单据可以是纸质或电子形式	1. 如适用，办理任何过境国和进口国要求的所有手续并支付费用，如进口许可证及过境所需的任何许可、进口及任何过境安检清关、装运前检验及任何其他官方证件 2. 收取卖方按合同规定交付的单据，支付价款，提取货物
费用	1. 货物在装运港装上船之前的一切费用 2. 如适用，承担与出口清关有关的关税、税款和任何其他费用 3. 货物运至指定目的港的运费，包括装船费用及与运输相关的安全费用，根据运输合同规定应由卖方承担的在目的港产生的卸货费用 4. 货运保险费 5. 根据运输合同的规定应由卖方承担的过境费用	1. 货物在装运港装上船之后的一切费用 2. 过境费用，除非运输合同规定该项费用由卖方承担 3. 卸货费用，包括驳运费和码头费，除非运输合同规定该项费用应由卖方承担 4. 如适用，承担与过境或进口清关有关的关税、税款和任何其他费用
风险	货物在装运港装上船之前的一切风险	货物在装运港装上船之后的一切风险

2. 风险和费用的转移地点不同

采用 CIF 贸易术语成交时，卖方承担货物在装运港装上船之前的一切风险，还要承担货物运到指定目的港的运费和保险费，所以风险转移地点是装运港，而费用转移地点却延至目的港。

3. CIF 合同属于"装运合同"和"象征性交货"

虽然人们通常把 CIF 价格称为"到岸价"，但这仅指 CIF 价格是由成本、保险费、运费构成的，并不意味着卖方承担货物到岸为止的风险。卖方在合同规定的装运港将货物装上船后，不再承担货物之后可能发生的任何风险。因此，采用这种贸易术语订立的买卖合同属于"装运合同"。在实际业务中，需注意在合同中应只规定装运货物的时间，而不应规定抵达目的港的具体时间。

从交货方式上来看，CIF 属于象征性交货（symbolic delivery），所谓象征性交货是针对实际性交货（physical delivery）而言的。象征性交货是指卖方只要按期在约定的地点完成装运，并向买方提交合同规定的包括物权凭证在内的有关单证就算完成了交货义务，而无须保证到货。实际性交货则是指卖方要在规定的时间和地点将符合合同规定的货物提交给买方或其指定的人，不能以交单代替交货。

 导入案例分析

按《2020 通则》的解释，采用 CIF 贸易术语成交，卖方需订立把货物运至指定目的港的运输合同并支付运费，负责订立货运保险合同及支付保险费，在合同规定的装运期内在装运港将货物装上船即可，有关货物灭失或损坏的风险从货物装上船时起转移给买方。所以卖方没有保证货物安全准时到达目的港的义务。

在导入案例中，外贸公司在合同中订立了"卖方保证载货轮船最迟于11月20日到达英国目的港"的条款，导致其费用大增并遭受重大经济损失。很明显，案例中的合同条款与惯例不符。但惯例不是法律，对双方没有强制约束力，当合同中的条款与惯例不同时，以合同中的条款为准。所以，我们应多熟悉与贸易有关的惯例，尽量避免在合同中规定一些与惯例不符的条款。该案例由于卖方接受了按时到货的条款，应使用 DAP 或 DPU 贸易术语成交，并在 CIF 价格的基础上适当提高货物价格。

但是，必须指出，按 CIF 贸易术语成交时，卖方履行其交单的义务只是得到买方付款的前提条件，除此之外，卖方还必须履行交货的义务。如果卖方提交的货物不符合合同的要求，买方即使已经付款，仍然可以根据合同的规定向卖方提出索赔。

 思考与训练 6.3

某出口公司按 CIF London、信用证支付方式的条件向英国某进出口公司出口一批货物。该出口公司按信用证规定向中保财产保险有限公司为货物投保了一切险，并在规定的装运期内装船，取得直达清洁提单后到银行兑用货款。兑用货款后的第二天，该出口公司接到客户的来电，称货物在香港转运时失火，全部被烧毁，客户要求该出口公司出面向中保财产保险有限公司提出索赔，否则要求其退回全部货款。对此，该出口公司应如何处理？为什么？

4. 订立运输合同的问题

卖方必须订立把货物从装运港运至指定目的港的运输合同或设法获取此运输合同，但卖方只需要按照通常条件订立运输合同，使用适合装运合同货物的通常类型的轮船，经习惯行驶航线运输货物。因此，对于在业务中买方提出的关于限制船舶的国籍、船型、船龄、船级，以及指定使用某班轮公会的船只等要求，卖方均有权拒绝。但卖方也可放弃这一权利，根据具体情况给予通融。也就是说，对于买方提出的上述要求，如果卖方能办到且不会增加额外开支，就可选择接受，一旦这些要求在合同中有明确的规定，卖方就必须严格照办。

若发生链式销售，处于链式销售中间的销售商并不需要订立运输合同，因为该合同已经由处于这一链式销售的第一个销售商订立了。因此，链式销售的中间销售商对其买方应承担的义务不是订立运输合同，而是"设法获取此运输合同"。

5. 保险险别问题

CIF 价格中包含了保险费，从责任上来讲，卖方要负责订立货运保险合同。因此，卖方应按合同规定的保险险别、保险金额等要求办理货运保险。但在 CIF 贸易术语下，货物在装运港装船后的风险由买方承担，而货运保险又由卖方办理，因此卖方是为了买方的利益代办保险的。在实际业务中，为了明确责任，在采用 CIF 贸易术语成交的合同中，买卖双方应对保险险别、保险金额和保险条款的适用等做出具体的规定。

如果合同中未能就保险险别等问题做出具体规定，《2020 通则》对于卖方办理保险的责任做了以下规定：除非另有约定或遵循特定贸易中的习惯做法，卖方需自付费用取得货物保险，该保险需符合《协会货物保险条款》条款（C）或其他类似的保险条款，最低保险金额应当为合同规定价款的 110%，并以合同使用的币种投保。

思考与训练 6.4

我国 A 公司以 CIF 贸易术语出口一批家具到澳大利亚，合同未规定投保险别，卖方在装船前为该批货物投保了我国海洋运输货物保险条款中的平安险。货物在运输途中因遭风浪袭击导致家具中的部分玻璃面板破碎，但该部分损失不属于平安险的承保范围，保险公司不予赔偿。澳大利亚客户认为 A 公司投保的险别太低，要求 A 公司赔偿损失。根据《2020 通则》的规定，卖方是否需要承担赔偿责任？

三、CFR

CFR［Cost and Freight（insert named port of destination），成本加运费（指定目的港）］，是指卖方必须在合同规定的装运期内在装运港将货物装上船，或取得已经如此交付的货物。有关货物灭失或损坏的风险从货物装上船时起转移给买方，卖方还需订立把货物运至指定目的港的运输合同并支付运费。

使用 CFR 贸易术语时，如果买卖双方希望《2020 通则》适用于他们的合同，如目的港是纽约，其正确的表达方式是"CFR New York Incoterms® 2020"。CFR 贸易术语后注明的是目的港名称，它与 FOB 贸易术语一样，是装运港交货的贸易术语，即卖方仍是在装运港完成交货，而不是货到目的港后才完成交货。

CFR 贸易术语仅适用于海运和内河水运。CFR 贸易术语不适合在货物装上船之前转移风险的情形，如货物在集装箱堆场交付给承运人，在该情形下，应该采用 CPT 贸易术语。

与 FOB 贸易术语相同，采用 CFR 贸易术语成交时，按《2020 通则》的规定，卖方没有替买方订立货运保险合同的义务，买方也没有替卖方订立货运保险合同的义务。由于货物在指定装运港装船之后灭失或损坏的风险由买方承担，所以在实际业务中，买方需要自担风险和费用为货物办理货运保险。此时，在买方要求并由其承担风险和费用的情况下，卖方必须向买方提供办理货运保险所需的信息。

在实际业务中采用 CFR 贸易术语成交时应注意的事项除有关保险险别的问题外，其余的注意事项与 CIF 贸易术语相同。

 思考与训练 6.5

从风险、责任及费用的角度分析装运港交货的三种贸易术语的异同，将结果填入表 6.4。

表 6.4　装运港交货的三种贸易术语的异同

贸易术语	风　　险	责　　任		费　　用	
	何方承担货物装上船后的风险	何方订立运输合同	何方订立货运保险合同	何方支付到目的港的运费	何方支付货运保险费
FOB					
CIF					
CFR					

四、FCA

FCA［Free Carrier（insert named place of delivery），货交承运人（指定交货地点）］，是指卖

解读 FCA、CIP、CPT 贸易术语

方在约定的日期或期限内在指定地点（其营业场所或其他地点）将货物交给买方指定的承运人或其他人即完成交货。买卖双方应尽可能明确指定交货地点的具体位置，有关货物灭失或损坏的风险于卖方在指定交货地点将货物交给买方指定的承运人或其他人时转移给买方。若指定交货地点为卖方的营业场所，卖方把货物装上买方指定的运输工具时即完成交货；若指定的交货地点为其他任何地方，卖方将货物置于自己的运输工具上（做好卸货的准备但无须负责卸货），交由买方指定的承运人或其他人处置时即完成交货。

使用 FCA 贸易术语时，如果买卖双方希望《2020 通则》适用于他们的合同，如交货地点是广州白云机场，其正确的表达方式是 "FCA Guangzhou Baiyun International Airport Incoterms® 2020"。

FCA 贸易术语适用于任何运输方式，也适用于使用多种运输方式的情形，如多式联运。

承运人是指签约承担运输责任的一方。货物从卖方运往买方，可以在不雇用任何第三方承运人的情况下进行。国际商会在编撰《2020 通则》时考虑到了这种情况，因此，在 FCA 贸易术语中规定了允许买方使用自己的运输工具收货并运往买方所在地。

按照《2020 通则》的规定，FCA 贸易术语下买卖双方的基本义务如表 6.5 所示。

表 6.5　FCA 贸易术语下买卖双方的基本义务

项目	卖　　方	买　　方
责任	1. 如适用，办理出口国要求的所有出口清关手续并支付费用，如出口许可证、出口安检清关、装运前检验及任何其他官方证件 2. 在约定的日期或按买方所通知的约定期限内的交货时间在指定交货地点将符合合同规定的货物交给买方指定的承运人或其他人，或取得已经如此交付的货物，并给予买方充分的通知 3. 在完成交货前必须遵守任何与运输有关的安全要求 4. 负责提供商业发票、合同要求的其他与合同相符的证据以及证明货物已交给买方指定的承运人或其他人的通常单据，根据双方约定，单据可以是纸质或电子形式	1. 如适用，办理任何过境国和进口国要求的所有手续并支付费用，如进口许可证及过境所需的任何许可、进口及任何过境安检清关、装运前检验及任何其他官方证件 2. 负责订立自指定交货地点起运的货物运输合同或安排从指定交货地点开始的货物运输，并给予卖方充分通知。通知包括指定的承运人或其他人的名称、约定期限内承运人收取货物的时间、使用的运输方式、任何与运输有关的安全要求、交货地的具体收货点 3. 收取卖方按合同规定交付的单据，支付价款，提取货物
费用	1. 货物在指定交货地点交由买方指定的承运人或其他人照管前的一切费用 2. 如适用，承担与出口清关有关的关税、税款和任何其他费用	1. 货物在指定交货地点交由买方指定的承运人或其他人照管后的一切费用，包括货物从指定交货地点起运的运费 2. 如适用，承担与过境或进口清关有关的关税、税款和任何其他费用
风险	货交承运人或其他人之前的一切风险	货交承运人或其他人之后的一切风险

 思考与训练 6.6

广东某食品进口公司（后称"我方"）与越南金兰市某出口公司以 FCA Cam Ranh 签订了购买 3 600 公吨西瓜的合同。我方指派越南的一家货运代理公司到越南卖方所在地金兰市提货，卖方将已装箱的货物放在仓库中，让我方自己装货，而我方认为应由卖方装货，结果发生争议。根据《2020 通则》的规定，应由谁负责装货？

五、CIP

CIP［Carriage and Insurance Paid To（insert named place of destination）］，运费和保险费付至

（指定目的地）］，是指卖方要订立将货物运往指定目的地的运输合同并支付运费，订立货运保险合同并支付货运保险费，并且需在约定日期或期限内将货物交给与卖方签订运输合同的承运人，或取得已经如此交付的货物，即完成交货义务。有关货物灭失或损坏的风险从货物移交给承运人时起转移给买方。

使用 CIP 贸易术语时，如果买卖双方希望《2020 通则》适用于他们的合同，如目的地是莫斯科火车站，其正确的表达方式是"CIP Moscow Railway Station Incoterms® 2020"。CIP 贸易术语后注明的是目的地名称，它与 FCA 一样，是装运地交货的贸易术语，卖方是在装运地将货交承运人后完成交货的，而不是货到目的地后才完成交货的，即卖方并不保证货物将以良好的状态、约定的数量到达目的地或是否确实到达目的地。

CIP 贸易术语适用于任何运输方式，也适用于使用多种运输方式的情形，如多式联运。

按照《2020 通则》的规定，CIP 贸易术语下买卖双方的基本义务如表 6.6 所示。

表 6.6　CIP 贸易术语下买卖双方的基本义务

项目	卖　　方	买　　方
责任	1. 如适用，办理出口国要求的所有出口清关手续并支付费用，如出口许可证、出口安检清关、装运前检验及任何其他官方证件 2. 负责订立把货物运至指定目的地的运输合同，或设法获取此运输合同。在约定的日期或期限内将符合合同规定的货物在约定的交货地点交给与卖方签订运输合同的承运人，或取得已经如此交付的货物，并给买方及时发出通知 3. 自付费用订立货运保险合同 4. 必须遵守货物运至目的地过程中任何与运输相关的安全要求 5. 负责提供商业发票、保险单据、合同要求的其他与合同相符的证据和货物运往指定目的地的通常运输单据，根据双方约定，单据可以是纸质或电子形式	1. 如适用，办理任何过境国和进口国要求的所有手续并支付费用，如进口许可证及过境所需的任何许可、进口及任何过境安检清关、装运前检验及任何其他官方证件 2. 收取卖方按合同规定交付的单据，支付价款，提取货物
费用	1. 货物在约定的交货地点交给与卖方签订运输合同的承运人之前的一切费用 2. 如适用，承担与出口清关有关的关税、税款和任何其他费用 3. 货物运至指定目的地的运费，包括装货费用及与运输相关的安全费用，根据运输合同规定应由卖方承担的在目的地产生的卸货费用 4. 货运保险费 5. 根据运输合同规定应由卖方承担的过境费用	1. 货物在约定的交货地点交给与卖方签订运输合同的承运人之后的一切费用 2. 过境费用，除非运输合同规定该项费用由卖方承担 3. 卸货费用，除非运输合同规定该项费用应由卖方承担 4. 如适用，承担与过境或进口清关有关的关税、税款和任何其他费用
风险	货交承运人之前的一切风险	货交承运人之后的一切风险

按 CIP 贸易术语成交时，卖方除负有订立运输合同、支付运费的责任外，还需订立货运保险合同并支付货运保险费，而有关货物灭失或损坏的风险在装运地将货物交给承运人后转移给买方承担。因此，与 CIF 贸易术语一样，采用 CIP 贸易术语成交时，卖方是为买方的利益代办保险的。一般情况下，卖方应按合同规定的保险险别、保险金额等要求办理货运保险。如果合同未就保险险别等问题做出具体规定，按《2020 通则》的规定，卖方办理的货运保险需符合《协会货物保险条款》条款（A）或其他类似的保险条款；最低保险金额应当为合同规定价款的 110%，并以合同使用的币别投保。

六、CPT

CPT［Carriage Paid To（insert named place of destination），运费付至（指定目的地）］，是指卖方必须订立将货物运往指定目的地的运输合同并支付相关的运费，并且需在约定的日期或期限内将货物交给与卖方签订运输合同的承运人，或取得已经如此交付的货物，即完成交货义务。有关货物灭失或损坏的风险从货物移交给承运人时起转移给买方。

使用 CPT 贸易术语时，如果买卖双方希望《2020 通则》适用于他们的合同，如目的地是越南河内火车站，其正确的表达方式是 "CPT Hanoi Railway Station, Vietnam Incoterms® 2020"。CPT 贸易术语后注明的是目的地名称，它与 FCA 一样，是装运地交货的贸易术语，卖方是在装运地货交承运人后完成交货，而不是货到目的地后才完成交货的，即卖方并不保证货物将以良好的状态、约定的数量到达目的地或是否确实到达目的地。

CPT 贸易术语适用于任何运输方式，也适用于使用多种运输方式的情形，如多式联运。

采用 CPT 贸易术语成交，卖方没有替买方订立货运保险合同及支付货运保险费的义务，而采用 CIP 贸易术语成交时，卖方需要订立货运保险合同并支付货运保险费。除此之外，这两种贸易术语下买卖双方所承担的责任、费用和风险是一样的。

 思考与训练 6.7

从风险、责任及费用的角度分析货交承运人的三种贸易术语的异同，将结果填入表 6.7。

表 6.7 货交承运人的三种贸易术语的异同

贸易术语	风　险	责　任		费　用	
	何方承担货交承运人后的风险	何方订立运输合同	何方订立货运保险合同	何方支付到目的地的运费	何方支付货运保险费
FCA					
CIP					
CPT					

第三节　其他五种贸易术语

除了第二节介绍的六种贸易术语外，《2020 通则》中还有其他五种贸易术语。这些贸易术语虽然不常用，但在某些情况下可以满足买方或卖方的特定要求。因此，买卖双方应当了解并灵活应用这些贸易术语。

一、EXW

EXW［Ex Works（insert named place of delivery），工厂交货（指定交货地点）］，是指卖方在约定的日期或期限内在指定地点（其营业场所或其他地点，如工厂、工场、仓库等）将货物交给买方处置，即履行了交货义务。卖方不负责将货物装上任何前来接收货物的运输工具，需要清关时，卖方也不负责办理出口清关手续。买方承担自指定交货地点提取货物起至目的地所需的一切费用和风险。因此，采用 EXW 贸易术语成交时，卖方的义务是最少的。

EXW 贸易术语适用于任何运输方式，也适用于使用多种运输方式的情形。若买方不能直接或间接地办理出口清关手续，则不应使用 EXW 贸易术语，而应使用 FCA 贸易术语。

二、FAS

FAS［Free Alongside Ship（insert named port of shipment），船边交货（指定装运港）］，是指卖方要在约定的日期或按买方通知的约定期限内的交货时间将符合合同规定的货物交到指定装运港船边（如置于码头或驳船上），该船只由买方指定，或取得已经如此交付的货物，即完成交货义务。当买方所派船只不能靠岸时，卖方应负责用驳船把货物运至买方指派船只的旁边，在船边交货。装船的责任和费用由买方承担，买卖双方承担的风险和费用均以船边为界。

　　FAS 贸易术语只适用于海运和内河水运。

三、DAP

　　DAP［Delivered at Place（insert named place of destination），目的地交货（指定目的地）］，是指卖方必须签订运输合同或安排货物运输，在约定日期或期限内将货物运至指定目的地，将置于目的地运输工具上的货物交给买方处置时即完成交货，此时卖方只需做好卸货准备而无须负责卸货。卖方承担将货物运至指定目的地交给买方处置前的一切风险和费用，所承担的费用包括需要办理出口清关手续时所需的出口报关费用，出口应缴纳的一切关税、税款，需经另一国过境时应缴纳的一切费用，货物运至指定目的地的运费，以及运输合同规定的由卖方承担的卸货费。买方承担从目的地接收货物之后的一切风险和费用，包括需要办理进口清关手续所需的一切关税、税款和任何其他费用，以及卸货费用（除非根据运输合同规定已由卖方支付卸货费用）。

　　DAP 贸易术语适用于任何运输方式，也适用于使用多种运输方式的情形。使用 DAP 贸易术语成交时，卖方承担将货物运送到指定目的地的一切风险，因此卖方交货的地点和到货的目的地是相同的。

四、DPU

　　DPU［Delivered at Place Unloaded（insert named place of destination），目的地卸货后交货（指定目的地）］，是指卖方必须签订运输合同或安排货物运输，在约定的日期或期限内将货物运至指定目的地卸货后交给买方处置即完成交货。卖方承担在指定目的地卸货后交给买方处置之前的一切风险和费用，所承担的费用包括需要办理出口清关手续时所需的出口报关费用，出口应缴纳的一切关税、税款，需经另一国过境时应缴纳的一切费用，货物运至指定目的地的运费以及卸货费。买方承担从目的地接收货物之后的一切风险和费用，包括需要办理进口清关手续所需的一切关税、税款和任何其他费用。

　　DPU 贸易术语适用于任何运输方式，也适用于使用多种运输方式的情形。使用 DPU 贸易术语成交时，卖方承担将货物运送到指定目的地以及卸载货物的一切风险，因此卖方交货的地点和到货的目的地是相同的。DPU 贸易术语是《2020 通则》中唯一要求卖方在目的地卸货的术语，因此若要使用该贸易术语，卖方应确保其可以在指定目的地组织卸货。

五、DDP

　　DDP［Delivered Duty Paid（insert named place of destination），完税后交货（指定目的地）］，是指卖方必须签订运输合同或安排货物运输，在约定的日期或期限内将货物运至指定目的地，将置于目的地运输工具上的货物交给买方处置时即完成交货，并负责办理货物的进口清关手续。卖方承担将货物运至指定目的地交给买方处置前的一切风险和费用，所承担的费用包括需要办理出口清关手续时所需的出口报关费用，出口应缴纳的一切关税、税款及需经另一国过境时应缴纳的一切费用，货物运至指定目的地的运费，运输合同规定的由卖方承担的卸货费，需要办理进口清关手续时所需的进口报关费用，进口应缴纳的一切关税、税款。

DDP 贸易术语适用于任何运输方式，也适用于使用多种运输方式的情形。使用 DDP 贸易术语成交时，卖方承担将货物运送到指定目的地的一切风险，因此卖方交货的地点和到货的目的地是相同的。如果卖方无法办理进口清关手续，且更希望将这些事项交给进口国的买方负责，那么卖方不应使用该贸易术语，而应考虑使用 DAP 贸易术语或 DPU 贸易术语。

 视野拓展

11 种贸易术语的比较

在表 6.1 中已经概括了《2020 通则》中的 11 种贸易术语按适用范围分类的情况，这种分类方法有助于读者掌握每种贸易术语适用的运输方式。为了帮助读者更好地掌握不同贸易术语项下买卖双方的责任、义务，现借鉴《2000 通则》的分组方法对《2020 通则》中的 11 种贸易术语做分类比较，参见表 6.8。《2000 通则》按字母 E 组、F 组、C 组、D 组对贸易术语进行分类。

表 6.8　按字母分组的《2020 通则》中的 11 种贸易术语

合同性质	分组	贸易术语	特　点
起运合同	E 组	EXW	只有 EXW 一种贸易术语，是 11 种贸易术语中卖方责任最小、买方责任最大的贸易术语
装运合同——象征性交货	F 组：主运费未付	FCA FOB FAS	F 组的三种贸易术语，其共同特点是"主运费未付"，即凡是以 F 开头的贸易术语，卖方都不负责国际段的运输，或者说都是由买方负责国际段的运输并承担运费
	C 组：主运费已付	CFR CIF CPT CIP	C 组的四种贸易术语，其共同特点是"主运费已付"，即凡是以 C 开头的贸易术语都由卖方负责国际段的运输并承担运费。 同时，F 组和 C 组贸易术语都属于"装运合同""象征性交货"
到达合同——实际性交货	D 组	DAP DPU DDP	D 组的三种贸易术语，其共同特点可以概括为"到达合同""实际性交货"，即卖方要在规定的时间内将货物安全运达进口国约定的目的地才算完成交货义务，风险才转移给买方

 思考与训练 6.8

以上 11 种贸易术语中，哪一种卖方承担的责任最小？哪一种卖方承担的责任最大？

第四节　核算出口价格

外贸业务员在推广自己的产品和寻找客户前，或面对客户的询盘时，必须熟悉自己的产品并能熟练地核算出口价格，这是外贸业务员必须掌握的技能之一，它直接关系到交易磋商的成功及买卖双方的利益。外贸业务员在学会核算出口价格的基础上，还应充分考虑影响出口价格的各种因素，根据自身的经验和意图确定适当的报价范围，既要防止不计成本、不顾盈亏地追求成交量，又要防止因盲目坚持高价格而削弱自身竞争力。同时，在面对客户的讨价还价时，外贸业务员还要能熟练地核算盈亏并迅速判断是否可以按客户的还价成交。

产品的售价基本由三部分构成，即成本、费用和利润。卖方在核算价格时要清楚产品的生产成本或购货成本及交货前的所有费用，同时要确定一个合理的预期利润。在进出口业务中，采用不同的贸易术语成交，买卖双方各自承担的责任和费用不尽相同，最终的报价也不一样。此外，核算出口价格时还要考虑以何种货币计价，并进行本币和外币之间的兑换核算。下面介绍在进出口业务中使用较多的 FOB、CFR 和 CIF 等三种贸易术语的价格核算。

一、核算 FOB 价格

采用 FOB 价格成交，卖方承担货物在装运港装上船之前的一切费用和风险。因此，FOB 价格的构成主要是实际采购成本、出口装船前的一切费用以及预期利润这三部分。实际业务中，卖方可先按人民币核算 FOB 价格，然后再按买卖双方约定的外币报价，核算 FOB 人民币价格的公式为

FOB 人民币价格=实际采购成本+出口装船前的一切费用+预期利润

（一）实际采购成本

卖方为出口商品，需从国内供货商处采购相关商品，其支付的采购价一般都包括了增值税。为了帮助本国的外贸企业降低出口成本，增强其在国际市场上的竞争力，很多国家有针对部分出口商品施行的出口退税政策，也就是商品出口后可以将出口企业在国内已缴纳的增值税全部或部分退还。所以，卖方在核算实际采购成本时可以在购货成本的基础上扣除出口退税额。实际采购成本可以用以下计算公式加以说明：

实际采购成本=采购价（含税）-出口退税额

对于外贸公司来讲，出口退税额的计算方法如下：

出口退税额=不含税价×出口退税税率

=采购价（含税）÷（1+增值税税率）×出口退税税率

即时查询

在中国通关网、出口退税咨询网、归类通等网站均可查询所出口的商品是否享受退税优惠及退税税率。

课堂实训范例 6.1

A 进出口公司收到德国某公司求购 3 000 双雪地靴[一个 40 英尺（1 英尺≈0.3048 米）集装箱]的询盘，公司业务员小李立即询问了供应商，供应商的供货价为每双 135.6 元人民币（含税价），增值税税率为 13%。经查询，雪地靴的出口退税税率为 13%。请帮助小李核算每双雪地靴的实际采购成本。

答：

出口退税额=不含税价×出口退税税率

=采购价（含税）÷（1+增值税税率）×出口退税税率

=135.6÷（1+13%）×13%=15.6（元人民币/双）

实际采购成本=采购价（含税）-出口退税额=135.6-15.6=120（元人民币/双）

（二）出口装船前的一切费用

出口装船前的一切费用（以下简称国内费用）是指出口商品在运至装运港装船前所产生的一切费用。其包含项目较多，一般包括加工整理费用、包装费用、把货物从仓库运到装运港的运杂费、装船费、港口费、银行手续费、商检费、报关手续费、出口关税和经营管理费用等。国内费用的核算可以采用明细核算法或经验核算法。

（1）明细核算法就是逐笔核算可能产生的所有国内费用，最后进行累加得到国内总费用的方法。由于国内费用包含的项目繁多、琐碎，按明细核算法逐笔核算比较麻烦和复杂。

（2）经验核算法。为了计算方便，外贸业务员会根据以往出口时发生的国内费用的大致情况，确定一个出口费用率，然后按采购价（含税）直接核算，可使用以下计算公式：

出口装船前的一切费用=采购价（含税）×出口费用率

（三）预期利润

预期利润是出口企业最关注的价格构成因素之一。出口企业一般会为每一个出口商品确定一个利润目标，同时也会根据国际市场供求关系、成交数量、国外客户所在的区域和客户性质等情况的不同，对利润目标进行适当调整。

微课堂
认识外汇牌价

（四）核算 FOB 外币价格

计价货币是指买卖双方约定用来计算商品价格的货币。国际贸易中，用来计价的货币可以是出口国的货币，也可以是进口国的货币或双方同意使用的第三国货币。具体采用哪种货币计价由买卖双方商定。在实际业务中，由于人民币还不是完全可自由兑换的货币，因此我国的进出口业务大部分采用外币计价，我们需要学习进出口业务中本币和外币之间兑换的基本知识。

1. 外汇牌价

外汇牌价，即外汇指定银行的外汇兑换牌价，是各个银行根据中国人民银行公布的人民币市场中间价以及国际外汇市场行情，制定的各种外币与人民币之间的买卖价格。外汇牌价实时变动。各银行公布的外汇牌价一般包括现钞买入价、现钞卖出价、现汇买入价、现汇卖出价和中间价。

（1）现汇买入价和现汇卖出价的含义。在我国，外汇牌价采用以本币直接标价的方法，我国银行按 100 单位外币折合的人民币金额挂牌公布。例如，某日银行公布美元兑人民币的现汇买入价为 642.09，现汇卖出价为 644.81，即银行买入 100 美元现汇需要支付客户 642.09 元人民币，或者说，客户（如出口企业）把外汇账户中的 100 美元卖出能够得到 642.09 元人民币；而银行卖出 100 美元能够得到 644.81 元人民币，或者说，客户（如进口企业）从银行买入 100 美元需要向银行支付 644.81 元人民币。

关于外币现汇买入价和现汇卖出价的表述方式，为方便统一，本书后文均用"买入价/卖出价"的形式表述，如上述美元兑人民币的汇率为 642.09/644.81。

（2）出口收汇时和进口付汇时本币与外币之间的兑换。我国出口企业收到境外买家支付的外汇后，可以按收汇当日的外汇牌价兑换成人民币并存入企业账户，即把外币收入兑换成人民币收入，按现汇买入价折算。我国进口企业对外支付外汇时，需要从银行买入外汇的，需把人民币兑换成外币，按现汇卖出价折算。上述内容可用以下计算公式加以说明：

出口收汇时，　　　　　　　出口本币收入=出口外币收入×现汇买入价

进口付汇时，　　　　　　　进口本币支出=进口外币支出×现汇卖出价

课堂实训范例 6.2

（1）某出口企业于某年 5 月 23 日收到进口商支付的货款，共 15 000 美元，当日其开户银

行公布的美元兑人民币的汇率是 642.09/644.81。按当日该银行的外汇牌价结汇，该出口企业可获得多少人民币收入？

答： 人民币收入=15 000×6.420 9=96 313.5（元）

（2）某进口企业按合同规定需在某年 5 月 23 日支付出口商 30 000 欧元，当日其开户银行公布的欧元兑人民币的汇率是 781.27/786.52。按当日该银行的外汇牌价购汇，该进口企业需花费多少人民币？

答： 人民币支出=30 000×7.865 2=235 956（元）

2. FOB 外币价格的计算

在出口业务中，境外进口商往往会要求出口企业按某种外币报价来结算货款。因此外贸业务员在使用本币计算出 FOB 人民币价格后，需按买卖双方约定的计价货币折算出 FOB 外币价格，折算公式如下：

$$FOB 外币价格=FOB 人民币价格÷现汇买入价$$

或

$$FOB 外币价格=FOB 人民币价格÷外汇中间价$$

这里的外汇中间价是指外汇买卖价的平均数。其计算公式是：

$$外汇中间价=（现汇买入价+现汇卖出价）÷2$$

 课堂实训范例 6.3

在课堂实训范例 6.1 中，小李核算出每双雪地靴的实际采购成本是 120 元人民币。A 进出口公司要求外贸业务员按采购价的 10%核算出口装船前的一切费用。若 A 进出口公司的预期利润为采购价的 20%，核算价格当天其开户银行公布的美元兑人民币的汇率为 635.6/638.3。请以美元作为计价货币给德国客户报每双雪地靴的 FOB 价格。

答：

每双雪地靴的 FOB 人民币价格=实际采购成本＋出口装船前的一切费用＋预期利润

$$=120＋135.6×10\%＋135.6×20\%$$

$$=160.68（元）$$

每双雪地靴的 FOB 美元价格=160.68÷6.356≈25.28（美元）

可报每双雪地靴的 FOB 价格为 25.28 美元。

 思考与训练 6.9

B 公司外贸业务员小王收到国外进口商采购牛仔裤的询盘，要求报 FOB Guangzhou 价格。已知该牛仔裤工厂的供货价是每条 80 元人民币，含税率为 13%的增值税，出口关税税率为 0，出口退税税率为 13%。公司确定的出口费用率为 10%，预期利润为采购价的 15%。当天国内银行公布的美元兑人民币的汇率为 635.6/638.3。请核算 FOB Guangzhou 价格并给国外进口商按美元计价报价。

二、核算 CFR 价格和 CIF 价格

1. 核算 CFR 价格

采用 CFR 贸易术语成交，卖方必须在合同规定的装运期内在装运港将货物装上船，还需订立把货物运至指定目的港的运输合同并支付运费。由此可见，采用 CFR 贸易术语成交，卖方承担的费用是在采用 FOB 贸易术语成交的基础上增加了一项从装运港到目的港运输途中产生的

海运运费。因此，CFR价格的构成主要是实际采购成本、出口装船前的一切费用、海运运费以及预期利润这四部分。所以，核算CFR价格的公式为

$$CFR价格=实际采购成本+出口装船前的一切费用+海运运费+预期利润$$
$$=FOB价格+海运运费$$

 课堂实训范例 6.4

在课堂实训范例6.3中，进口方是德国的客户，其要求小李改报CFR Hamburg价格。小李查询了运价，得知从装运港广州到汉堡港运送一个40英尺集装箱的海运运费为6 360美元。请核算CFR价格并给客户报价。

答：

$$CFR价格=FOB价格+海运运费$$
$$=25.28+6\ 360\div3\ 000=27.4（美元/双）$$

可向客户报每双雪地靴的CFR Hamburg价格为27.4美元。

2. 核算CIF价格

采用CIF贸易术语成交，卖方必须在合同规定的装运期内在装运港将货物装上船，订立把货物运至指定目的港的运输合同及支付运费，并订立货运保险合同及支付货运保险费。由此可见，采用CIF贸易术语成交，卖方承担的费用是在按CFR贸易术语成交的基础上增加了一项保险费。因此，CIF价格的构成主要是实际采购成本、出口装船前的一切费用、海运运费、保险费以及预期利润这五部分。所以，CIF价格的构成为

$$CIF价格=实际采购成本+出口装船前的一切费用+海运运费+保险费+预期利润$$
$$=FOB价格+海运运费+保险费$$
$$=CFR价格+保险费$$

有关保险费的计算方法将在第十一章进行介绍，实际业务中核算CIF价格的公式为

$$CIF价格=（FOB价格+海运运费）\div（1-投保加成\times保险费率）$$
$$=CFR价格\div（1-投保加成\times保险费率）$$

在外贸业务磋商的过程中，买卖双方在贸易术语的选用上可能会有不同的意见，如出口方报CIF价格，而进口方可能会要求报CFR价格或FOB价格。因此，外贸业务员需要学会在保证预期利润不变的条件下，根据FOB、CFR、CIF的价格构成因素，在FOB、CFR和CIF三种贸易术语之间灵活进行价格换算。

FCA、CPT和CIP三种贸易术语的价格构成与FOB、CFR和CIF三种贸易术语相同，只是两组贸易术语适用的运输方式和风险划分界限不同。所以，FOB、CFR和CIF三种贸易术语的价格核算方法同样适用于FCA、CPT和CIP的价格换算。

 思考与训练 6.10

A贸易公司业务员小田与日本一进口商进行磋商，原报价为每公吨500美元CIF Osaka。在后面的磋商过程中，进口商要求改为由其指定船运公司并承担运费，请A贸易公司重新报FOB Shenzhen价格。原报价中，小田预算的海上运费为每公吨35美元，保险费为每公吨3美元。在出口净收入不减少的情况下，请给客户报FOB Shenzhen价格。

三、报价时要考虑影响进出口商品成交价格的因素

在国际商品买卖中，商品的价格是买卖双方谈判的焦点，是决定商品能否进入市场的重要因素，关系着买卖双方的切实利益。在实际业务中，报价时除了要考虑成本因素外，还应综合考虑各种影响成交价格的因素，合理报价，同时注意同一商品在不同情况下价格应有所不同。

（1）要考虑商品的质量和档次。国际市场上一般都贯彻按质论价的原则，即好货好价、次货次价。商品品质的优劣、档次的高低、包装的好坏、样式的新旧、商标及品牌知名度的高低等，都会影响商品的价格。

（2）要考虑运输距离。国际商品的买卖，一般都要经过长途运输。例如，采用 CFR 或 CIF 贸易术语成交时，运输距离的远近将影响运费和保险费，从而影响商品的价格。因此，确定商品价格时必须核算运输成本，做好比价工作，以体现地区差异。例如，在其他交易条件都相同的情况下，CFR New York 价格和 CFR Tokyo 价格肯定是不同的。

（3）要考虑交货地点和交货条件。在国际贸易中，由于交货地点和交货条件不同，买卖双方承担的责任、费用和风险也有差别，在确定进出口商品价格时必须考虑这些因素。例如，同一运输距离内成交的同一商品，按 CIF 贸易术语成交与按 DAP 贸易术语成交，其价格应当不同。

（4）要考虑季节性需求的变化。在国际市场上，某些节令性商品，如赶在节令前到货，抢先上市，即能卖上好价；过了节令的商品，其售价往往很低，甚至会以低于成本的"跳楼价"出售。因此，买卖双方应充分考虑季节性需求的变化，切实掌握好季节性差价，争取按照对自身有利的价格成交。

（5）要考虑成交量。按照国际贸易的习惯做法，成交量的大小会影响商品的价格。当成交量大时，在价格上应给予适当优惠，或者采用数量折扣的办法；反之，当成交量过小，甚至低于起订量时，可以适当提高价格。无论成交量多少，都采取同一个价格成交的做法是不恰当的，外贸业务员应当掌握好成交量不同导致的价格差异。

（6）要考虑支付条件和汇率变动风险。支付条件是否对自身有利和汇率变动风险的大小，都会影响商品的价格。例如，同一商品在其他交易条件相同的情况下，采用预付货款方式和采用托收付款方式，其价格应当有所区别。同时，在确定商品价格时，一般应争取采用对自身有利的货币成交，当采用对自身不利的货币成交时，应当把汇率变动风险考虑到商品价格中。若已方是卖方，可适当提高出售价格；若已方是买方，可适当压低购买价格。

此外，交货期的远近、市场销售习惯和消费者的喜好等因素对价格也有不同程度的影响，外贸业务员必须在调查研究的基础上通盘考虑，权衡得失，然后再确定价格。

四、出口盈亏核算

在实际业务中，外贸业务员给客户报价后，经常会碰到客户讨价还价的情况。此时，外贸业务员需根据客户的还价熟练地核算盈亏，并迅速判断是否可以按客户的还价成交。这是外贸业务员必须掌握的技能之一。一笔出口业务是否赢利，通常可以用出口换汇成本、出口盈亏额和出口盈亏率来衡量。

1. 出口换汇成本的计算

出口换汇成本也称为出口换汇率，指商品出口后净收入每一单位外币所耗费的本币（人民币）成本，即某笔出口业务用了多少单位本币（人民币）换取 1 个单位的外币（如 1 美元）。在

出口业务中，企业常用出口换汇成本来衡量出口业务的盈亏。如果出口换汇成本高于当日银行外汇牌价（现汇买入价），说明该笔业务亏本；反之，如果出口换汇成本低于当日银行外汇牌价（现汇买入价），说明该笔业务赢利。出口换汇成本越低，赢利水平越高。

出口换汇成本的计算公式如下：

$$出口换汇成本 = 国内总成本（退税后）÷出口外汇净收入（FOB外币价）$$

其中，出口外汇净收入是指扣除海运运费和保险费之后的 FOB 外币价。根据前面的介绍可知，卖方承担的国内总成本主要包括采购成本、出口装船前的一切费用，另外，出口商品如享受国家规定的退税优惠，成本也可以降低。因此，国内总成本（退税后）的计算公式如下：

$$国内总成本（退税后）= 采购价（含税）+ 出口装船前的一切费用 - 出口退税额$$

2. 出口盈亏额和出口盈亏率的计算

按人民币计算的出口盈亏额是指出口商品销售人民币净收入与国内总成本（退税后）的差额。若差额为正，则说明业务赢利；反之，若差额为负，则说明业务亏损。出口盈亏率是指出口盈亏额与国内总成本（退税后）的比率，是衡量出口盈亏程度的一项重要指标。

出口盈亏额的计算公式为

$$出口盈亏额 = 出口商品销售人民币净收入 - 国内总成本（退税后）$$
$$= FOB外币价 × 现汇买入价 - 国内总成本（退税后）$$

或　　　　　$$出口盈亏额 = （现汇买入价 - 出口换汇成本）× FOB外币价$$

出口盈亏率的计算公式为

$$出口盈亏率 = 出口盈亏额 ÷ 国内总成本（退税后）× 100\%$$

或　　　　　$$出口盈亏率 = （现汇买入价 - 出口换汇成本）÷ 出口换汇成本 × 100\%$$

课堂实训范例 6.5

某公司以每米 11.3 美元 FOB Shenzhen 的价格出口一批货物，共 2 000 米。该货物的采购价为每米 65.54 元人民币（含 13% 的增值税）。出口前的一切费用包括国内运杂费共计 4 000 元人民币，出口商检费 350 元人民币，港杂费 1 150 元人民币，公司经营管理费用定额为采购价的5%。出口退税税率为 13%。请计算该笔业务的出口换汇成本、出口盈亏总额和出口盈亏率。已知结汇银行美元兑人民币的汇率为 642.19/644.71。

答：

出口退税额 = 65.54 ÷（1 + 13%）× 13% = 7.54（元人民币/米）

出口前的一切费用 =（4 000 + 350 + 1 150）÷ 2 000 + 65.54 × 5% = 6.027（元人民币/米）

国内总成本（退税后）= 65.54 + 6.027 - 7.54 = 64.027（元人民币/米）

出口换汇成本 = 64.027 ÷ 11.3 ≈ 5.666（元人民币/美元）

出口盈亏额 = FOB外币价 × 现汇买入价 - 国内总成本（退税后）

　　　　　 = 11.3 × 6.421 9 - 64.027 ≈ 8.54（元人民币/米）

出口盈亏总额 = 8.54 × 2 000 = 17 080（元人民币）

出口盈亏率 = 出口盈亏额 ÷ 国内总成本（退税后）× 100% = 8.54 ÷ 64.027 × 100% ≈ 13.34%

思考与训练 6.11

我国某公司向国内供应商采购一批商品用于出口，出口合同约定的装运港为汕头，出口价格是每件 70.3 美元 CFR New York，总数量为 1 000 件，采购价为每件 350.3 元人民币（含 13%

的增值税），出口装船前的一切费用为采购价的 10%，此商品的出口退税税率为 9%。经询价，该批货物从汕头到纽约的海运运费为 3 800 美元，当日银行公布的美元兑人民币的汇率为 636.48/639.16。请计算出口换汇成本、单位商品的出口盈亏额和出口盈亏率。

第五节　合同中的价格条款

绝大部分进出口业务通过函电进行磋商，如果报价方式不规范，很容易造成误解或差错，甚至会导致业务利润受损，也有损企业形象。因此，外贸业务员必须正确掌握进出口商品价格的表示方法。

一、合同中价格条款的内容

进出口合同中的价格条款一般包括商品的单价和总值两项基本内容：单价通常由四个部分组成，即计量单位、单位价格金额、计价货币和贸易术语；总值（或称总价）是单价与数量的乘积，也就是一笔业务的货款总金额。合同中的单价条款举例如下。

【例】

USD 350 per M/T CIF New York（CIF 纽约价为每公吨 350 美元）

HKD 150 per set FOB Guangzhou（FOB 广州价为每套 150 港元）

二、计价货币的选择

计价货币是指合同中规定的用来计算价格的货币，而支付货币是实际支付给卖方的货币。两者多为同一种货币，但也可以不是同一种货币。国际贸易中用来计价的货币，可以是出口国的货币，也可以是进口国的货币或双方同意使用的第三国货币。

由于世界经济的波动，各国货币币值的频繁变动会直接影响进出口企业的资金安全和经济收益。因此，在选用外国货币计价时，一定要慎重，既要考虑所使用货币的稳定性和安全性，又要考虑所使用货币的可兑换性，以减少外汇汇率变动可能造成的损失。

在国际贸易中，在可能的情况下，出口时应争取使用币值坚挺或汇率有上浮趋势的"硬币"，进口时应争取使用汇率有下浮趋势的"软币"。另外，在合同中可以订立外汇保值条款，一旦汇率发生变动要重新折算价格。

三、佣金和折扣

在价格条款中，有时也会有关于佣金和折扣的规定。从这个角度看，价格条款中所规定的价格，可分为包含佣金和折扣的价格和不包含这类因素的净价。在实践中，除非事先另有约定，如价格条款中对佣金或折扣未做表示，通常将相关价格理解为不含佣金或不给折扣的价格。

如价格中包含佣金或折扣，则应该在价格条款中做出明确的规定。

1. 佣金和折扣的含义

佣金（commission）是指卖方或买方支付给中间商代理买卖或介绍交易的服务酬金，包含佣金的合同价格称为含佣价。我国的专业外贸公司在代理境内企业的进出口业务时，通常会与之签订协议规定代理佣金率，而在对外报价时，佣金率则不明示在价格中，这种佣金称为"暗佣"。如果在价格条款中明确表示佣金为多少，则这种佣金称为"明佣"。在我国的对外贸易中，明佣主要出现在我国出口企业对境外中间商的报价中。

佣金的支付方法通常有两种：一种是由中间代理商直接从货价中扣除；另一种是卖方在收妥货款后，按事先约定的期限和佣金率，另外支付给中间代理商。

折扣（discount）是卖方在原价格的基础上给予买方的一定比例的价格减让，如数量折扣、清仓折扣、新产品的促销折扣等，它是一种促销手段。使用折扣方式减让价格，而不直接降低报价，这样使卖方既保持了商品的价位，又明确表明了其能给予买方的某种优惠。

2. 佣金和折扣的表示方法

在价格条款中，佣金和折扣有不同的表示方法。

（1）用文字表示，例如：

　　　USD 200 per M/T CIF New York including 3% commission.

　　　HKD 355 per cubic meters FOB Guangzhou less 2% discount.

（2）用 C 表示佣金。可以在贸易术语后面加 C 和佣金率来表示佣金，折扣的表示一般不用此法。例如：

　　　USD 200 per M/T CIFC3% New York.

或　　　USD 200 per M/T CIFC3 New York.

（3）用绝对数表示，例如：

　　　Pay ABC Company USD 25 as commission per M/T.

　　　Discount USD 5 per M/T.

3. 佣金和含佣价的计算

在规定佣金的条件下，不但佣金的多少会影响双方的实际利益，而且计算佣金的方法也会对双方的经济利益产生直接的影响。计算佣金有不同的方法，常见的是以合同价格直接乘以佣金率，然后得出佣金。例如，以 CIFC3%每公吨 1 000 美元条件成交时，每公吨的佣金为

$$1\,000 \times 3\% = 30（美元）$$

按上述常见的方法计算时，有关佣金的计算公式可归纳为

$$佣金=含佣价 \times 佣金率$$

此时卖方的净收入，即净价的计算公式为

$$净价=含佣价-佣金=含佣价-含佣价 \times 佣金率=含佣价 \times （1-佣金率）$$

整理后得出含佣价和净价的关系为

$$含佣价=净价 \div （1-佣金率）$$

 思考与训练 6.12

内地 A 公司出口某商品到香港，原报价为每平方米 60 美元 CIF Hong Kong。现买方要求 A 公司改报 CIFC5% Hong Kong，A 公司表示可以同意，但出口净收入不能减少。

问：（1）按 CIFC5% Hong Kong 报价，应报多少美元？

（2）如按上述的含佣价成交，实际支付给中间商的佣金是多少？

第六节 跨境电商产品定价

第一节至第五节介绍的是传统贸易下进出口产品价格核算和报价方法，鉴于未来跨境电商对国际贸易业务的推动作用会越来越大，外贸业务员还需掌握在跨境电商平台给产品定价的技能。在很多跨境电商平台中，对产品搜索排序有重要影响的两大因素是销量和关键词，而影响销量最关键的因素之一则是价格。

一、跨境电商产品定价方法

产品定价是整个产品销售链中非常重要的一个环节，一方面定价直接关系着产品的销量和利润，另一方面定价直接影响产品的定位、形象和竞争力。跨境电商卖家在进行产品定价时要考虑产品的类型（引流款、"爆款"、利润款）、产品的特性（同质性、异质性、可替代程度）、同行竞品价格水平、店铺本身的市场竞争策略以及产品的自身价值等。常用的跨境电商产品定价方法有成本导向定价法、需求导向定价法和竞争导向定价法。

（1）成本导向定价法是在产品单位成本的基础上，加上预期利润作为产品销售价格的方法。这是一种比较理性的定价方法，易于理解，使用广泛。采用成本导向定价法的关键是要准确核算成本，并且要确定适当的利润率。

（2）需求导向定价法是根据境内外市场需求状况和消费者对产品的价值感受来确定产品销售价格的方法，主要考虑消费者可以接受的价格以及在这一价格水平上的需求数量，而不是产品的成本。在该定价法下，即使是同一个产品，只要需求程度不一样，卖家就可以制定不同的价格。

（3）竞争导向定价法是以市场上竞争者的类似产品价格作为产品定价参照系的方法。该方法的优点是可增强产品价格在市场上的竞争力；缺点是过分关注价格上的竞争力，而容易忽略其他营销组合可能带来的产品差异化的竞争优势，容易引起竞争者报复，导致恶性降价竞争。

二、跨境电商产品定价公式

下面以成本导向定价法为例，介绍跨境电商产品的定价公式。

跨境电商产品的成本主要包括产品的生产或采购成本、境内运费、境外运费、开店费用（含佣金）、运营推广成本、售后维护成本、第三方收款工具费用等。运营推广成本包括各种营销活动的费用，这部分成本需要加到产品价格中，如使用速卖通平台的外贸直通车（P4P）进行推广的费用。售后维护成本包括退货成本、换货成本、破损成本等。

在速卖通平台上，对于主流销售国家和地区，卖家展示的产品价格一般都是包邮价格。卖家在速卖通平台上销售通用产品，可采用以下定价公式：

产品销售价（美元）=（产品采购价+境内运费+境外运费）÷（1-速卖通平台佣金率
-预期利润率-其他成本比率）÷美元汇率

其中产品采购价、境内运费、境外运费均以人民币计价，其他成本比率是指联盟佣金率、P4P营销推广费率、退换货破损等的纠纷赔偿率。

 课堂实训范例 6.6

我国某跨境电商卖家在 1688 平台上采购了一批假发，采购价为每件 60 元，境内运费为 6元/件，境外运费为 35 元/件。速卖通平台佣金率为 8%，其他成本比率预估为 2%，预期利润率为 25%，当前美元兑人民币的汇率为 674.83/677.69。请计算该产品在速卖通平台上的销售价。

答： 产品销售价 =（60 + 6 + 35）÷（1-8%-25%-2%）÷6.7483≈23.03（美元）

三、跨境电商产品上架价格设置

在计算出产品销售价后，卖家最终以什么价格上架呢？下面介绍一些跨境电商产品上架价格设置的技巧。

1. 设置非整数价格

一般情况下，一些消费者在购买日用品时比较乐意接受非整数价格，而不太能接受整数价格，在购买一些使用较为频繁的日用品时更是如此。例如一瓶洗手液的价格为 1.98 美元，跟 2 美元相比，虽然只少 2 美分，却给人一种更便宜的感觉，这能有效刺激消费者的购买欲望，从而增加产品销量。

2. 设置折扣价格

两个价格的对比更容易刺激消费者购买，因此卖家可以同时设置两个价格。比如在亚马逊平台上可以同时设置标准价（standard price）和折扣价（sale price），在 Wish 平台上可以设置产品的销售价（price）和制造商建议零售价（MSRP），在速卖通平台上可以同时设置上架价格和折扣率。

以亚马逊平台为例，折扣价可以按卖家的销售价格设置，那标准价可以采用以下公式计算得出：

$$标准价 = 折扣价 ÷（1-折扣率）$$

速卖通平台产品的上架价格也可以参考上述公式计算，即

$$上架价格 = 产品销售价 ÷（1-折扣率）$$

在速卖通平台上，折扣率建议不低于 15%。根据速卖通平台官方的统计，折扣率在 30% 左右的产品是最受消费者青睐的。

3. 设置价格区间

如果某款产品有多个 SKU（Stock Keeping Unit，库存量单位，即库存进出计量的基本单元，可以以件、盒、托盘等为单位），可以针对不同的 SKU 设置不同的价格。价格以区间的方式呈现出来可以提高产品排名，从而有利于提高产品转化率。

4. 设置梯度价格

根据一次购买产品数量的不同可以设置梯度价格，以刺激消费者购买。例如购买 1 盒面膜，价格为 13.96 美元/盒；购买 2 盒面膜，价格为 12.96 美元/盒；购买 5 盒面膜，价格为 10.96 美元/盒。

 思考与训练 6.13

我国一跨境电商卖家在亚马逊平台上销售一款电子产品，该产品的采购价为每件 126 元，境内运费为 6 元/件，境外运费为 60 元/件。亚马逊平台佣金率为 10%，其他成本比率预估为 3%，预期利润率为 20%，当前美元兑人民币的汇率为 674.83/677.69。

（1）请计算该产品的销售价。

（2）卖家需要在亚马逊平台上设置该产品的标准价和折扣价，折扣率为 20%，请说明标准价和折扣价应设置为多少。

自测题

一、单项选择题

1．某公司与美国一家公司以 **CFR New York** 的条件成交一笔业务，按照《2020 通则》的规定，这批货物从装运港运到目的港的运输费用应由（   ）。

    A．买方来承担   B．卖方来承担   C．船方来承担   D．港务部门来承担

2．根据《2020 通则》的规定，按 FOB 贸易术语成交时，卖方没有替买方办理货运保险的义务，实际业务中一般由（   ）办理货运保险。

    A．买方   B．卖方   C．货运代理公司   D．出口地银行

3．按照《2020 通则》的解释，CIF 与 CFR 的主要区别在于（   ）。

    A．办理租船订舱的责任方不同   B．办理货运保险的责任方不同

    C．风险划分的界限不同   D．适用的运输方式不同

4．我国某贸易公司出口货物时，合同中的单价条款表达正确的是（   ）。

    A．USD 1 000 per set FOB London   B．USD 1 000 per set FOB Shanghai

    C．HKD 60 per meter CIF Shanghai   D．HKD 60 per meter CIP Shanghai

5．广州某公司从日本进口一批货物，货物从东京港运至广州黄埔港，合同中的单价条款表达正确的是（   ）。

    A．USD 280 per PC FOB Guangzhou   B．USD 280 per PC FCA Guangzhou

    C．USD 280 per PC FOB Tokyo   D．USD 280 per PC CIF Tokyo

6．按照《2020 通则》的解释，在 CIF 条件下，由（   ）办理保险，如果货物在运输过程中发生保险公司承保范围内的损失，（   ）可根据保险单向保险公司索赔，与（   ）无关。

    A．卖方 卖方 买方   B．卖方 买方 卖方

    C．卖方 船方 买方   D．卖方 船方 卖方

7．就卖方承担的责任和费用而言，下列排序正确的是（   ）。

    A．FOB＞CFR＞CIF   B．FOB＞CIF＞CFR

    C．CIF＞CFR＞FOB   D．CIF＞FOB＞CFR

8．国际贸易中，由买方负责办理出口清关手续，并承担其相关费用的贸易术语是（   ）。

    A．FCA   B．FAS   C．FOB   D．EXW

9．根据《2020 通则》的解释，以 CIF Hamburg 成交，卖方对货物所承担的风险是（   ）。

    A．货物在装运港装上船之前   B．货物在装运港卸下卖方车辆之前

    C．货物在目的港卸货之前   D．货物在目的港装上买方车辆之前

10．采用 CIP 贸易术语成交时，应由（   ）。

    A．买方负责办理运输和保险手续

    B．卖方负责办理运输和保险手续

    C．买方负责办理运输手续，卖方负责办理保险手续

    D．卖方负责办理运输手续，买方负责办理保险手续

11．深圳某公司进口一批货物，货物从澳大利亚空运至深圳，澳大利亚的出口方承担货物空运至深圳的运费和运输风险。交货地点是深圳机场，卸货后货物交给深圳的进口方，出口清

关手续由出口方办理，进口清关手续及有关税费由深圳的进口方承担。按以上条件成交，合同采用（　　）贸易术语为宜。

　　A．CIF Shenzhen　　　　　　　　　　　B．CIP Shenzhen Airport

　　C．DAP Shenzhen Airport　　　　　　　　D．DPU Shenzhen Airport

12．某商品原报价每公吨 600 英镑 FOB Shanghai，现客户要求改报 FOBC5% Shanghai，若不减少外汇净收入，商品应改报为每公吨（　　）英镑。

　　A．600　　　　　B．630　　　　　C．631.58　　　　　D．650

13．某公司出口一批商品，总货款为 JPY 2 135 000。货款收到当天，公司按银行的汇率结汇，日元兑人民币的汇率为 6.328 8/6.375 3，该公司的人民币收入为（　　）。

　　A．13 511 988 元　　B．13 611 265.5 元　　C．135 119.88 元　　D．136 112.655 元

14．进口某商品需用外汇 60 000 美元，设购汇当日外汇牌价为 667.48/670.16，需用（　　）人民币兑换 60 000 美元。

　　A．400 488 元　　　B．402 096 元　　　C．40 048 800 元　　D．40 209 600 元

15．某公司给客户的商品原报价是每件 35 美元 FOB Foshan，拟成交量是 2 000 件，现客户要求报 CFR New York 价格。经公司外贸业务员估算，商品运至目的港的运费是 3 000 美元，保险费是 566 美元。该公司应给客户报每件 CFR New York（　　）美元。

　　A．3 035　　　　　B．3 601　　　　　C．36.5　　　　　D．36.78

16．某合同以 CIFC2 成交，合同总金额为 30 000 欧元，则佣金为（　　）欧元。

　　A．520　　　　　B．540　　　　　C．580　　　　　D．600

17．某公司在速卖通平台上架 A 产品，公司确定 A 产品的销售价格为 4.5 美元，按 30% 的折扣率进行销售，则 A 产品的上架价格设置为（　　）美元是最合适的。

　　A．6.98　　　　　B．6.88　　　　　C．6.68　　　　　D．6.48

18．按以下条件成交的合同，不属于装运合同的是（　　）。

　　A．FOB Guangzhou　　　　　　　　　　B．CIF Tokyo

　　C．CIP Shanghai Airport　　　　　　　　D．DAP Jakarta International Airport

19．一般情况下，按 FOB 贸易术语进行出口报价时，不应计入货物价格的是（　　）。

　　A．货物成本　　　　　　　　　　　　　B．出口装船前的一切费用

　　C．海运费用　　　　　　　　　　　　　D．各项出口税费

20．某进口商进口一批货物，合同总金额为 23 500 欧元，进口商支付货款时欧元兑人民币的汇率为 684.13/689.17，按人民币计算的进口价格为（　　）元。

　　A．160 770.55　　　B．161 954.95　　　C．16 077 055.00　　D．16 195 495.00

二、多项选择题

1．CIF 与 CIP 的区别有（　　）。

　　A．风险划分界限：前者是装运港船上，后者是货交承运人

　　B．性质：前者是装运合同，后者是到达合同

　　C．适用范围：前者适用于水上运输，后者适用于任何运输方式

　　D．卖方承担的费用：前者，卖方承担货物运至目的港的正常运费和保险费；后者，除此之外卖方承担的费用还包括在运输过程中产生的额外费用

2．根据《2020 通则》，要求卖方在进口国境内交货的贸易术语有（　　）。

　　A．DAP　　　　　B．DPU　　　　　C．DDP

　　D．FCA　　　　　E．EXW

3．采用（　　）贸易术语成交时，卖方需要负责订立将货物运至目的地的运输合同并支付运费，但不需要承担将货物从交货地点运至目的地的风险。

　　A．FOB　　　　　B．CFR　　　　　C．CIF

　　D．FCA　　　　　E．CPT　　　　　F．CIP

4．根据《2020通则》的规定，采用FOB贸易术语成交时卖方的义务有（　　）。

　　A．负责办理出口报关　　　　　　B．负责把货物运至装运港装船

　　C．负责租船订舱并承担运费　　　　D．负责办理进口报关

　　E．负责办理货运保险

5．国际贸易惯例本身（　　）。

　　A．是法律　　　　　　　　　　　　B．不是法律

　　C．对贸易双方具有强制性　　　　　D．对贸易双方不具有强制性

　　E．对贸易实践具有指导作用

6．按照《2020通则》的解释，FOB、CFR与CIF贸易术语的共同之处表现为（　　）。

　　A．均适用于水上运输方式　　　　　B．风险转移地点均为装运港船上

　　C．买卖双方责任划分基本相同　　　D．交货地点均为装运港

7．跨境电商产品定价方法有（　　）。

　　A．成本导向定价法　　　　　　　　B．需求导向定价法

　　C．竞争导向定价法　　　　　　　　D．不固定作价法

8．以DDP贸易术语出口，核算出口商品售价时，（　　）应计入出口成本中。

　　A．国外运费　　　　　　　　　　　B．保险费

　　C．进口关税　　　　　　　　　　　D．进口环节消费税和增值税

9．在跨境电商平台上设置产品的上架价格，常用的技巧有（　　）。

　　A．设置非整数价格　　B．设置折扣价格　　C．设置价格区间　　D．设置梯度价格

10．根据《2020通则》的规定，采用CIF贸易术语成交时卖方的义务有（　　）。

　　A．负责办理出口报关　　　　　　　B．负责把货物运至装运港装船

　　C．负责租船订舱并承担运费　　　　D．负责办理进口报关

　　E．负责办理货运保险

三、判断题

1．以CIF贸易术语成交，在卖方装船后至交单这段时间内，如果货物发生灭失或损坏，应由卖方负责。　　　　　　　　　　　　　　　　　　　　　　　　　　　　　（　　）

2．我方从日本进口货物，如按FOB贸易术语成交，需由我方派船到日本口岸接货；如按CIF贸易术语成交，则由日方租船将货物运到我国港口。可见，我方按FOB贸易术语进口货物承担的运输风险比按CIF贸易术语进口货物承担的运输风险大。　　　　　　　　（　　）

3．上海某公司以CIF贸易术语从国外进口一批货物，货物在运输途中遭遇飓风全部损失。几天后，卖方凭包括正本提单在内的全套合格单据要求买方付款，买方以货物灭失为由拒绝付款，买方的这种行为是合理的。　　　　　　　　　　　　　　　　　　　　（　　）

4．按 CFR 贸易术语成交时，买卖双方有关风险与费用的划分点均在装运港船上。
（　　）

5．我国某工艺美术品公司向英国出口一批陶瓷，以 CIF London 贸易术语成交，卖方业务员将此理解为在伦敦交货，这种理解是正确的。（　　）

6．FOB、CFR、CIF 都属于装运港船上交货的贸易术语，对卖方来讲，采用 CIF 贸易术语承担的费用多，风险也大。（　　）

7．FOB、CFR、CIF 贸易术语只适用于水上运输，FCA、CPT、CIP 贸易术语可适用于任何运输方式。（　　）

8．按 DAP 贸易术语成交时，卖方承担将货物运至指定目的地交给买方处置前的一切风险和费用。（　　）

9．在《2020 通则》规定的 11 种贸易术语中，买方承担的责任最大的是 EXW 贸易术语，最小的是 DDP 贸易术语。（　　）

10．《2010 通则》确定了相关贸易术语可以用于国内货物买卖。（　　）

11．USD 50 per set CIF Rotterdam，我国某公司的这个出口报价条款表述正确。（　　）

12．按 CIF 贸易术语成交与按 DAP 贸易术语成交，两者的卖方都需要办理国际段的运输和保险手续并承担相应的运费和保险费。所以，两者的卖方承担的责任、费用都是一样的。在其他成交条件都一样的情况下，CIF 报价和 DAP 报价一样。（　　）

13．以 C 开头的贸易术语有 CFR、CIF、CPT、CIP，其共同特点是"主运费已付"，即都由卖方负责国际段的运输和承担运费。（　　）

14．在国际贸易中，在可能的情况下，出口时应争取使用币值坚挺或汇率有上浮趋势的"硬币"，进口时应争取使用汇率有下浮趋势的"软币"。（　　）

15．按 DPU 术语成交时，卖方必须签订运输合同或安排货物运输，在约定的日期或期限内将货物运至指定目的地卸货后交给买方处置即完成交货。（　　）

四、案例分析题

1．我国某出口公司与外商按 CIF 条件成交一批出口货物，货物在合同规定的时间和装运港装船。载货船只在航行途中触礁沉没。当该公司凭提单、保险单、发票等满足合同规定的单据要求国外进口商支付货款时，进口方以货已全部损失、不能得到货物为由，拒绝接受单据和付款。

问：出口方有无权利凭合同规定的单据要求进口方付款？为什么？

2．有一份 CFR 合同，内容为买卖一批蜡烛。货物装船时，经公证人检验合格，符合合同的规定。货物到目的港后，买方发现有 20% 的蜡烛有弯曲现象，因而向卖方索赔，但遭到卖方拒绝，其理由是货物装船时，品质是符合合同规定的。事后又查明，起因是货交承运人后，承运人把该批货物装在靠近机房的船舱内，船舱内温度过高造成了蜡烛弯曲。

问：在上述情况下，卖方拒赔的理由是否成立？为什么？

 课后阅读与分析

第七章

交易磋商及订立买卖合同

【学习指导】

交易磋商是买卖双方对交易的各项条件进行协商以达成交易的过程。学习本章后，应了解交易磋商的内容和一般程序，掌握《联合国国际货物销售合同公约》对发盘和接受的有关规定，并学会在交易磋商的基础上签订合同。

【导入案例】

发盘是否有效撤销了

某年 6 月 15 日，甲公司向乙公司发出一份订单，并要求乙公司在 7 月 10 日前答复。7 月初，该商品的市价大幅下降，7 月 3 日甲公司通知乙公司："前次订单所列价格作废，若你公司愿意降价 20%，则发盘有效期延至 7 月 20 日。"乙公司收到通知后，于 7 月 4 日回信表示不同意降价，同时对前一订单表示接受。7 月 5 日甲公司回信表示："第一次订单已经撤销，接受无效。"乙公司坚持第一次订单不能撤销，合同已经成立。

讨论：（1）7 月 3 日甲公司给乙公司的通知是否成功撤销了 6 月 15 日的订单？

（2）7 月 4 日乙公司的回信是不是有效的接受？

第一节 交 易 磋 商

交易磋商是买卖双方对交易的各项条件进行协商以达成交易的过程，通常称为谈判。在国际贸易中，交易磋商是一个十分重要的环节，因为它是签订合同的基础，没有交易磋商就没有买卖合同。交易磋商是否顺利，直接影响合同的签订及合同的履行，关系双方的经济利益，因此必须认真做好这项工作。

交易磋商（business negotiation）有口头（by word of mouth）或书面（by writing）两种形式。口头磋商可通过邀请客户来访、派遣推销组出境、参加各进出口公司举办的专业性小型交易会、参加中国进出口商品交易会（广交会）或国际博览会等，由企业外贸业务员同境外客户当面进行磋商。书面磋商现在一般通过电子方式进行，如传真、电子邮件、社交媒体。

这两种形式有时也可以交叉使用。目前，为了积极扩大进出口贸易，企业采取"走出去、请进来"形式的情况日益增多，但是日常的交易仍然以书面磋商形式为主。无论是口头磋商还是书面磋商，买卖双方都要提出自己的交易条件以及想法，经过一再协商而取得一致意见，从而达成交易。

交易磋商的内容涉及买卖合同的各项条款，包括品名、品质、数量、包装、价格、装运、保险、支付，以及商检、索赔、仲裁和不可抗力等。从理论上来讲，只有对以上条款逐一达成一致意见才能充分体现"契约自由"的原则。然而在实际业务中，并非每次磋商都需要把这些条款一一列出、逐条商讨，因为普通的商品交易一般都使用固定格式的合同，将商检、索赔、仲裁和不可抗力等一般交易条件事先做成书面文件，或印在书面合同的背面，或在老客户之间已经形成了一些习惯做法，只要双方没有异议，这些条件即成为双方进行交易的共同基础而不必每次重复磋商。

每笔交易磋商的程序不完全相同，但在通常情况下，交易磋商主要包括询盘、发盘、还盘及接受。其中，发盘和接受是达成交易和合同成立必不可少的两个环节。

一、询盘

询盘（inquiry）又称询价，也称为邀请发盘（invitation to offer），通常是买方或卖方准备购买或销售某种商品，向对方口头或书面询问买卖该商品的有关交易条件的过程。询盘可只询问价格，也可同时询问一项或几项其他交易条件，如规格、品种、数量、包装、装运以及索取样品等。询盘往往是交易的起点，对买卖双方都没有约束力，收到询盘的一方可以给予答复，亦可不予回复。询盘可分为卖方询盘和买方询盘两种。

（1）卖方询盘，是卖方向买方发出的征询其购买意见的行为。卖方向国外客户发出询盘大多是在交易会后，卖方会依据在交易会上得到的客户资料主动联系客户，寻找潜在的交易机会。

（2）买方询盘，是买方主动发出的向潜在的供货人询购所需货物的业务行为。在实际业务中，询盘多为买方向卖方发出。

 案例 7.1

佛山奇飞进出口贸易有限公司（在本章中简称出口商）参加了广交会后，于 6 月 5 日通过电子邮件给潜在的客户 BOLTITI CORONA S.A.（在本章中简称进口商）发出询盘（见示范 7.1）。进口商收到出口商的询盘后，于 6 月 21 日通过电子邮件发来询盘（见示范 7.2），就某些型号的商品要求出口商给予报价。

 示范 7.1 出口商询盘

Dear Sir or Madam,

Through the Canton Fair we notice that you are interested in doing business with us.

We manufacture a wide range of leather shoes and gloves. To give you a general idea of our products, a copy of our catalogue and price list (for reference only) is being sent to you today with samples of our products.

We hope the samples will reach you in good time and look forward to your order.

Best regards,
Feifei Zhao (Mr)
Chief Seller
Foshan Qifei Import &Export Trade Co., Ltd.
Website: qifeicomp×××.com
Tel: 86-1370368××××

示范 7.2　进口商询盘

Hi, Mr. Zhao,

　　We are pleased to receive your E-mail of June 5th, and are satisfied with your samples.

　　Please quote us Art No.HMS12 (500 pairs), HMS26 (600 pairs), HMS29 (600 pairs), HMG12 (2 000 pairs), HMG18 (1 800 pairs) in your catalogue with indication of packing, August shipment, CIF Hamburg.

　　We await your early reply.

Take care,

Tony Smith (Mr)

Chief Buyer

BOLTITI CORONA S.A.

二、发盘

　　发盘（offer）又称为发价，是卖方或买方向对方提出一定的交易条件，并愿意按照这些条件达成交易的一种肯定表示。发盘可以是应对方的询盘做出的答复，也可以在没有询盘的情况下直接向对方发出。在业务中，由卖方发出的发盘称为售货发盘（selling offer），由买方发出的发盘称为购货发盘（buying offer）或递盘（bid）。

　　发盘是对发盘人（offeror）具有法律约束力的"要约"，发盘人在发盘的有效期限内不得任意撤销或修改发盘的内容。发盘一经对方在有效期限内表示无条件接受，发盘人将受发盘约束并承担按发盘条件与对方签订合同的法律责任。

 案例 7.2

　　6月22日，出口商通过电子邮件给进口商发出发盘（见示范7.3），对进口商询价的商品进行报价。发盘中列明了具体的交易条件，包括品名、规格型号、数量、价格、包装、支付方式、装运，并规定了该发盘的有效期至6月30日，以出口商所在地时间为准。

　　完整、准确地拟写发盘，可以避免争议、缩短交易时间，有利于双方尽快达成协议。为了提醒对方早下订单和防止日后产生争议，发盘中应明示报价的有效期或其他约束性条件。另外，对外报价时应说明该价格的数量基础。

　　《联合国国际货物销售合同公约》（以下简称《公约》）对发盘的相关规定如下。

　　1. 构成一项有效发盘的条件

　　构成一项有效发盘需要满足以下四个条件。

　　（1）发盘要有特定的受盘人。发盘必须向特定的人提出，只有特定的人才能作为受盘人对有关发盘表示接受从而使合同成立。特定的受盘人可以是自然人也可以是法人，可以是一个人也可以是多个人，但不可以是广大公众。例如，有的

> 微课堂
>
> 《公约》对发盘的规定

商家在报纸杂志或其他媒体上做的商业广告，即使内容完整，但由于没有特定的受盘人，不能构成有效的发盘，只等同于邀请发盘。

 示范 7.3　出口商发盘

Hello, Tony,

　　We are glad to receive your E-mail of June 21st asking to offer our products.

　　Now we offer you at your request as follows:

Name of Commodity	Quantity(Pairs)	Unit price
leather shoes		CIF Hamburg
HMS12	500	USD 12.25
HMS26	600	USD 9.65
HMS29	600	USD 8.16
leather gloves		
HMG12	2 000	USD 2.30
HMG18	1 800	USD 1.95

1. Packing

(1) leather shoes: 1 pair to be packed in a box, 20 pairs in a carton.

(2) leather gloves: 10 pairs to be packed in a box, 10 boxes in a carton.

2. Payment

By irrevocable sight L/C.

3. Shipment

Port of Loading: Guangzhou

Port of Discharge: Hamburg, Germany

Time of Shipment: before the end of August 2024.

Our offer remains effective until June 30th, 2024 our time.

Looking forward to your early reply.

Best regards,

Feifei Zhao

Chief Seller

Foshan Qifei Import & Export Trade Co., Ltd.

Website: qifeicomp×××.com

Tel: 86-1370368××××

（2）发盘的内容必须十分确定。发盘的内容确定是指发盘的条件是完整的、明确的、终局性的。按照《公约》的规定，一项发盘至少应包括三个要素：①标明货物的名称；②明示或默示地规定货物的数量或规定确定数量的方法；③明示或默示地规定货物的价格或规定确定价格的方法。上述《公约》的规定只是构成发盘的基本要求。在实际业务中，若发盘所列的交易条件太少或过于简单，会给合同的履行带来困难，甚至引起争议。因此，在对外发盘时，应将品名、品质、数量、包装、价格、交货时间、地点和支付方式等主要交易条件一一列明。

（3）表明发盘人受其约束的意思。发盘人表示经受盘人有效接受后，双方即可按发盘的内容订立合同。

（4）发盘必须送达受盘人。因为受盘人必须在收到发盘时才能决定是否接受，所以发盘必须在送达受盘人时才能生效。这里的"送达受盘人"是指将发盘内容通知对方或送交对方本人/营业场所/通信地址。

 思考与训练 7.1

我国某出口公司对日本一潜在客户发出一封信函，信函中明确列出出口货物的名称、数量、价格、交货时间及地点、支付方式。但该公司在信函中说明"本发盘需以我方最后确认为准"（This offer is subject to our final confirmation）。

问：此信函是否为一份有效的发盘？

2. 发盘的有效期

发盘的有效期，是发盘人受发盘约束的期限，在此期限内发盘人不得任意撤销发盘；这也是受盘人表示接受的期限，受盘人在此期限内做出答复才算有效答复。在国际贸易中，发盘通常都会规定有效期，如规定"本发盘限 6 月 6 日复到此地"或"本发盘有效期为 6 天"等。若发盘未具体列明有效期，受盘人应在合理时间内接受才有效。所谓"合理时间"，国际上并没有明确的规定和解释，需根据具体情况而定。

3. 发盘的撤回与撤销

如果一项发盘还没有到达受盘人，发盘人为了使该项发盘不发生效力，可以以一种更快捷的通信方式将撤回通知先于发盘送达受盘人或与发盘同时送达受盘人，取消原发盘的效力，这种行为称为发盘的撤回。如果一项发盘已经到达受盘人，在受盘人于有效期内表示接受前，发盘人为了使该项已生效的发盘失去效力而通知受盘人取消原发盘的效力，该行为称为发盘的撤销。

关于发盘的撤回，《公约》第十五条第 2 款规定：一项发盘，即使是不可撤销的也可以撤回，如果撤回的通知在发盘到达受盘人之前到达或撤回的通知与发盘同时到达受盘人，即发盘可以撤回或修改。也就是说只要发盘还未生效，发盘对发盘人就没有约束力，所以发盘是可以撤回的。

关于发盘的撤销，各国的法律存在较大的差异，《公约》采取了折中的办法。《公约》第十六条规定：在发盘已送达受盘人，即发盘已经生效，但在受盘人尚未表示接受之前这一段时间内，发盘人只要及时将撤销通知送达受盘人，仍可将发盘撤销；一旦受盘人发出接受通知，则发盘人无权撤销该发盘。但在下列情况下，发盘不得撤销：①发盘中写明了发盘的有效期或以其他方式表明发盘是不可撤销的；②受盘人有理由信赖该发盘是不可撤销的，并已本着对发盘的信赖行事，如寻找客户、组织货源等。

4. 发盘效力的终止

任何一项发盘，其效力均可在一定条件下终止。发盘效力终止的原因一般有以下几种：①在有效期内未被接受或在合理时间内未被接受；②被受盘人拒绝或还盘；③发盘被成功撤回或撤销；④发盘人发盘后，发生了不可抗力事件；⑤发盘人或受盘人在发盘被接受之前丧失行为能力。

 思考与训练 7.2

法国 A 建筑公司欲投标承包一个医院主楼的施工工程，需要一批钢材。为此，法国 A 公司于 5 月向德国 B 钢铁公司发出询盘，说明将要投标承包一个医院主楼的施工工程，采购的钢材将被用来计算投标的价格，投标将于 7 月 5 日开始，7 月 25 日将会发送投标结果。法国 A 公司列出需要的钢材数量、规格型号等，请德国 B 公司报价。

德国 B 公司于 6 月 5 日给法国 A 公司发盘，发盘没有规定有效期。法国 A 公司接到发盘后于 7 月 5 日投标。

7 月中旬国际钢材市场价格暴涨，德国 B 公司认为自己 6 月 5 日的发盘报价太低，便于 7 月 15 日给法国 A 公司发出通知，撤销其 6 月 5 日的发盘。法国 A 公司未做任何表示。

7 月 25 日，法国 A 公司得知自己中标的消息后马上通知德国 B 公司，接受其 6 月 5 日的发盘，德国 B 公司表示拒绝。

问：德国 B 公司是否可以撤销 6 月 5 日的发盘？理由何在？

三、还盘

所谓还盘（counter-offer），是受盘人对发盘内容不同意或不完全同意而做出相应的修改或变更的意思表示。还盘可以针对价格，也可以针对商品的品质、数量、交货的时间和地点、支付方式等主要交易条件提出修改意见。

案例 7.3

6 月 24 日，进口商通过电子邮件给出口商发出还盘（见示范 7.4），要求出口商对所有规格的商品降价，并在还盘中提出了由出口商办理保险的要求。

示范 7.4　进口商还盘

Hi, Mr. Zhao,

Thanks for your E-mail about the offer of the shoes and gloves.

Although we appreciate the quality of your products, their price is too high to be accepted. We find that other Asian manufacturers can supply the very excellent products, but their prices are 10%-15% lower than yours. So being the case, we have to ask you to consider if you can reduce your prices as follows. Otherwise we have to shift to the other suppliers for our similar request.

Name of Commodity	Quantity(Pairs)	Unit price
leather shoes		CIF Hamburg
HMS12	500	USD 11.50
HMS26	600	USD 9.25
HMS29	600	USD 7.70
leather gloves		
HMG12	2 000	USD 2.15
HMG18	1 800	USD 1.75

Insurance to be effected by the seller for 110% of the invoice value against all risks and war risks.

We hope you can give us your reply as soon as possible.

Best wishes,

Tony Smith

Chief Buyer

BOLTITI CORONA S.A.

需要注意的是，还盘是对发盘的拒绝，也是受盘人以发盘人的身份提出的新发盘。因此，一方的发盘经对方还盘以后即失去效用，发盘人不再受原发盘约束。

一方还盘，另一方如对其内容不同意，可以进行再还盘。同样，一方的再还盘，另一方如对其内容不同意，也可以再进行还盘。一笔交易有时不经过还盘即可达成，有时要经过一次甚至多次还盘才能达成。

 思考与训练 7.3

根据示范 7.4 的内容，进口商已于 6 月 24 日还盘。若进口商又于 6 月 28 日给出口商发来函电表示"接受你方 6 月 22 日发盘"，但此时由于原材料价格上涨，出口商复电拒绝。

问：出口商这样做是否合理？理由何在？

四、接受

接受（acceptance）在法律上称为"承诺"，是指交易的一方在对方发盘或还盘后完全同意对方提出的交易条件，愿意与对方达成交易，并及时以声明或行为表示出来。

发盘和接受是达成交易的两个不可缺少的环节。一方的发盘或还盘经另一方接受，交易即告达成，合同亦即成立，双方即要分别履行其所承担的义务。

 案例 7.4

出口商收到进口商的还盘后，经过慎重考虑，为增强进口商的竞争力，于 6 月 30 日通过电子邮件给进口商发出函电表示接受（见示范 7.5），并表示随后会给进口商寄出销售确认书，要求进口商在销售确认书上签字。

 示范 7.5 出口商接受

Hello, Tony,

We believe our price is quite realistic. In order to assist you to compete with other dealers in the market, we decide to accept your price after due consideration.

We will send you our sales confirmation for your signature.

Thank you for your cooperation.

Cheer,

Feifei Zhao

Chief Seller

Foshan Qifei Import &Export Trade Co., Ltd.

Website: qifeicomp×××.com

Tel: 86-1370368××××

《公约》对接受的有关规定如下。

1. 构成一项有效接受的条件

一项有效接受必须同时满足以下四个条件。

（1）接受必须由特定的受盘人做出。发盘是向特定的人提出的，因此只有特定的受盘人才能对发盘做出接受，而不能是其他人。其他人即使是通过某个途径了解到发盘的内容而向发盘人表示接受，合同也不能成立。这种接受只能被认为是其他人向原发盘人发出了一项新的发盘。

（2）接受必须以某种方式表示出来。根据《公约》的规定，受盘人对发盘表示接受，既可以通过口头或书面方式向发盘人表示接受，也可以通过其他实际行动表示接受，沉默或不行动并不能表示接受。因此，从法律责任来看，受盘人一般并不承担必须对发盘进行答复的义务。

（3）接受通知必须在发盘的有效期内传达到发盘人。《公约》采用"送达生效"的原则，第十八条第2款规定：接受于接受通知送达发盘人时生效。如果接受通知未在发盘有效期内送达发盘人，或者发盘未规定有效期时，接受通知未在合理的时间内送达发盘人，接受为无效。对口头发盘的接受必须立即表示出来。

（4）接受必须无条件，即无保留地同意发盘的全部内容。只接受发盘中的部分内容或对发盘条件提出实质性的修改，均不能构成接受，而只能视为还盘。但在国际贸易实践中，受盘人在表示接受时，往往会对发盘做出某些添加、限制或其他变更。为了不影响合同的成立，尽量促成交易的达成，《公约》将接受通知中对发盘条件所做的变更分为实质性变更和非实质性变更两类。受盘人对货物的价格、付款方式、品质、数量、交货时间和地点、一方当事人对另一方当事人的赔偿责任范围或解决争端的方法等条件提出的添加或更改，均视为实质性变更发盘条件，构成对原发盘的拒绝，即构成还盘，原发盘失效。但当接受通知中含有非实质性添加、限制或更改的条件时，如要求提供重量单、装箱单、商检证和产地证等单据，或要求分两批装运等，除非发盘人在合理的时间内及时表示不同意受盘人的变更，否则将构成有效的接受，合同得以成立，并且合同的条件以该项发盘的条件以及接受通知中所做的变更为准。

导入案例分析

6月15日，甲公司向乙公司发出的订单实质上是一份发盘，发盘中写明了发盘的有效期，根据《公约》第十六条的规定，此发盘不能撤销。所以，7月3日甲公司通知乙公司6月15日的价格作废，此行为无法撤销此发盘，甲公司仍受其约束直至7月10日。7月4日乙公司的回信是有效的接受，因为6月15日的发盘有效期至7月10日，乙公司在有效期内明确表示了接受发盘的全部内容，所以接受生效，双方合同关系成立。

2.　逾期接受

逾期接受是指接受通知到达发盘人的时间已经超过了发盘规定的有效期，或在发盘未规定有效期时，已超过了合理的时间。逾期接受在一般情况下无效，只能认为是新的发盘。但为了有利于双方合同的成立，对逾期接受，《公约》采取了一些灵活的处理方式，使它在符合某些条件的情况下仍然具有接受的效力。《公约》第二十一条第1款规定：如果发盘人毫不迟延地用口头或书面的方式将其确认有效的意见通知受盘人，逾期接受仍有接受的效力；如果发盘人对逾期接受表示拒绝或沉默，则该项逾期接受无效，合同不能成立。

但是，一项接受由于传递不正常未能及时送达发盘人而延误的，《公约》在第二十一条第2款中规定：如果载有逾期接受的信件或其他书面文件表明，依照当时的寄发情况，只要传递正常，它本来是能够及时送达发盘人的，则此项逾期接受应当有效，除非发盘人毫不迟延地用口头或书面的方式通知受盘人，认为其发盘因逾期接受而失效。以上内容表明，逾期接受是否有效，关键要看发盘人如何表态。

 思考与训练 7.4

我方某公司对意大利 ABC 公司发出一项发盘，发盘中规定"限 10 月 25 日复到有效"。意大利 ABC 公司的接受通知于 10 月 26 日上午到达我方公司。对此我方公司应做何处理？

3. 接受的撤回

按照《公约》中"送达生效"的原则，接受在接受通知送达发盘人时才产生法律效力，故关于接受的撤回，《公约》第二十二条规定：如果撤回通知先于原接受通知送达发盘人或与原接受通知同时送达发盘人，则接受得以撤回。

接受通知一旦送达发盘人即不能撤销，因为接受一经生效，合同即告成立，如果允许撤销，无异于允许毁约。

第二节　订立买卖合同

在交易磋商过程中，一方的发盘经另一方有效接受以后，合同即告成立。但在这里需要说明的是，合同成立与合同生效是两个不同的概念。合同成立的依据是接受生效，而合同生效是指合同具有法律上的效力。依法成立的合同具有法律约束力，合同自成立时生效。

一、合同有效成立的条件

一项合同成立后，并不意味着此项合同一定生效。根据各国合同法的规定，一项合同还须具备以下条件才是有效的合同，才能得到法律的保护。

（1）当事人必须在自愿和真实的基础上达成协议。各国法律都认为，签订合同必须是双方自愿的，当事人的意思表示必须是真实的才能构成一项有约束力的合同，否则合同无效。根据《中华人民共和国民法典》（以下简称《民法典》）的规定，当事人依法享有自愿订立合同的权利，任何单位或个人不得非法干预；一方以欺诈、胁迫的手段或者利用对方处于危困状态、缺乏判断能力等情形，使对方在违背真实意思的情况下订立的合同，受害方有权请求人民法院或者仲裁机构予以撤销。

（2）当事人应具有相应的行为能力。双方当事人应具有签订国际货物买卖合同的合法资格，具体的要求是：作为自然人，应该是成年人，并且需有固定住所，神志不清的成年人、未成年人等不具有签订合同的合法资格；作为法人，应是已经依法注册的合法组织，有关业务应当属于其法定经营范围，负责磋商及签约者应当是其法定代表人或合法授权人。

（3）合同的标的和内容必须合法。合同的标的是指交易双方买卖行为的客体。签订合同时，合同的标的和内容必须符合双方国家法律的规定，合同才是有效的。关于"合同内容必须合法"的解释，许多国家都规定合同内容不得违反法律，不得违反公共秩序或公共政策，以及不得违反良好的风俗或道德。

（4）合同必须有对价或约因。英美法系认为，对价（consideration）是指当事人为了取得合同利益所付出的代价。大陆法系认为，约因（cause）是指当事人签订合同所追求的直接目的。按照英美法系和大陆法系的规定，合同只有在有对价或约因时，才是法律上有效的合同，无对价或无约因的合同是得不到法律保护的。

（5）合同形式必须符合法律规定的要求。世界上大多数国家和地区只对少数合同要求必须按法律规定的特定形式订立，而对大多数合同，一般不从法律上规定应当采取的形式。《民法典》第四百六十九条规定，当事人订立合同，可以采用书面形式、口头形式或者其他形式。书面形式是合同书、信件、电报、电传、传真等可以有形地表现所载内容的形式。以电子数据交换、电子邮件等方式能够有形地表现所载内容，并可以随时调取查用的数据电文，视为书面形式。

二、签订书面合同

目前关于合同的形式主要采取"不要式原则"，即不规定任何特定的形式要求，交易双方无论是采用口头形式、书面形式还是其他形式来订立合同，都被认为是合法有效的。但是，通过口头磋商成立的合同，一旦双方出现纠纷，举证将存在许多困难，而以书面形式签订的合同是证明双方存在合同关系的一种有效、简便的方法，也可作为仲裁员和法官进行裁决的一个有力证据。因此，在国际货物买卖中，双方最好签订书面合同。

书面合同的内容一般由三部分组成。

（1）约首，是合同的序言部分，包括合同名称、合同号码、缔约日期、缔约地点、缔约双方当事人的名称（要求写明全称）和地址。除此之外，合同序言部分还常常写明双方订立合同的意愿和执行合同的保证。

（2）正文，是合同的主体部分，包括品名、品质、数量、价格、包装、交货条件、运输与保险条件、支付方式，以及检验、索赔、不可抗力和仲裁条款等。

（3）约尾，是合同的结尾部分，包括合同使用的文字和份数以及缔约双方的签字。

 案例 7.5

出口商根据双方磋商的结果拟制了一份销售确认书（一式两份，见示范 7.6），签名后于 7 月 2 日通过快递方式寄给进口商。同时，出口商以电子邮件的方式给进口商发出函电（见示范 7.7），告知进口商已寄出销售确认书并要求其在销售确认书上签名后寄回一份。

 示范 7.6　销售确认书

佛山奇飞进出口贸易有限公司

FOSHAN QIFEI IMPORT&EXPORT TRADE CO., LTD.

TEL: 0086-757-8351×××× 　　FAX: 0086-757-8351××××

SALES CONFIRMATION

NO.: 24QFIE0702

DATE: JULY 2nd, 2024

Seller: **FOSHAN QIFEI IMPORT&EXPORT TRADE CO., LTD.**

Address: **NO. 187 ZHONGSHAN ROAD, FOSHAN, CHINA**

Buyer: **BOLTITI CORONA S.A.**

Address: **ARTURO PRAT 476 HAMBURG, GERMANY**

兹经买卖双方确认，依据下列条款订立本合同。

This contract is made out by sellers and buyers as per following terms and conditions mutually conformed.

Name of Commodity	Quantity(Pairs)	Unit price	Amount
leather shoes		CIF Hamburg	
HMS12	500	USD 11.50	USD 5 750.00
HMS26	600	USD 9.25	USD 5 550.00
HMS29	600	USD 7.70	USD 4 620.00
leather gloves			
HMG12	2 000	USD 2.15	USD 4 300.00
HMG18	1 800	USD 1.75	USD 3 150.00
Total	5 500		USD 23 370.00

1. 总值

Total Value: SAY U.S.DOLLARS TWENTY THREE THOUSAND THREE HUNDRED AND SEVENTY ONLY.

2. 包装

Packing

(1) leather shoes: 1 pair to be packed in a box, 20 pairs in a carton.

(2) leather gloves: 10 pairs to be packed in a box, 10 boxes in a carton.

3. 装运条款

Port of Loading: Guangzhou

Port of Discharge: Hamburg, Germany

Time of Shipment: before the end of August, 2024.

4. 保险条款

Insurance: to be effected by the seller for 110% of the invoice value against all risks and war risks.

5. 付款条件

Terms of Payment

买方须于 <u>2024</u> 年 <u>7</u> 月 <u>15</u> 日前开给卖方 100%不可撤销即期议付信用证，并须注明在上述装运期后 15 天内在中国议付有效。信用证须注明合同号码。

By 100% irrevocable letter of credit in favor of the sellers, to be available by sight draft, to be opened and to reach China before 15th July, 2024 and to remain valid for negotiation in China until the 15th day after the aforesaid time of shipment. L/C must mention this contract number.

6. 检验索赔

Inspection and Claims

以装运地商品检验机构签发的品质检验证书作为信用证项下议付所提交单据的一部分。买方对于装运货物的任何索赔，须于货物到达目的港后 90 天内提出，并须提供经卖方同意的公证机构出具的公证报告。

The certificates of quality issued by department of commodity inspection at the port of shipment shall be a part of the documents to be presented for negotiation under the relevant letter of credit. Any claim by the buyers regarding the goods shipped shall be filed within 90 days after arrival of the goods at the port of destination, and supported by a survey report issued by a surveyor approved by the sellers.

卖方	买方
The Sellers: 赵飞飞	The Buyers:

 示范 7.7   出口商寄出合同函

Hello, Tony,

We are pleased to come to a deal with you on leather shoes and gloves. Enclosed you will find our Sales Confirmation No.24QFIE0702 in duplicate. Please countersign and return one copy to us for our file. We trust you will open the relative L/C at an early date.

We look forward to receiving your further enquiries.

Best regards,

Feifei Zhao

Chief Seller

Foshan Qifei Import & Export Trade Co., Ltd.

Website: qifeicomp×××.com

Tel: 86-1370368××××

 # 自测题

一、单项选择题

1. 一项发盘，经过还盘后，该项发盘（   ）。

　　A．失效　　　　　　　　　　　　　　　　B．仍然有效

　　C．对原发盘人有约束力　　　　　　　　　D．对还盘人有约束力

2. 根据《联合国国际货物销售合同公约》的规定，合同成立的时间是（   ）。

　　A．接受生效的时间　　　　　　　　　　　B．交易双方签订书面合同的时间

　　C．在合同获得国家批准时　　　　　　　　D．当发盘送达受盘人时

3. 意大利某公司向我国 ABC 公司发来函电，内容是：拟采购艾丽牌耳机 5 000 件，请报 FOB Shenzhen 价格，要求 6 月交货。此信函属于交易磋商的（   ）环节。

　　A．询盘　　　　　B．发盘　　　　　C．还盘　　　　　D．接受

4. 在发盘生效后，发盘人以一定方式解除发盘对其的效力，这属于发盘的（   ）。

　　A．撤回　　　　　B．撤销　　　　　C．改发　　　　　D．取消

5. 决定逾期接受是否有效的主动权在（   ）。

　　A．受盘人　　　　B．邀请发盘人　　　C．发盘人　　　　D．询盘人

6. 根据《联合国国际货物销售合同公约》的规定，发盘和接受生效采取（   ）。

　　A．投邮生效原则　　　　　　　　　　　　B．签订书面合约原则

C．口头协商原则 D．送达生效原则

7．我方 6 月 10 日向国外某客户发盘，限 6 月 15 日复到有效，6 月 13 日接到对方复电称：你 10 日电接受，以获得进口许可证为准。该函电（ ）。

 A．属于有效接受 B．相当于还盘

 C．在我方缄默的情况下，则视为有效接受 D．属于一份非实质性改变发盘的接受

8．《联合国国际货物销售合同公约》对发盘内容"十分确定"的解释是（ ）。

 A．明确规定合同的有效期 B．明确货物、规定数量和价格

 C．规定责任范围和解决争端的办法 D．规定交货地点和时间

二、多项选择题

1．在对外贸易洽商中，达成一笔交易必不可少的两个环节是（ ）。

 A．询盘 B．发盘 C．还盘 D．接受

2．一项有效发盘必须满足的条件有（ ）。

 A．向一个或一个以上的特定人提出 B．表明订立合同的意思

 C．发盘的内容必须十分确定 D．发盘必须送达受盘人

 E．发盘人必须是卖方

3．根据《联合国国际货物销售合同公约》，发盘不能撤销的情况有（ ）。

 A．发盘已送达受盘人 B．发盘已表明订立合同的意思

 C．发盘中注明了有效期 D．在发盘中使用了"不可撤销"的字样

 E．受盘人有理由信赖该发盘是不可撤销的并采取了一定行动

4．一项有效接受必须满足的条件有（ ）。

 A．接受必须是由特定的受盘人做出

 B．接受必须以某种方式表示出来

 C．接受通知必须在发盘有效期内传达到发盘人

 D．可以只接受发盘的部分内容

 E．接受必须无条件，即毫无保留地同意发盘的全部内容

5．根据《联合国国际货物销售合同公约》的规定，受盘人对（ ）等内容提出添加或其他更改，均视为实质性变更发盘的条件，即还盘。

 A．价格 B．数量 C．付款方式

 D．品质 E．交货时间

三、判断题

1．买方来电表示接受发盘，但要求将 D/P 即期改为 D/P 远期，卖方缄默，此时合同成立。

 （ ）

2．我国 A 公司对外商发出一项发盘，其中规定"限 8 月 15 日复到有效"。外商接受通知于 8 月 17 日上午到达 A 公司。根据《联合国国际货物销售合同公约》，若 A 公司同意接受并立即予以确认，合同仍可成立。 （ ）

3．一项发盘在送达受盘人之前，即生效之前，发盘人可将其撤回，但撤回通知必须于发盘到达受盘人之前到达或与发盘同时到达。 （ ）

4．国际货物买卖交易磋商中的接受，应以声明或行动表示出来。 （ ）

5．发盘必须明确规定有效期，未规定有效期的发盘无效。 （ ）

四、案例分析题

1．出口商 A 公司通过电子邮件给进口商 B 公司发送了一项发盘，其中包装条款写明"4 Pieces to a wooden case"。在发盘的有效期内，B 公司回复了 A 公司，表明同意发盘的成交条件，但其将包装条款更改为"4 Pieces to a wooden case and packed in pallets"。A 公司收到函电后，便着手备货。数日后该商品的国际市场价格猛跌。B 公司又发来函电称："我方对包装条款做出了变更，你方未确认，合同并未成立。"而 A 公司则坚持认为合同已经成立，双方发生争议。

问：此案如何处理？

2．甲公司拟进口一批货物，请乙公司发盘。5月1日乙公司发盘，对该批货物报价每箱2美元，限5月31日前答复。对此，甲公司做出还盘，提出将货物价格降为每箱1.8美元，并要求乙公司5月20日前答复。至5月20日乙公司一直未予回复。由于该货物的价格看涨，甲公司5月22日又去电，表示愿意接受对方5月1日的发盘。

问：此接受是否有效？乙公司的发盘未过有效期，对乙公司是否还有约束力？

 课后阅读与分析

第八章

落实、审核信用证和其他结算方式简介

【学习指导】

信用证付款是国际贸易中较为常见的一种货款结算方式。在凭信用证支付的交易中，落实信用证是进出口双方履行国际货物买卖合同不可缺少的重要环节。进口方需要按合同约定的期限向开证行申请开立信用证，而出口方在收到信用证后需要对信用证的条款进行审核。

学习本章后，应了解信用证的性质，熟悉信用证的内容与种类，掌握信用证的使用流程，同时还需掌握其他两种结算方式——汇款和托收，并了解跨境电商支付方式。

【导入案例】

信用证的性质

华夏公司收到日本一家银行开来的一份信用证，其中规定："Credit amount USD 85 000, according to invoice value: 75% to be paid at sight, the remaining 25% to be paid at 60 days after shipment arrival."华夏公司在信用证有效期内通过通知行向开证行提交了单据，单证相符。开证行立即支付75%的货款，但货到60天后，日本的开证行以开证申请人声称货物品质欠佳为由，拒付其余25%的货款。

讨论：日本开证行的拒付合理吗？为什么？

第一节 金融票据

在国际贸易货款的收付中，使用现金结算的业务较少，大多数业务使用非现金结算，即采用金融票据作为支付工具来完成货款的结算。因此，掌握结算方式的同时也要熟知充当支付工具的金融票据有哪些以及如何使用。

在国际贸易中，常用的金融票据主要有汇票、本票和支票。其中，汇票是使用极广泛的金融票据。

一、汇票

汇票（bill of exchange）是出票人签发的，命令付款人在见票时或者在指定期限内无条件支付确定金额给收款人或持票人的票据。简而言之，它是一方开给另一方，命令其无条件支付的一种票据。汇票样本见示范8.1。

示范 8.1　汇票样本

BILL OF EXCHANGE

Exchange for　　<u>USD 15 600.00</u>　　　　GUANGZHOU, CHINA, <u>15th July, 2024</u>

At　*****************　sight of this FIRST of exchange

(Second of the same tenor and date being unpaid).

Pay to the order of <u>BANK OF CHINA GUANGZHOU BRANCH</u>

The sum of　<u>U.S.DOLLARS FIFTEEN THOUSAND SIX HUNDRED ONLY</u>

Drawn under　<u>SUMITOMO BANK LTD. OSAKA JAPAN.</u>

　　Letter of Credit No.　<u>G/F -7756908 dated 6th May, 2024</u>

To:　<u>SUMITOMO BANK LTD.</u>

　　<u>OSAKA, JAPAN</u>

　　　　　　　　For: <u>GUANGZHOU AGRICULTURAL MACHINERY CO., LTD.</u>

（一）汇票的当事人

从汇票的定义可以看出，汇票涉及三个当事人：①出票人，即签发汇票的人，一般是出口方或其指定的银行。②付款人，又称受票人，即接受支付命令付款的人，一般是进口方或其指定的银行。③收款人，又称受款人，即受领汇票规定金额的人。

（二）汇票的种类

根据出票人、付款时间、承兑人的不同及有无附属单据，汇票可分为以下四类。

1. 按出票人分类

汇票实物照片

按出票人的不同，汇票分为银行汇票和商业汇票。

银行汇票（banker's draft）是银行对银行签发的汇票，一般多为光票。国际贸易结算方式中的票汇使用的就是银行汇票。银行签发汇票后，一般交由汇款人寄交国外收款人向指定的付款银行取款。出票银行将付款通知书寄交国外付款银行，以便其在收款人持票取款时进行核对，核对无误后付款。

商业汇票（commercial draft）是企业或个人向企业、个人或银行签发的汇票。商业汇票通常由出口方开立，向国外进口方或银行收取货款时使用，多为随附货运单据的汇票，在国际贸易结算中使用较多。

2. 按付款时间分类

按付款时间的不同，汇票分为即期汇票和远期汇票。

即期汇票（sight draft, demand draft）是指在提示或见票时付款人立即付款的汇票，远期汇票（time draft, usance draft）是指付款人在一个指定日期或将来一个可以确定的日期付款的汇票。

远期汇票的付款时间主要有以下四种规定方法：①见票后若干天付款（at…days after sight）（业务中较常见）；②出票后若干天付款（at…days after date）；③提单日后若干天付款（at…days after bill of lading date）；④指定日期付款（fixed date）。

3. 按承兑人分类

按承兑人的不同，汇票分为商业承兑汇票和银行承兑汇票。

商业承兑汇票（commercial acceptance draft）是企业或个人承兑的远期汇票，托收方式中使用的远期汇票由进口方承兑后即属于此种汇票；银行承兑汇票（banker's acceptance draft）是银行承兑的远期汇票，信用证中使用的远期汇票由开证行承兑后即属于此种汇票。

4. 按有无附属单据分类

按有无附属单据，汇票分为光票和跟单汇票。

光票（clean draft）是指不附带货运单据的汇票，常用于运费、保险费、货款尾数及佣金的收付；跟单汇票（documentary draft）是指附带货运单据的汇票，它除了有人的信用外，还有物的保证。

（三）汇票的使用

汇票的使用就是指汇票的处理手续，其使用程序根据付款时间的不同（是即期汇票还是远期汇票）而有所不同。即期汇票主要经过出票、提示和付款几个程序，远期汇票还需要承兑。远期汇票如需转让，还要经过背书，汇票如遭拒付，则需进行追索。

1. 出票

出票（issue, draw）是指出票人在汇票上填写付款人、付款金额、付款日期、出票时间以及收款人等项目，签字后将其交给收款人的行为。通过"出票"设立债权，出票人为票据的主债务人，担保汇票被付款人承兑或付款；倘若付款人拒付，持票人可向出票人追索票据，出票人就得自行清偿债务。

2. 提示

提示（presentation）是持票人向付款人出示汇票，要求其承兑或付款的行为。付款人见到汇票，即见票（sight）。

提示分为付款提示（presentation for payment）和承兑提示（presentation for acceptance）两种。付款提示是指即期汇票或到期的远期汇票的持票人要求付款人付款的提示。承兑提示是指远期汇票的持票人要求付款人承诺到期付款的提示。不论是付款提示还是承兑提示，均应在规定的时间内进行，否则持票人将丧失追索权。

当持票人交给付款人的汇票是即期汇票时，付款人见票即付，也就是收到提示后立即付款。当持票人交给付款人的汇票是远期汇票时，第一次收到提示时付款人应立即承兑，当汇票到期，再一次收到提示时付款人应立即付款。

3. 承兑

承兑（acceptance）是远期汇票付款人在持票人做承兑提示时，承诺在汇票到期日支付汇票金额的票据行为。承兑包括两个动作：一是付款人在汇票上写"承兑"（accepted）字样并写明日期和签名，二是把承兑的汇票交还持票人或另制承兑通知书交给持票人。付款人自收到提示承兑的汇票之日起 3 日内承兑或拒绝承兑。远期汇票一经承兑，付款人成为承兑人，即汇票的主债务人，而出票人则退居为从债务人。持票人可将汇票在市场上背书转让，使其流通。

4. 付款

付款（payment）是即期汇票的付款人或远期汇票的承兑人接到付款提示时，履行付款义务的行为。持票人获得付款时，应在汇票上签收，并将汇票交给付款人存查。汇票一经付款，汇票上的债权债务关系即告结束。

5. 背书

在国际市场上，汇票是一种流通工具，可以转让流通。背书（endorsement）是转让票据权利的一种法定手续，即持票人在汇票背面签上自己的名字或再加上受让人的名字，并把汇票交给受让人的行为。背书后，原持票人成为背书人，担保受让人所持汇票能得到承兑和付款；否则，受让人有权向背书人追索。与此同时，受让人成为被背书人，取得汇票的所有权，可以再背书再转让，直到付款人付款把汇票收回。

对于受让人来说，在他前面的所有背书人和出票人都是他的"前手"；对于出让人来说，在他后面的所有受让人都是他的"后手"。后手有向前手追索的权利。汇票转让次数越多，为汇票做担保的人越多。

背书的方式主要有三种。①限制性背书，是指背书人在票据背面签字，限定某人为被背书人，或注明"不可转让"字样的背书。②空白背书，也称不记名背书，是指背书人仅在票据背面签字而不注明被背书人的背书。经过空白背书后，被背书人不需要背书，仅凭交付即可转让汇票。③记名背书，是指背书人在票据背面签字并注明被背书人的背书，这种背书的受让人可继续背书并将汇票转让。

6. 拒付与追索权

拒付（dishonour）是持票人提示汇票要求承兑或付款时，付款人拒绝承兑或拒绝付款的行为，又称退票。付款人或承兑人破产、死亡、避而不见，也属于此范围。遭到拒付后，持票人有权通知其前手，直至通知到出票人，这种行为被称为拒付通知。由公证人做出的证明拒付事实的文件，被称为拒绝证书。若持票人不能提供拒绝证书，则丧失对其前手的追索权。

追索权（right of recourse）是汇票遭到拒付时，持票人对背书人、出票人及其他票据债务人行使请求偿还汇票金额、利息及费用的权利。

二、本票

本票（promissory note）是出票人签发的，承诺自己在见票时无条件支付确定金额给收款人或者持票人的票据。本票是一种支付承诺，自己出票、自己付款，出票人同时也是付款人。本票的基本内容有确定的金额、收款人名称、出票日期、出票人签章。本票样本见示范 8.2。

 示范 8.2　本票样本

GBP5 000.00	CASHIER'S ORDER	London, 20th June, 2024

We promise to pay ABC Company or order the sum of five thousand pounds only.

For Bank of Europe, London

Signature

本票按出票人的不同分为一般本票（general promissory note）和银行本票（banker's promissory note, cashier's order）两种。出票人是企业或个人的本票，称为一般本票或商业本票，一般本票有即期和远期之分；出票人是银行的本票，称为银行本票，银行本票只有即期的。在实际业务中，收款人应将客户寄来的本票送银行核对，防止收到假票或透支。

三、支票

支票（cheque，check）是出票人签发的，委托银行在见票时从其银行存款账户中无条件支付确定金额给收款人或持票人的票据。支票的出票人按照签发的支票金额承担付款责任。支票分为一般支票、划线支票、记名支票、不记名支票、保付支票和银行支票六种。

使用支票要注意两点：一是支票金额不得超过出票人银行存款账户金额；二是支票到手并不意味着货款到手，有时也有突发事件。例如，出票人银行存款账户被冻结了，支票被付款行拒付并退回；或者出票人向出票银行声称支票丢失，银行也会停止付款。

第二节　信用证及其使用流程

信用证（letter of credit，L/C）结算方式是随着国际贸易的发展，在银行和金融机构参与国际贸易结算的过程中逐步形成的。由于银行资金雄厚、信誉度高，由银行开出的信用证容易被人们接受，所以信用证结算方式也被人们普遍采用，成为国际贸易中一种主要的结算方式。

一、信用证的含义

信用证是进口方所在地银行（开证行）根据进口方（开证申请人）的申请，向出口方（受益人）开立的一种有条件的书面付款保证。开证行保证在收到出口方交付的符合信用证规定的各种单据的条件下，向出口方或出口方指定的人履行付款责任。简而言之，信用证是一种银行开立的有条件的承诺付款的书面文件。

在使用信用证结算方式的国际贸易中，银行不仅提供金融服务，而且承担首要的付款责任。信用证的使用，将原先应该由进口方履行的付款责任转由银行履行，以银行信用替代商业信用，这对国际贸易的发展起着重大的推动作用。

（1）信用证在一定程度上解决了进出口双方互不信任的矛盾。在国际贸易中，"一手交钱一手交货"的货款支付结算方式实际操作起来比较困难，单纯的商业信用不能让双方产生足够的信任：出口方担心交货后不能按时收到货款或根本收不到货款，进口方担心付款后不能按时、按量、按质取得货物。而使用信用证方式支付，银行作为双方的担保人，保证进口方付款后可以收到货物，出口方交货后可以取得货款，这就在一定程度上解决了进出口双方互不信任的矛盾。

（2）信用证业务有利于进出口双方获得资金融通的便利。在信用证支付方式下，进出口双方都可以获得银行资金融通的便利。出口方发货后到指定银行交单兑用，即可取得货款。进口方在出口方发货后不必立即付款，对指定银行的垫款也不必马上支付，直到单据到达进口方所在地银行，才需付款赎单。进口方在远期信用证支付方式下还可以向开证行开立信托收据借单，以此做进口押汇。

二、信用证的性质

信用证具有以下三个显著的性质。

微课堂
信用证的含义及
性质

1. 信用证支付是一种银行信用

所谓银行信用，是指开立信用证的银行以自己的信用做出的付款保证。一般而言，银行的信誉和稳定性要比商业企业好，银行信用要优于商业信用。在信用证支付方式下，开证行承担第一性的付款责任，对受益人独立承担责任，只要受益人提交的单据符合信用证条款规定，开证行就保证履行付款责任。

思考与训练 8.1

某出口公司按 CIF 条件、即期信用证方式向某外商出售一批货物。外商按合同规定开来的信用证经该出口公司审核无误。该出口公司在信用证规定的装运期限内在装运港将货物装上开往目的港的海轮，并在装运前向保险公司办理了货物运输保险。但装船后不久，海轮起火爆炸并沉没，该批货物全部灭失，外商闻讯后来电表示拒绝付款。该出口公司应如何处理？

2. 信用证是一种独立于买卖合同之外的自足文件

信用证的开立是以买卖合同为依据的，因此信用证与买卖合同有一定的逻辑关系，但信用证一经开出就成为独立于买卖合同之外的另一种契约。这就意味着信用证即使与买卖合同有不符之处，除非及时提出修改，否则银行就要以信用证条款为准。信用证不受买卖合同的约束。买卖合同是进出口双方间的契约，只对进出口双方有约束力。信用证是开证行与受益人（出口方）之间的契约，只对开证行与受益人有约束力，其他参与信用证业务的关系人由其与开证行的其他契约关系约束。例如开证申请人（进口方）与开证行的契约关系为开证申请书，信用证并不约束开证申请人。

 导入案例分析

本章导入案例中，日本开证行以开证申请人声称货物品质欠佳为由拒付余款的行为不合理，华夏公司可以对此提出异议。货物品质纠纷属于买卖双方在合同履行中发生的争议，只要华夏公司提交符合信用证要求的单证，日本开证行就要履行付款责任。

3. 信用证是一项纯单据买卖业务

信用证业务实行的是凭单付款的原则，开证行处理的是单据，而不是货物或服务。只要受益人提交符合信用证条款的单据，开证行就要履行付款责任。受益人提交的单据要严格符合"单证一致"和"单单一致"的原则。

信用证项下需要受益人提交的单据大致包括商业发票、装箱单、提单、品质/数量证书、原产地证、装运通知、受益人证明等。

 思考与训练 8.2

我国 A 公司向意大利某出口商购买一批智利产的全鱼粉，以 CFR 术语成交、信用证支付。意大利出口商提交了信用证规定的全套单据，开证行审核时发现商业发票上的货物名称是鱼粉，而不是全鱼粉。请问开证行是否可以拒付？

三、信用证的关系人

信用证的关系人通常包括以下几种。

（1）开证申请人（applicant），又称开证人（opener），是指向银行申请开立信用证的人，一般是进口方。开证申请人根据与出口方的贸易合同，在规定的时间内向开证行申请开证、交纳开证押金或做质押并及时付款赎单。

（2）开证行（opening bank，issuing bank），是指开立信用证的银行，一般为进口方所在地银行。开证行承担第一性的付款责任，有权收取开证手续费，需正确、及时开证，且一旦付款，一般无追索权。

（3）受益人（beneficiary），是指有权按信用证规定签发商业汇票，向指定银行索取货款的人，一般是出口方。受益人有按时交货、提交符合信用证要求的单据的义务，也有凭单索取货款的权利，又有对其后的持票人保证汇票被承兑和付款的责任。

（4）通知行（advising bank，notifying bank），是指受开证行委托，将信用证通知（或转递给）受益人的银行，一般是出口方所在地银行。通知行通常是开证行的代理行（correspondent bank），其负责鉴别来证的表面真实性。由于代理银行间建有签印、密押关系，经由通知行检验信用证的真实性有利于保护受益人的权益。

（5）议付行（negotiating bank），是指执行议付的银行。所谓"议付"（negotiation），是指指定银行在受益人相符交单的情况下，在其应获偿付的银行工作日当天或之前向受益人预付或者同意预付款项，从而购买汇票及/或单据的行为。议付行在向受益人垫付货款后有权凭单据向开证行索回垫付的货款，如遭拒付，其有权向受益人追索垫款。

（6）付款行（paying bank，drawee bank），是指信用证上指定的付款银行，又称为受票行或代付行。信用证规定由开证行自己付款时，开证行就是付款行。付款行也可以是开证行的付款代理，其代开证行验收单据（也可以根据开证行的指示不进行验单）并对受益人付款，付款后无权向受益人追索。

（7）偿付行（reimbursing bank），是指信用证中指定的对索偿行（一般是议付行或代付行）进行偿付的银行。偿付行只接受开证行的委托，充当出纳机构，既不接受也不审核单据，其对索偿行的偿付不能视为开证行的付款。因此，若开证行收到单据后发现有不符点，则可向索偿行追索，但不得向偿付行追索。

（8）保兑行（confirming bank）。保兑（confirm）是另一家银行对开证银行所开立的信用证承担不可撤销和没有追索权的付款责任的承诺。对信用证加具保兑的银行称为保兑行，它具有与开证行相同的责任和地位。它对受益人独立负责，在付款或议付后，不能向受益人追索。

（9）转让行（transferring bank），是指应受益人（第一受益人）的委托，办理信用证转让的指定银行。或当信用证规定可在任何银行兑用时，转让行是指开证行特别如此授权并实际办理信用证转让的银行。开证行也可担任转让行。

四、信用证的使用流程

使用信用证时，会涉及开证申请人、开证行、通知行、受益人、指定银行（议付行、付款行、保兑行等）等当事人。以跟单信用证为例，其使用流程如图8.1所示。

图8.1　跟单信用证的使用流程

（1）进出口双方订立合同。双方对信用证的种类和开证时间做出明确规定。

（2）进口方申请开立信用证。进口方填写开证申请书并提供押金（margin）或担保，支付开证费用，要求开证行向出口方开立信用证。

（3）开证行开立信用证。开证行按照开证申请书规定开证，并以邮寄或电信的方式将信用证送达出口地的通知行，让其代为通知信用证。

（4）通知行通知信用证。通知行收到信用证，核对、签字、密押后，将信用证通知或转递给出口方。

（5）出口方审证、发货。出口方收到信用证后应认真审核，如果原证审核无误即可备货发货。信用证如有与合同不符或有不能接受的条款，出口方需与进口方商洽改证的要求，进口方同意后向开证行提交修改信用证的申请。开证行据以做出修改并把信用证修改书函寄或电告通知行，由其通知或转递给受益人（重复第 3~4 步）。出口方收到信用证修改书后再次审核，审核无误，接受信用证的修改后即可备货发货。

（6）交单兑用。出口方发货后取得承运人或其代理人签署的运输单据，并备齐信用证中规定的其他单据，在信用证规定的交单期限内向指定银行（SWIFT 信用证 41a 栏的银行）一并提交，在信用证项下兑用其本次交单的款项。

（7）指定银行兑用款项并寄单索汇。指定银行（SWIFT 信用证 41a 栏的银行）按信用证指定行事，审核单据是否符合信用证所规定的条款条件，即审核是否相符交单。如受益人相符交单，则指定银行按信用证规定的兑用方式（SWIFT 信用证 41a 栏规定的即期付款、延期付款、混合付款、承兑、议付）向受益人兑用该次交单的信用证款项并向开证行寄单索偿，即受益人向指定银行兑用款项后，指定银行将单据连同寄单面函（单据明细及索偿指示）通过快递寄给开证行，要求开证行偿付其垫付的兑用款项。指定银行如果拟不接受开证行的指定或审核单据发现有不符点，一般只应受益人要求帮其寄送单据，向开证行交单，此时指定银行只是受益人的交单代理人，充当的只是寄单行的角色。

（8）开证行审单偿付。开证行收到单据后，应立即审核单据，相符交单下，即向按信用证指定行事的指定银行履行偿付款项的责任。如果开证行发现单据有不符点，可以拒绝付款，但应在收到单据次日起 5 个营业日内通知交单行。

（9）进口方付款赎单。开证行付款后，通知进口方付款赎单。进口方付款后，即开证行收回垫付款项后，可将信用证项下的单据交给进口方。进口方取得全套货运单据后即可在货物运到目的港后向承运人换单提货。

第三节　信用证的内容与种类

信用证的开立形式有信开和电开两种。信开信用证是指开证行以航邮方式将信用证邮寄给通知行，再由通知行转递给受益人。电开信用证是指开证行将信用证加注密押后以电信方式通知受益人所在地的通知行，请其转递给受益人。电开又分为 SWIFT 开证和电报开证，目前主要使用 SWIFT 开证。

SWIFT 是 Society for Worldwide Interbank Financial Telecommunication（环球银行金融电信协会）的缩写。该协会设有自动化的国际金融电信网，协会的成员银行可以通过该电信网办理开立信用证及外汇买卖、证券交易、托收、保险、汇款等业务。通过 SWIFT 系统传递信用证的信息，即通过 SWIFT 开立或通知的信用证称为"SWIFT 信用证"，也称"环银电协信用证"。

一、信用证的内容

出口方拿到的通知行打印的信用证电文稿往往排版密集且全是英文,专业术语和名词较多,看上去比较复杂。我们需要了解信用证的编写规律,才能够看懂信用证,了解信用证的内容。

信用证电文由报头、正文和报尾等三个部分组成,其中报头和报尾主要供银行间收发 SWIFT 电文用,报头位置一般显示开证行的信息和收发报的时间。出口方需要看明白的主要是正文中带编码的条款。正文的条款结构由条款编码、条款名称和条款内容三个部分构成。条款编码和条款名称是固定的,其在信用证报文中出现的次序也是固定的,条款内容则根据实际情况有所变化。

【例】

条款编码	条款名称	条款内容
32B	CURRENCY CODE, AMOUNT	USD 30 000,00
32B	信用证结算货币和金额	3 万美元

> 注意:SWIFT 规则中 32B 中小数点为半角逗号,与我们日常的使用习惯不同。

有些条款内容较多或分为几个部分罗列,此时该条款通常会用 "1" "2" "3" 或 " + " 等符号进行分段,但只要是在同一个编码下,就都属于同一个性质的内容。

熟悉信用证条款编码对应的条款名称有助于我们快速掌握信用证的条款内容,表 8.1 所示为信用证 MT700 报文条款编码内容简介。

表 8.1 信用证 MT700 报文条款编码内容简介

条款编码	条款名称	含　义	性　　质
27	Sequence of Total	报文次序	必选项
40A	Form of Documentary Credit	跟单信用证类型	必选项
20	Documentary Credit Number	信用证号码	必选项
23	Reference to Pre-advice	预先通知号码	可选项
31C	Date of Issue	开证日期	必选项
40E	Applicable Rules	信用证适用规则	必选项
31D	Date and Place of Expiry	信用证有效期与到期地点	必选项
51a	Applicant Bank	开证申请人的银行	可选项,出现在具体的信用证中可为 51A 或 51D,以 A 的形式出现时是银行的 SWIFT CODE,以 D 的形式出现时是银行的名称和地址
50	Applicant	开证申请人	必选项
59	Beneficiary	信用证受益人	必选项
32B	Currency Code,Amount	信用证结算货币与金额	必选项
39A	Percentage Credit Amount Tolerance	信用证金额允许浮动范围	可选项
39C	Additional Amounts Covered	额外金额	可选项
41a	Available with...by...	指定银行及信用证兑用方式	必选项,出现在具体的信用证中可为 41A 或 41D,以 A 的形式出现时是银行的 SWIFT CODE,以 D 的形式出现时是银行的名称和地址或 ANY BANK
42C	Drafts at...	汇票到期日	可选项,必须与 42a 配合使用

条款编码	条款名称	含　义	性　质
42a	Drawee	汇票付款人	可选项，必须与 42C 配合使用，出现在具体的信用证中可为 42A 或 42D，以 A 的形式出现时是银行的 SWIFT CODE，以 D 的形式出现时是银行的名称和地址
42M	Mixed Payment Details	混合付款指示	可选项
42P	Negotiation/Deferred Payment Details	议付/延期付款指示	可选项
43P	Partial Shipments	分批装运条款	可选项
43T	Transhipment	转运条款	可选项
44A	Place of Taking in Charge/Dispatch from.../Place of Receipt	接受监管地/发运地/收货地	可选项
44E	Port of Loading/Airport of Departure	装运港/起运地机场	可选项
44F	Port of Discharge/Airport of Destination	卸货港/目的地机场	可选项
44B	Place of Final Destination/For Transportation to.../Place of Delivery	最终目的地/运往……/交货地	可选项
44C	Latest Date of Shipment	最迟装船日期	可选项，不能与 44D 同时出现
44D	Shipment Period	装运期间	可选项，不能与 44C 同时出现
45A	Description of Goods and/or Services	货物/服务描述	可选项
46A	Documents Required	单据要求	可选项
47A	Additional Conditions	附加条款	可选项
49G	Special Payment Conditions for Beneficiary	对受益人的付款安排指示	可选项
49H	Special Payment Conditions for Receiving Bank	对收报行的付款安排指示	可选项
71D	Charges	费用情况	可选项
48	Period for Presentation in Days	用天数来表示的交单期	可选项
49	Confirmation Instructions	保兑指示	必选项
58a	Requested Confirmation Party	被要求保兑的银行	可选项
53a	Reimbursing Bank	偿付银行	可选项，出现在具体的信用证中可为 53A 或 53D，以 A 的形式出现时是银行的 SWIFT CODE，以 D 的形式出现时是银行的名称和地址
78	Instruction to the Paying/Accepting/Negotiating Bank	给付款行、承兑行、议付行的指示	可选项
57a	Advise Through Bank	收报行以外的通知行	可选项，出现在具体的信用证中可为 57A、57B 或 57D，以 A 的形式出现时是银行的 SWIFT CODE，以 B 的形式出现时是收报行的当地分行，以 D 的形式出现时是银行的名称和地址
72Z	Sender to Receiver Information	附言（银行间备注）	可选项

案例 8.1

BOLTITI CORONA S.A.（以下简称进口商）根据与佛山奇飞进出口贸易有限公司（以下简称出口商）所签订的销售确认书（见示范7.6）的要求，按时向开证行（COMMERZBANK）申请开证。开证行于 7 月 15 日开立一张以出口商为受益人的不可撤销信用证，信用证号为329898871232，并通过 SWIFT 系统把信用证传递给通知行，请其把信用证内容通知受益人。

通知行收到信用证后，给受益人发出了一份信用证通知书（见示范 8.3），并把信用证内容同时发送给了受益人，信用证的具体内容见示范 8.4。

 示范 8.3　信用证通知书

信用证通知书

致：FOSHAN QIFEI IMPORT&EXPORT　　　通知编号：AD331256789
　　 TRADE CO., LTD.　　　　　　　　　　日　期：2024-07-16

迳启者：

我行收到如下信用证一份。

开证行：COMMERZBANK, 20349 HAMBURG, GERMANY

开证日期：2024-07-15

信用证号：329898871232

金额：USD 23 370.00

现随附通知。贵司交单时，请将本通知书及正本信用证一并提示。其他注意事项如下：本信用证之通知系遵循国际商会《跟单信用证统一惯例（2007 年修订本）》第 600 号出版物。

如有任何问题及疑虑，请与交通银行佛山分行联络。

 示范 8.4　信用证

Output Message Type:	MT700 ISSUE OF A DOCUMENTARY CREDIT
Send bank:	COMMERZBANK
	20349 HAMBURG
	GERMANY
Recv bank:	BANK OF COMMUNICATIONS, FOSHAN CITY BRANCH
	NO.23 JIHUA ROAD, FOSHAN, CHINA
Output Date/Time:	240715/1422
27: Sequence of Total	1/1
40A: Form of Documentary Credit	IRREVOCABLE
20: Documentary Credit Number	329898871232
31C: Date of Issue	240715
40E: Applicable Rules	UCP LATEST VERSION
31D: Date and Place of Expiry	240915 BENEFICIARY'S COUNTRY
50: Applicant	BOLTITI CORONA S.A.
	ARTURO PRAT 476

	HAMBURG, GERMANY
59: Beneficiary	FOSHAN QIFEI IMPORT&EXPORT TRADE CO., LTD.
	NO. 187 ZHONGSHAN ROAD, FOSHAN, CHINA
32B: Currency Code, Amount	USD 23 370.00
41D: Available with…by…	ANY BANK IN CHINA BY NEGOTIATION
42C: Drafts at…	AT SIGHT
42D: Drawee	ISSUING BANK
43P: Partial Shipments	NOT ALLOWED
43T: Transhipment	ALLOWED
44E: Port of Loading/Airport of Departure	GUANGZHOU, CHINA
44F: Port of Discharge/Airport of Destination	HAMBURG, GERMANY
44C: Latest Date of Shipment	240831
45A: Description of Goods and/or Services	LEATHER SHOES AND LEATHER GLOVES
	DETAILS AS PER
	S/C NO.:24QFIE0702 DATED JULY 2, 2024
	CIF HAMBURG

46A: Documents Required

+ ORIGINAL SIGNED COMMERCIAL INVOICE IN DUPLICATE.

+ ORIGINAL PACKING LIST IN DUPLICATE.

+ FULL SET CLEAN ON BOARD OCEAN MARINE BILL OF LADING CONSIGNED TO THE ORDER
   OF COMMERZBANK MARKED FREIGHT PREPAID AND NOTIFY APPLICANT, NAME OF
   SHIPPING AGENT IN HAMBURG WITH FULL ADDRESS AND TELEPHONE NUMBER,
   INDICATING THIS L/C NUMBER.

+ ORIGINAL CERTIFICATE OF QUALITY ISSUED BY DEPARTMENT OF COMMODITY INSPECTION
   AT THE PORT SHIPMENT.

+ INSURANCE POLICY OR CERTIFICATE ENDORSED IN BLANK FOR 110% OF THE INVOICE
   VALUE COVERING ALL RISKS AND WAR RISKS AS PER PICC DATED 2018. CLAIM IF ANY,
PAYABLE IN THE CURRENCY OF THE DRAFT.

+ CERTIFICATE OF CHINESE ORIGIN.

47A: Additional Conditions

+A DISCREPANCY FEE OF USD 50.00 WILL BE IMPOSED ON EACH SET OF DOCUMENTS
   PRESENTED FOR NEGOTIATION UNDER THIS L/C WITH DISCREPANCY. THE FEE WILL
   BE DEDUCTED FROM THE BILL AMOUNT.

71D: Charges	ALL BANK CHARGES OUTSIDE GERMANY
	INCLUDING REIMBURSING BANK COMMISSION
	AND DISCREPANCY FEE (IF ANY) ARE FOR
	BENEFICIARY'S ACCOUNT.
48: Period for Presentation in Days	015
49: Confirmation Instructions	WITHOUT
78: Instruction to the Paying/Accepting/ Negotiating Bank	
	DOCUMENTS TO BE DISPATCHED IN ONE SET BY
	COURIER ALL CORRESPONDENCE TO BE SENT TO
	COMMERZBANK
	20349 HAMBURG, GERMANY

二、信用证的种类

根据《跟单信用证统一惯例（2007 年修订本）》第 600 号出版物的规定，信用证都是不可撤销的（irrevocable），即使信用证本身并未如此表明。所以，开证行自开立信用证之时起即不可撤销地承担承付责任。除可转让信用证之外，在信用证有效期内未经开证行、保兑行（如有）及受益人同意，信用证既不得修改，也不得撤销。在实际业务中，了解所使用的信用证的种类及其特点，有助于企业更好地完成进出口业务的结算工作并加快资金的周转。

1. 跟单信用证和光票信用证

跟单信用证（documentary L/C）是指开证行凭跟单汇票或仅凭单据付款的信用证。实际业务中所使用的信用证大部分是跟单信用证。单据在国际贸易结算中一般是不可缺少的，开证行需要出口方提供相关的单据作为付款的条件。

光票信用证（clean L/C）是指开证行仅凭不随附单据的汇票（光票）付款的信用证。在实际业务中，受益人（出口方）可利用光票信用证预先支取货款。

信用证实物照片

2. 即期付款、延期付款、承兑及议付信用证

（1）即期付款信用证（sight payment L/C），是开证行或付款行在收到符合信用证条款的单据后，立即履行付款义务的信用证。有的即期付款信用证指定开证行自己作为付款行，也有的指定出口地的银行作为付款行。后者对受益人更为有利，受益人提交相符单据后就可以马上收到该行的付款，该付款后无追索权。若是前者，开证行收到符合信用证条款的单据后应立即付款。

（2）延期付款信用证（deferred payment L/C），是指不用受益人开具汇票，开证行保证在货物装船后或收单后若干天付款的信用证。使用延期付款信用证，由于不开立汇票，受益人无法通过转让汇票并利用较低的贴现利率获得融资。受益人若要解决资金周转问题，只能自行向银行贷款，而贷款利率比贴现利率高，因而，使用延期付款信用证时的出口报价比使用承兑信用证时的高。

（3）承兑信用证（acceptance L/C），是以开证行作为远期汇票付款人的信用证。受益人将开立的以开证行作为付款人的远期汇票连同单据提交指定银行，指定银行审核单据无误后，将汇票、单据寄给开证行；开证行对汇票签章并承兑，待到期时再付款。受益人如果需要资金，可以先行贴现汇票提前回笼资金。贴现是指在远期汇票被承兑后，持票人在汇票到期前到银行兑换现款，银行从票面金额中扣除贴现利息后付给持票人余款的行为。汇票到期时，贴现银行再向开证行索汇。

（4）议付信用证（negotiation L/C），指定某一银行议付或任何银行都可以议付的信用证，称为议付信用证。指定某一银行议付的信用证，称为限制议付信用证。可由任何银行议付的信用证，称为自由议付信用证。

银行在开立信用证时，必须在信用证中表明该证是即期付款、延期付款、承兑还是以议付的方式兑用。

微课堂

信用证的兑用方式

3. 保兑信用证

保兑信用证（confirmed L/C）是指开证行开出的，由另一家银行保证对符合信用证条款规定的单据履行付款义务的信用证。该银行为保兑行，其与开证行承担一样的第一性付款责任。这种具有"双保险"作用的信用证

对出口方最有利。

4. 可转让信用证

可转让信用证（transferable L/C）是指规定受益人（转让后成为第一受益人）可以将使用信用证的权利转让给其他人（第二受益人）的信用证。可转让信用证的受益人通常是中间商，其要从实际供货方那里先买进货物，然后再向进口方交货。然而中间商没有足够的资金向供货方付款，又不愿让供货方与实际买主（进口方）拉近关系。为了赚取利润，中间商要求进口方开立可转让信用证，然后自己再通过开证行授权的转让行把信用证转让给真正的供货方。这样，中间商能够把转售货物所得货款的大部分转让给实际供货方，余下的就是自己赚取的利润。转让行用 SWIFT MT720 报文发送可转让信用证，可转让信用证中的受益人在这份可转让信用证中是第一受益人，实际供货方是这份可转让信用证的第二受益人。

可转让信用证只能按原证条款转让，但信用证金额、单价、到期日、交单日及最迟装运日期可减少或缩短，投保加成比例可以增加，信用证申请人可以变动。可转让信用证只能转让一次，但允许第二受益人将可转让信用证重新转让给第一受益人。如果信用证允许分批装运（支款），则可将信用证金额分若干部分（总和不超过信用证金额）分别转让给多个第二受益人，该项转让的总和被视为一次转让，手续由转让银行办理。如果第二受益人不能按时交货或者单据有问题，第一受益人仍要承担合同义务并承担可转让信用证中交单不符的后果。

信用证默认是不可转让的，如需开立可转让信用证，需要在信用证 40A 条款中加上"transferable"（可转让）字样。

 思考与训练 8.3

国内某公司向国外 A 商出口一批货物。A 商按时向开证行申请开立即期付款信用证，该证由设在我国境内的外资 B 银行通知并保兑。该公司在货物装运后，将全套合格单据送交 B 银行并收妥货款。但 B 银行在向开证行索偿时，得知开证行因经营不善已宣布破产。于是，B 银行要求该公司将货款退还，并建议该公司委托其向 A 商直接索取货款。对此，你认为该公司应如何处理？为什么？

三、合同中的信用证支付条款

在凭信用证支付时，合同中的支付条款应包括受益人、开证行、开证日期、信用证种类、金额、信用证的有效期和到期地点，以及信用证的兑用方式等内容。

【例】议付信用证支付条款。

买方应通过卖方可接受的银行开立不可撤销的即期信用证并在装运月份前××天送达卖方，此证装运日后 15 天内在中国议付有效。

The buyer shall open through a bank acceptable to the sellers an irrevocable sight letter of credit to reach the sellers ×× days before the month of shipment, valid for negotiation in China until the 15th day after the date of shipment.

四、信用证适用的国际惯例

为了减少因对信用证的解释和使用习惯不同而引起的争端，国际商会制定了《跟单信用证统一惯例》，并于 1933 年正式公布，后进行了多次修改。目前的版本是 2007 年修订的，全称为

《跟单信用证统一惯例（2007 年修订本）》，是国际商会第 600 号出版物，简称《UCP600》。

必须指出的是，虽然《UCP600》是国际惯例，在世界范围内得到了普遍认可，但是它不具有强制性，只有在当事人同意使用时，它才对当事人具有约束力。如当事人愿意接受《UCP600》的约束，可在 SWIFT 信用证中"40E"项目的条款内容中标明"UCP LATEST VERSION"，则该信用证适用《UCP600》，即"This credit is subject to *Uniform Customs and Practice for Documentary Credit 2007 Revision*, ICC publication NO.600."。

《UCP600》的规定对贸易双方都有着重要的实践指导意义，现列举一些条款以供参考。

（1）《UCP600》第 30 条 a 款规定："约"或"大约"用于信用证金额或信用证规定的数量或单价时，应解释为允许有关金额或数量或单价有不超过 10%的增减幅度。《UCP600》第 30 条 b 款规定：在信用证未以包装单位件数或货物自身件数的方式规定货物数量时，货物数量允许有 5%的增减幅度，只要总支取金额不超过信用证金额。当然，如果信用证规定了数量不得有增减，则该增减幅度条款不适用。

（2）《UCP600》第 14 条 c 款规定：如果单据中包含一份或多份按本惯例第 19、20、21、22、23、24 或 25 条出具的正本运输单据，则须由受益人或其代表在不迟于本惯例所指的发运日之后的 21 个日历日内交单，但是在任何情况下都不得迟于信用证的截止日。

 思考与训练 8.4

我国某外贸公司出口货物一批，数量为 1 000 公吨，价格条件为每公吨 USD 65 CIF Rotterdam。国外进口方通过开证行按时开来信用证，该信用证规定：信用证总金额不超过 USD 65 000，有效期为 7 月 31 日。信用证内注明按《UCP600》办理相关事项。该外贸公司于 7 月 4 日将货物装船完毕，取得提单，签发日期为 7 月 4 日。

问：（1）外贸公司最迟应该在什么时候将单据送交银行兑用？为什么？

（2）外贸公司在本信用证项下交货数量的增减幅度可以是多少？为什么？

第四节　其他结算方式

除信用证外，传统的国际贸易结算方式还有汇款和托收等，跨境零售电商多采用第三方支付的方式。

一、汇款

汇款（remittance）又称汇付，是付款人委托所在地银行，将款项以某种方式支付给收款人的结算方式。在汇款方式下，结算工具（委托通知或汇票）的传送方向与资金的流动方向相同，因此汇款也称为顺汇。

1. 汇款涉及的当事人

汇款涉及的当事人主要有四个：①汇款人，指付款人，合同中的进口方或其他经贸往来中的债务人；②汇出行，指汇出款项的银行，即进口方所在地银行；③汇入行，指解付汇款的银行，即汇出行的代理行，出口方所在地银行；④收款人，指合同中的出口方或其他经贸往来中的债权人。

2. 汇款的种类和业务流程

汇款可分为电汇、信汇和票汇等三种方式。

（1）电汇（telegraphic transfer，T/T）是汇出行以 SWIFT 或其他电信手段（以前还使用过电报、电传、电话等手段）向汇入行发出付款委托的一种汇款方式。在使用电汇时，汇出行根据汇款人的申请通知另一国的代理行（汇入行）；汇入行收到通知后，通知收款人收汇，然后向收款人解付汇款；汇入行解付汇款后，将付讫借记通知书反馈给汇出行。至此，一笔汇款业务就完成了。电汇速度快，在进出口业务中被广泛使用。

（2）信汇（mail transfer，M/T）是以航空信函的形式向汇入行发出付款委托的一种汇款方式。信汇的业务流程与电汇相同。信汇费用低，但收款时间长，在进出口业务中较少使用。

电汇、信汇的业务流程如图 8.2 所示。

图 8.2 电汇、信汇的业务流程

（3）票汇（remittance by banker's demand draft，D/D）是以银行即期汇票作为支付工具的汇款方式。在使用票汇支付时，汇款人填写申请，并交款、付费给汇出行。汇出行开立银行即期汇票给汇款人，由汇款人将汇票自行邮寄或直接交给收款人。同时汇出行将汇票通知书（或称票根）邮寄给汇入行。收款人持汇票向汇入行取款时，汇入行验证汇票与票根无误后，解付票款并把付讫借记通知书发送给汇出行。至此，一笔汇款业务就完成了。票汇的业务流程如图 8.3 所示。

3. 汇款的使用

利用汇款方式结算货款时，银行只提供服务，不提供信用。货款能否结清，完全取决于进出口双方的商业信用。汇款结算方式主要用于空运货物业务及成交金额较小的海运货物业务，也可用于预付定金及结算货款尾数、佣金和运费。

汇款按进口方支付货款的时间可分为预付货款（payment in advance）和货到付款（payment after arrival of the goods）。预付货款在外贸业务中俗称"前 T/T"，是指在订货时或交货前进口方汇付货款，这对出口方而言资金压力和风险较小，比较有利。在预付货款时，进口方为了降低预付风险，可以采用凭单付汇（remittance against documents）的方法，即进口方先将货款汇给出口方所在地银行，指示银行凭出口方提供的指定单据和装运凭证付款。货到付款在外贸业务中俗称"后 T/T"，指出口方在收到货款之前，先交出单据或货物，之后进口方按约定时间汇付货款，这对出口方而言资金压力和风险都很大，要谨慎使用。

图 8.3 票汇的业务流程

4. 合同中的汇款支付条款

采用汇款方式支付时，进出口双方应在合同中规定采用何种汇款方式以及进口方何时付款。支付条款范例如下。

【例】

买方应于 2024 年 5 月 12 日前将 30%的货款电汇至卖方，其余货款在收到副本提单后两日内支付。

The buyers shall pay 30% of the sales proceeds by telegraphic transfer not later than May 12th, 2024. The remaining 70% of the amount should be paid within 2 days against copy B/L.

【例】

买方应不迟于 2024 年 10 月 20 日将 100%的货款用电汇方式预付给卖方。

The buyers shall pay 100% of the sales proceeds in advance by telegraphic transfer to reach the sellers not later than Oct. 20th, 2024.

二、托收

托收（collection）是指出口方装运货物后，开具以进口方为付款人的汇票（随附货运单据或不随附货运单据），委托出口方所在地银行通过其在进口方所在地的分行或代理行向进口方收取货款的一种结算方式。托收方式下汇票的传递方向与资金流向相反，所以托收属于逆汇。

（一）托收涉及的当事人

托收主要涉及以下四个当事人：①委托人，开具汇票并委托银行向国外付款人收款的出票人，通常为出口方；②托收行，接受委托人的委托，代其向付款人收款的银行，通常为出口方所在地银行；③代收行，接受托收行委托，代其向付款人收款的银行，通常为进口方所在地银行；④付款人，根据托收指示进行付款的人，通常为进口方。

（二）托收的种类与业务流程

托收可分为光票托收和跟单托收。光票托收是指出口方只开汇票、不随附货运单据的托收，一般用于样品费用、货款尾数的收付。跟单托收是出口方将汇票连同货运单据一起交给银行，委托银行代收货款的方式。国际贸易中主要使用的是跟单托收。根据交单条件的不同，跟单托收可分为付款交单和承兑交单。

1. 付款交单

付款交单（documents against payment，D/P）是指出口方的交单以进口方的付款为条件的托收方式。按照支付时间的不同，付款交单可分为即期付款交单和远期付款交单两种。

（1）即期付款交单（D/P at sight）：出口方开具即期汇票，通过银行向进口方提示付款，进口方见票后立即履行付款手续，并领取货运单据。即期付款交单业务流程如图8.4所示。

图8.4　即期付款交单业务流程

（2）远期付款交单（D/P after sight）：出口方开具远期汇票，通过银行向进口方提示；进口方见票后承兑，待汇票到期时，进口方付款领取货运单据。其业务流程与即期付款交单业务流程的不同之处在于进口方对汇票先承兑，汇票到期后再付款领取货运单据，其余流程基本相同。

2. 承兑交单

承兑交单（documents against acceptance，D/A）是指出口方的交单以进口方的承兑为条件，即进口方承兑汇票后即可领取货运单据，待汇票到期时再付款的托收方式。其业务流程与即期付款交单业务流程的不同之处在于进口方审单后无须付款，只要对远期汇票承兑即可取得货运单据，待汇票到期时再付款。承兑交单业务流程如图8.5所示。

外贸业务中还有"付款交单凭信托收据借单"（D/P·T/R）的操作，其具体做法为：进口方在承兑汇票后出具信托收据向代收行借取货运单据，以代收行受托人的身份代为提货、报关、存仓、转售，并承认货物所有权仍归银行、货物售出后所得货款归银行，保证在汇票到期日向银行付清款项。若此种做法为进出口双方事先约定的，则汇票到期不能收回货款的风险与代收行无关，由出口方自行承担；若此种做法是代收行自行决定的，则由代收行承担汇票到期不能收回货款的风险。付款交单凭信托收据借单这种方式，对借出单据的一方来说风险大，应确保进口方资信状况良好，或要求进口方提供适当担保，方可借单。

图 8.5 承兑交单业务流程

（三）托收的特点

托收具有以下三个特点。

（1）托收是出口方先发货、后收款，出口方能否收回货款取决于进口方的资信状况，因此托收属于商业信用。

（2）银行办理托收业务时，只按委托人的指示办事，并不审核单据的内容，没有保证进口方付款的责任。如果进口方拒付，除非另有约定，银行没有代管货物的义务。

（3）托收对出口方来说风险较大，其中，D/A 与 D/P 相比，风险更大。

 思考与训练 8.5

我国某外贸公司向日本商人以即期付款交单（D/P at sight）方式推销某商品，对方答复若该外贸公司接受付款交单见票后 90 天付款条件，并通过日本商人指定的 A 银行作为代收行就可批量采购。请分析日本商人提出此项要求的出发点是什么。

（四）使用托收方式应当注意的事项

与信用证方式相比，托收的费用低，减少了双方银行审单环节，只要进口方赎单较快，货款的收回速度就比较快。但是如果进口方不能很好地合作，待货物装运甚至抵达后提出降价甚至拒绝付款赎单，出口方就会非常被动。采用托收方式付款的本质是出口方向进口方提供信用和进行资金融通，这对出口方来讲虽然可以起到吸引客户、调动其经营积极性从而扩大出口的作用，但同时出口方也面临着较大的风险。一般来讲，如果双方是长期的合作伙伴，进口方一直很守信用，或者收货人为本公司在国外设立的分公司或办事处，则可以采用托收方式结算。在其他情况下采用托收方式结算，出口方应注意以下事项。

微课堂
使用托收方式应当注意的事项

（1）调查进口方的资信状况、经营能力和经营作风。根据调查的结果确定授信额度、成交金额与交货进度，避免进口方借资金紧张等原因延期付款。国外代收行的选择要经过托收行的同意。尽量不使用承兑交单。

（2）争取使用 CIF 或 CIP 贸易术语成交。采用 CIF 或 CIP 贸易术语成交时，如果提货前货物受损，进口方拒付，出口方可凭保险单向保险公司索赔。如果采用 FOB 或 CFR 贸易术语条件成交，需由进口方办理保险，则出口方除应在货物装运后及时通知对方投保外，还可以投保"卖方利益险"，这样在货物遇险、进口方未投保又不付款赎单时，出口方可向保险公司索赔。

（3）了解进口国有关规定。欧洲有些国家不使用远期 D/P 方式，拉美国家则把远期 D/P 当成 D/A 处理。另外，有时货到单据未到，需要存仓、购买保险，有些国家的海关规定若货物进仓 60 天后无人提货就对其进行公开拍卖。因此，出口方应了解进口国关于远期 D/P 的习惯做法及进口国的货物存仓管理办法等。

（4）在采用托收方式时尽量与其他结算方式结合使用。①与电汇（T/T）方式结合使用。为了预防风险，出口方可以要求进口方先采用 T/T 方式预付部分货款（尽量不低于全部货款的 30%），其余货款采用 D/P 方式支付。只要市场不出现剧烈变动，进口方一般不会宁可损失预付货款而不去银行付款赎单。②与信用证方式结合使用。一般的做法是 50%的货款采用即期信用证（L/C at sight）方式支付，另外 50%的货款采用即期付款交单（D/P at sight）方式支付，且全套货运单据必须随附在 D/P 项下。

（5）采取一定的措施转移收款的风险。若需要采用承兑交单（D/A）、远期付款交单（D/P after sight）或"后 T/T"方式支付，出口方应投保出口信用保险或开展出口保理业务，将收款的风险转移给保险公司或保理公司。

（6）遭到拒付后应及时采取合理的措施。若遭到拒付，出口方应及时了解进口方拒付的原因和货物的状况，在货物到港之前尽快联系进口方或新的买家。在 D/P 条件下，若货款未收回而进口方已凭提单提取了货物，出口方应追究代收行的责任；如果货物已经到港而进口方拒不付款赎单，出口方应及时处理货物或将货物运回，尽量减少损失。

视野拓展

国际保理与出口信用保险

1. 国际保理

国际保理（factoring），即国际保付代理，简称保理，是在托收、赊账等情况下，保理商（factor）向出口方提供的一项包括对进口方进行资信调查、百分之百的风险担保、应收账款催收、财务管理及资金融通等的综合性财务服务。

出口保理业务是出口方在以风险较大的商业信用方式（如 D/A、D/P after sight、O/A）结算货款时，在出售商品前通过保理商调查进口方资信状况，与保理商签订保理协议、确定授信额度，在授信额度内与进口方签订进出口合同，装运货物后将发票等收账凭据转让给保理商，取得保理商融通资金的业务。该业务对出口方而言，最大的好处是收款无后顾之忧，但对由于货物品质、数量、交货期等问题导致进口方不付货款的，保理商则不承担责任。

开展出口保理业务的大多是商业银行等金融机构。各国保理机构建立了国际保理商联合会（Factors Chain International，FCI），通过该组织，各国保理商可以互换进口方资信信息。目前，我国已有中国银行、交通银行、招商银行等多家银行开展出口保理业务。

2．出口信用保险

出口信用保险（export credit insurance），是国家为了推动本国的出口贸易，保障出口企业的收汇安全而制定的一项由国家财政提供保险准备金的非营利性的政策性保险业务。

出口信用保险承保的范围包括被保险人在经营出口业务时面临的来自进口国家和地区的政治风险和买家的商业风险。政治风险包括进口国家和地区禁止或限制汇兑、进口管制、没收、征用、国有化、撤销进口许可证、颁发延期付款令、战争、暴乱或革命等。买家的商业风险包括买方或开证行破产或者无力偿付债务；买方或开证行拖欠货款；买方拒绝接受货物；开证行拒绝承兑，出口信用保险赔付的最高金额一般是实际损失的90%，其余10%由出口企业自行承担。

出口信用保险将出口企业的收汇风险转嫁到保险人身上，为出口企业开拓境外市场提供了坚强的后盾。出口信用保险与一般的出口货物运输保险不同，它有着强烈的政策性，由国家设立专门的机构担保，开办此项业务的资金均由国家财政拨付。我国的官方出口信贷担保机构为中国出口信用保险公司（China Export & Credit Insurance Corporation），该公司于2001年成立，总部设在北京。

（五）合同中的托收支付条款

单独采用托收方式支付或托收与其他结算方式结合使用时，支付条款范例如下。

【例】即期付款交单。

买方根据卖方开具的即期跟单汇票，于见票时立即付款，付款后交单。

Upon first presentation, the buyer shall pay against documentary draft drawn by the seller at sight. The shipping documents are to be delivered against payment only.

以上英文条款是对即期付款交单进行的严谨的规定，在实际业务中，成交金额较小的合同，上述支付条款也可以用以下比较简约的方式表示：

Term of Payment: D/P at sight

【例】远期付款交单。

买方根据卖方开具的见票后60天付款的跟单汇票，于提示时承兑，并在汇票到期时付款，付款后交单。

The buyer shall duly accept the documentary draft drawn by the sellers at 60 days after sight upon first presentation and make payment on its maturity. The shipping documents are to be delivered against payment only.

该条款也可以用以下比较简约的方式表示：

Term of Payment: D/P at 60 days after sight

【例】电汇与即期付款交单结合使用。

买方必须在2024年10月20日前电汇支付30%的货款，其余70%的货款采用即期付款交单方式支付。

The buyer must pay 30% of the sales proceeds in advance by T/T before Oct. 20, 2024.70% of the sales proceeds to be paid by D/P at sight.

三、跨境电商支付方式

跨境电商的出现，促使以汇款、信用证和托收为代表的传统支付方式发生了改变。跨境电商支付除了沿用传统的商业银行汇款模式外，第三方支付机构参与下的互联网支付模式在出现后迅速成为跨境零售电商的主流支付方式。

第三方支付机构是指具备一定实力和信誉保障的独立机构，通过与国内外的银行合作，为跨境买家和卖家提供旨在增强信用的服务，从而促成交易双方进行交易的网络支付模式。通过第三方支付机构交易时，买方选购产品并完成支付之后，货款先存放在第三方支付机构，然后第三方支付机构通知卖方发货，买方收到产品并确认收货之后，第三方支付机构再将款项转至卖方账户。第三方支付机构是买方和卖方之间的一个安全的、可以信任的中间平台，可以对买卖双方进行监督和约束，满足买卖双方对信誉和安全的需求，进而促进跨境电商交易顺利开展。第三方支付机构的运作实质是在收款人、付款人之间设立中间过渡账户，使汇款转账实现可控性停顿。第三方支付机构具有中介、保管及监督的职能，但并不承担相应的风险。

下面简要介绍一些在主流跨境电商平台上常用的第三方支付机构。

（1）国际支付宝（Alipay+），是阿里巴巴支付宝国际化的延伸，致力于通过提供全球跨境移动支付解决方案帮助包括中小企业在内的全球商家更好地服务于来自世界各地的消费者。蚂蚁国际官网显示，截至 2024 年 8 月，国际支付宝已覆盖全球 57 个国家和地区，连接超过 8 800万家商户和 15 亿名消费者。

（2）贝宝（PayPal）。其公司是美国易贝公司的全资子公司，贝宝在欧美普及率极高。贝宝官网显示，截至 2024 年 8 月，贝宝已覆盖全球 200 多个国家和地区的超过 1 000 万家网店，活跃用户超 4 亿，支持 100 多种货币。贝宝的商家最短三天可将账户内的款项转至境内的银行账户。

（3）连连国际。连连银通电子支付有限公司（简称连连支付）成立于 2003 年，是专业的第三方支付公司，是中国（杭州）跨境电子商务综合试验区首批试点企业之一。2017 年，连连支付正式上线跨境收款产品——连连国际。连连国际为跨境出口电商卖家提供跨境收款、跨境付款、全球收单、多平台多店铺统一管理、增值税（VAT）缴纳等一站式跨境金融服务。连连国际官网显示，截至 2024 年 8 月，连连国际的业务遍及全球 100 多个国家和地区，支持 130 多种币种交易，服务约 320 万客户。自 2020 年起，连连国际已连续 6 年入选 FXC Intelligence 跨境支付百强企业。

（4）PingPong，总部位于杭州，致力于提供低成本的跨境收款服务，曾承诺跨境收款的所有服务费率不超过 1%，其 "T+0" 的提现标准提升了整个行业的资金周转率，且没有隐性费用和汇损。PingPong 覆盖 200 多个国家和地区，支持 50 多种主流货币收款，与大多数的主流平台建立了合作伙伴关系，可为我国跨境出口电商卖家提供跨境收款、全球收单、多平台多店铺统一管理、增值税缴纳等一站式跨境金融服务。

（5）Payoneer，总部位于美国纽约，是万事达卡组织授权的具有发卡资格的机构。卖家在注册 Payoneer 之后会自动获得 Payoneer 在当地国（如美国、英国、德国、日本、澳大利亚等）的银行账号，可以用来接收来自当地电商平台的销售款项。Payoneer 服务遍布全球 200 多个国家和地区，已与亚马逊、易贝、沃尔玛、Wayfair、虾皮、贝宝等超百家平台建立合作伙伴关系，支持 150 多种货币，平台商家可将外币自动兑换成人民币并转入自己在国内的银行账户。

自测题

一、单项选择题

1．根据《UCP600》的规定，信用证的第一付款人是（　　）。

    A．开证申请人　　　B．开证行　　　　　C．兑用银行　　　　D．通知行

2．D/P at sight 是指（　　）。

    A．托收　　　　　　B．即期付款交单　　C．远期付款交单　　D．承兑交单

3．对出口商而言，首选的结算方式是（　　）。

    A．100% T/T in advance　　　　　　　B．L/C　　　　　　　C．D/P at sight

    D．30% T/T for deposit, the balance must be paid by the buyer 2 days after the shipment date.

4．如果你是进口商，在其他条件不变的情况下，应争取选择（　　）支付方式。

    A．100% T/T in advance　　　　　　　B．L/C

    C．D/P at sight　　　　　　　　　　　D．D/P at 60 days after sight

5．如合同采用信用证方式支付，进口方需要按照合同的约定向开证行申请开立信用证，信用证的受益人一般是（　　）。

    A．进口方　　　　　B．出口方　　　　　C．通知行　　　　　D．其他第三方

6．承兑是（　　）对远期汇票表示承担到期付款责任的行为。

    A．付款人　　　　　B.收款人　　　　　C.出口商　　　　　D.议付行

7．使用 L/C、D/P、D/A 三种支付方式结算货款，就出口方的收汇风险而言，三者从小到大依次为（　　）。

    A．D/P、D/A、L/C　B．D/A、D/P、L/C　C．L/C、D/P、D/A　D．风险一样大

8．采用 T/T 方式支付的合同，卖方能否按时收到约定的款项，完全取决于（　　）。

    A．买方的信用　　　B．合同的履行　　　C．卖方的能力　　　D．银行的实力

9．在出口业务中，如采用托收支付方式，出口方应争取使用（　　）贸易术语成交。

    A．FOB　　　　　　B．CFR　　　　　　C．FCA　　　　　　D．CIF

10．如你是出口商，在与进口商磋商的过程中，进口商要求把原来的支付方式 100% T/T in advance 改为 D/P at sight，以下策略合理的是（　　）。

    A．拒绝接受，风险太大

    B．可以接受，但要求进口商增加采购数量

    C．可以接受，但要求降低价格

    D．与进口商再协商，可以要求 30% T/T in advance，70%余款采用 D/P at sight

二、多项选择题

1．某公司分别以 D/P at 90 days after sight 和 D/A at 90 days after sight 的支付条件对外出口了两批货物，关于这两笔业务，下列叙述正确的有（　　）。

    A．前者是指进口方在到期日付清货款才可取得货运单据，后者是指进口方在见票时承兑后即可取得货运单据

    B．前者没有遭遇进口方拒付的风险，而后者存在这种风险

C．前者的风险比后者大

D．后者的风险比前者大

2．信用证的性质有（　　　）。

A．信用证支付是一种银行信用　　　　　B．信用证支付是一种商业信用

C．信用证是一种自足文件　　　　　　　D．信用证是一项纯单据买卖业务

3．对于信用证与合同的关系，表述正确的有（　　　）。

A．信用证的开立以买卖合同为依据

B．信用证的履行不受买卖合同的约束

C．有关银行只根据信用证的规定办理信用证业务

D．合同是审核信用证的依据

4．汇票按出票人的不同分类，可分为（　　　）和（　　　）。

A．商业汇票　　　　B．银行汇票　　　　C．即期汇票　　　　D．远期汇票

5．信用证的兑用方式有（　　　）。

A．即期付款　　　　B．延期付款　　　　C．议付

D．承兑　　　　　　E．保兑

6．以下属于第三方支付机构特点的是（　　　）。

A．是买方和卖方之间的一个安全的、可以信任的中间平台

B．其运作实质是在收款人、付款人之间设立中间过渡账户，使汇款转账实现可控性停顿

C．具有中介、保管及监督的职能

D．承担保证买方付款的风险和责任

7．我国拥有跨境支付资格的支付平台包括（　　　）。

A．贝宝　　　　　　B．连连国际　　　　C．国际支付宝　　　　D．PingPong

三、判断题

1．信用证是银行开立的无条件承诺付款的书面文件。　　　　　　　　　　（　　）

2．票汇业务和托收业务都是商业信用，使用的都是商业汇票。　　　　　　（　　）

3．从性质上来讲，汇款与托收都属于商业信用，而信用证则属于银行信用。因此对出口方来讲，采用信用证结算方式的风险较小，收汇较安全。　　　　　　　　　　　　　（　　）

4．托收是出口方先发货，然后再委托银行向进口方收款，出口方能否收回货款，取决于进口方的资信状况，因此属于商业信用。　　　　　　　　　　　　　　　　　　　　（　　）

5．我国某出口公司向墨西哥进口商出口一批商品，对方来证在"转运"栏内规定"允许转运"。我方业务员认为既然规定"允许转运"，我方有转运或不转运的选择权。　　　　（　　）

6．承兑交单最易为进口方接受，有利于达成交易，所以在出口业务中，出口方应扩大对承兑交单结算方式的使用。　　　　　　　　　　　　　　　　　　　　　　　　　（　　）

7．跨境电商支付除了沿用传统的商业银行汇款模式外，第三方支付逐渐成为跨境零售电商的主流支付方式。　　　　　　　　　　　　　　　　　　　　　　　　　　　　　　（　　）

8．某出口商以每公吨 450 美元 FOB Guangzhou 的条件出口一批大豆，采用信用证支付方式。开证行按时开来信用证，来证中规定"Chinese northeast soybean. 150 M/T gross for net at USD 450 per M/T FOB Guangzhou. Amount: USD 69 800.00"。此外信用证对货物数量并没有特别说明，出口商对此批货物最多可装 157.50 公吨。　　　　　　　　　　　　　　　　　（　　）

9．汇票经背书后，汇票的收款权利转让给被背书人，被背书人日后遭到拒付，可向前手行使追索权。　　　　　　　　　　　　　　　　　　　　　　　　　　　　　（　　）

10．在 D/A 方式下，代收行对汇票进行承兑后，向进口方交单。　　　　　　（　　）

四、案例分析题

1．甲公司向丁国 A 公司买进生产灯泡的生产线。合同规定：分两次交货，分批开出议付信用证，买方（甲公司）应于货到目的港后 60 天内进行复验，若与合同规定不符，甲公司凭所在国的商检证书向 A 公司索赔。甲公司按照合同规定，向银行申请开立首批货物的信用证。A 公司履行装船义务并凭合格单据向议付行议付，开证行也在单证相符的情况下偿付了议付行款项。在第一批货物到达目的港之前，第二批货物的开证日期临近，甲公司又向银行申请开立信用证。此刻，首批货物抵达目的港，经检验发现货物与合同规定严重不相符，甲公司当即通知开证行，声称"拒付第二批信用证项下的货款，并听候指示"。然而开证行在收到第二批单据并审核无误后，再次偿付议付行款项。当开证行要求甲公司付款赎单时，甲公司拒绝付款赎单。

问：（1）开证行的处理是否合理？为什么？

（2）甲公司的处理是否合理？甲公司应如何处理此事？

2．天津 M 出口公司出售一批货物给香港 G 商，价格条件为 CIF Hong Kong，付款条件为 D/P 见票后 30 天付款，而且 M 出口公司同意 G 商指定香港汇丰银行为代收行。M 出口公司在合同规定的装船期限内将货物装船，并取得了清洁提单，随即出具汇票，连同提单和商业发票等委托中国银行通过香港汇丰银行向 G 商收取货款。5 天后，所运货物安全到达香港。因当时该商品的行情看好，G 商凭信托收据向汇丰银行借取提单，提取货物，并将部分货物出售。不料因到货过于集中，货物价格迅即下跌，G 商以缺少保险单为理由，在汇票到期时拒绝付款。

问：你认为 M 出口公司应如何处理此事？并说明理由。

3．某出口公司与往来多年的非洲客户签订某商品销售合同一份，交货条件是 6 月至 12 月，每月等量装运××万米，凭不可撤销议付信用证付款。其后，客户按时向开证行申请开出信用证，其总金额与总数量均与合同相符，但装运条款仅规定：最迟装运期为 12 月底，分数批装运。出口公司见来证未列明"每月等量装运××万米"条款，为了早出口、早收汇，6 月底便将合同总数的一半货物一并装出并向银行交单。银行审单无误进行议付，随后向开证行寄单索汇。但是客户接到装船通知后，发现出口公司未按合同规定装运货物，立即向出口公司提出异议，并以货物涌至增加仓租、利息为由，要求赔偿损失，同时拒绝立即付清货款。

问：该出口公司应如何处理此事？请给出建议。

4．国内某出口公司以 CIF Osaka 向日本出口一批货物，4 月 20 日由日本东京银行开来一张即期不可撤销信用证。信用证金额为 50 000 美元，装船期为 5 月，证中还规定偿付行为纽约银行业中信誉较好的 A 银行。信用证收报行中国银行收到信用证后于 4 月 22 日通知出口公司，4 月底该公司获悉进口公司因资金问题濒临倒闭。

问：在此情况下出口公司应如何处理？

课后阅读与分析

出口备货

【学习指导】

出口备货是指出口商按照合同或信用证的规定，按时、按质、按量地准备好应交付的货物，并做好申请报检和认证工作。备货是履行合同的第一步，也是非常重要的一个环节，此项工作完成得好坏直接关系到后续工作能否顺利进行。

学习本章后，应了解合同中的品名、品质条款，数量条款，包装条款，以及备货的工作要求。

【导入案例】

实际装运货物与单据记载数量不一致引起的损失

我国某出口公司向日本客户出口一批蘑菇，合同规定：每箱净重 16.6 千克，共 1 500 箱，合 24.9 公吨。当货物运抵日本港口后，日本海关在抽查该批货物时，发现每箱净重不是 16.6 千克而是 20 千克，计 1 500 箱，合 30 公吨。

由于所有单据上都注明了 24.9 公吨（信用证付款金额也按 24.9 公吨计算），单据上的净重与实际重量不符，日本海关认为该出口公司少报重量有帮助日本客户逃税的嫌疑，向该出口公司提出意见。经该出口公司解释，日本海关才未予深究。但多装的 5.1 公吨蘑菇不退还，日本客户也不补付货款。

讨论：本案例说明了什么问题？出口方需要从中吸取什么经验教训？

第一节　合同中的品名、品质条款

货物的品名和品质是买卖双方洽谈的依据，没有确定的货物名称，就无法开展交易。因此，品名和品质条款是买卖合同中的主要条款。

一、合同中的品名条款

货物的品名或名称是交易双方对成交货物的描述，应与货物本身的内容相符。在国际贸易中，大多数交易都不是看货成交的，而是凭描述成交的，因而正确列明品名条款是合同中必不可少的条件，也是交易的前提。

1. **货物的命名方法**

货物的命名方法一般有以下几种。

（1）以主要用途命名。此方法可便于消费者按需要购买，如跑步鞋、登山鞋、防晒霜、洗面奶。

（2）以主要成分或原料命名。此方法通过突出成分或原料来反映商品的质量、内涵，如玻璃杯、塑料杯、真丝连衣裙、羊毛衫。

（3）以自身的外观造型命名。这有利于消费者从喜好出发挑选商品，如喇叭裤、圆领紧身T恤、高跟细跟凉鞋、平跟皮鞋。

（4）以制作工艺命名。此方法可以突出商品的独特性，提高商品的威望和信誉，如脱脂奶粉、头酿酱油、手工刺绣围巾、定制西服。

（5）以产地、人物命名。商品以地方特色、品牌创始人或历史人物命名，可以引起消费者的兴趣，如西湖龙井、东北五常大米、张小泉剪刀。

2. **品名条款的格式**

国际货物买卖合同中的品名条款并无统一格式，一般比较简单，通常在"货物描述"（description of goods）或"商品名称/品名"（name of commodity）栏目内具体列明买卖双方成交的货物名称即可。

【例】

（1）Name of Commodity: Yoga sets for women

（2）Name of Commodity: Wooden porcelain tiles

（3）Name of Commodity: Shandong Peanuts

3. **订立品名条款的注意事项**

订立品名条款时应注意以下几点。

（1）内容必须明确、具体、准确。文字描述应确切反映标的物的特点，切忌空泛、笼统。一种货物往往有许多不同的品种、型号、等级，为明确起见，要对货物具体的品种、型号、等级进行概括性描述，即要把品名条款与品质条款合并在一起。

（2）必须实事求是，准确反映货物的实际情况。

（3）尽可能使用货物在国际上通用的名称，若使用地方性名称，交易双方应就其含义取得共识。对于货物的译名，应力求准确、易懂，并符合国际上的习惯。

二、货物品质的表示方法

货物品质（quality of goods）是货物的内在质量和外观形态的综合。前者包括货物的物理性能、机械性能、生物特征、化学成分等自然属性，后者包括货物的外形、色泽、款式、味道和气味等特征。

品质条款是国际货物买卖合同最基本的条款之一，卖方需要严格按照合同规定备货，因此必须熟悉合同中的品质条款。由于交易的货物种类繁多，加上交易习惯各不相同，因此表示货物品质的方法多种多样，概括起来，主要分为以实物表示货物品质和以文字说明表示货物品质两大类。

微课堂
货物品质的表示方法

（一）以实物表示货物品质

以实物表示货物品质可分为凭现货买卖和凭样品买卖两种。

1. 凭现货买卖

凭现货买卖是指买卖双方根据成交货物的实际品质进行的交易。通常由买方或其代理人在卖方所在地验看货物，谈成交易后，卖方即交付买方验看过的货物，买方不得对验看过的货物品质提出异议。这种方法多用于拍卖、寄售和展卖业务中，尤其适用于具有独特性质的商品，如珠宝、首饰、字画、特定工艺制品（如玉雕、微雕）等。

2. 凭样品买卖

样品是指从一批货物中抽出来的或由生产、使用部门设计加工出来的，足以反映和代表整批货物品质的少量实物。

凡以样品表示货物品质并以此作为交货依据的交易，称为"凭样品买卖"（sales by sample）。它通常适用于那些品质难以用文字描述，在造型上有特殊要求或具有色、香、味方面特征的货物的买卖。买卖双方以卖方提供的样品为准成交，称为"凭卖方样品买卖"（sale by seller's sample）；以买方提供的样品为准成交，称为"凭买方样品买卖"（sale by buyer's sample）。

凭卖方样品买卖时，样品品质应具有充分的代表性，并且样品应提供给买方。在将样品，即"原样"（original sample）或称"标准样品"（type sample）送交买方的同时，卖方应保留与送交样品品质完全一致的另一样品，即"留样"（keep sample）或称"复样"（duplicate sample），以备将来组织生产、交货或处理质量纠纷时做核对之用。

凭买方样品买卖，也称"来样成交"。由于买方提供的样品能够直接反映消费者的需求，所以在业务中有时也采用凭买方样品买卖。在确认买方样品之前，卖方应充分考虑该样品在原材料、加工生产技术、设备和生产时间安排等方面的可行性，以防止日后交货困难。为了避免日后履约困难，卖方可以根据买方来样仿制或选择品质相近的样品即"回样"（return sample）或称"对等样品"（counter sample），提交给买方，请其确认。买方一旦确认该样品作为双方交货的依据，卖方就把"凭买方样品买卖"变成了"凭卖方样品买卖"。

无论样品由谁提供，一经双方确认便成为交接货物的品质依据，卖方承担提交的货物品质与样品完全一致的责任（strictly same as sample），这是凭样品买卖的基本特点。否则，买方有权提出索赔甚至拒收货物。

 思考与训练 9.1

请尽可能多地罗列在进出口业务中适合凭样品买卖的货物。

（二）以文字说明表示货物品质

大多数国际货物买卖采用以文字说明表示货物品质的方法，这种方法被称为"凭文字说明买卖"（sale by description），具体有以下几种方式。

1. 凭规格买卖

规格是用以反映货物品质的主要指标，如成分、含量、纯度、大小、长短、粗细、容量、性能等。以规格作为交货品质依据而进行的买卖，称为"凭规格买卖"（sale by specification）。这种方式简明、方便、准确、具体。例如，漂白棉布 30 支，门幅 35/36 英寸（约 88.90/91.44

厘米），每匹长度 40 码（约 36.576 米）或 40 码以上。

2. 凭等级买卖

等级是指同一类货物，按质地的差异或尺寸、形状、重量、成分、构造、效能等的不同，用文字、数字或符号所做的分类，如大、中、小，重、中、轻，一、二、三，甲、乙、丙，A、B、C，等等。以等级作为交货品质依据而进行的买卖，称为"凭等级买卖"（sale by grade）。这种方式简化了手续、促进了成交，并体现了按质论价的特点。但是，当双方对等级内容不熟悉时，应在合同中明确规定每一等级的具体规格。

例如，我国出口的钨砂，按其三氧化钨和锡、砷、硫含量的不同，分为特级、一级、二级，如表 9.1 所示。

3. 凭标准买卖

标准是规格和等级的标准化。在国际贸易中，以某种标准作为说明和评价货物品质的依据而进行的买卖，称为"凭标准买卖"（sale by standard）。

表 9.1　钨砂质量等级划分

等级	含　量			
	三氧化钨（最低）	锡（最高）	砷（最高）	硫（最高）
特级	70%	0.2%	0.2%	0.8%
一级	65%	0.2%	0.2%	0.8%
二级	65%	1.5%	0.2%	0.8%

标准一般由标准化组织、政府机关、行业团体、工商组织、商品交易所等制定、公布，并在一定范围内实施。世界各国都有自己的标准，如英国为 BS、美国为 ANSI、法国为 NF、德国为 DIN、日本为 JIS 等。另外，还有国际标准，如国际标准化组织（ISO）制定的标准、国际电工委员会（IEC）制定的标准等。我国有国家标准（GB）、专业标准、地方标准和企业标准。在进出口业务中，买卖双方应根据具体情况，权衡利弊，决定采用国际上通行的标准或某国自己的标准。

由于标准会随着生产技术的发展和变化而不断被修改和变动，所以某类货物的标准往往会有不同的版本。因此，在采用标准时，应当注明所采用标准的版本。

4. 凭牌号或商标买卖

牌号是指厂商或销售商所生产或销售商品的品牌；商标则是牌号的图案化，是特定商品的标志。

在国际贸易中，质量稳定、信誉良好，并为消费者所熟悉、喜爱的商品，可以凭牌号或商标来进行买卖，这种方法称为"凭牌号或商标买卖"（sale by brand name or trade mark），如红双喜牌乒乓球、欧米茄牌手表等。

凭牌号或商标买卖通常是凭卖方的牌号或商标进行买卖。但有时买方在熟知卖方商品品质的情况下，常常要求在卖方的商品或包装上使用买方指定的牌号或商标，这就是定牌。使用定牌，买方可以利用自己的经营渠道和声誉提高售价并扩大销售。

5. 凭说明书和图样买卖

用说明书和图样确定产品品质而进行的买卖，称为"凭说明书和图样买卖"（sale by description and illustration）。

电器、仪表、大型机器设备、交通工具等技术密集型产品，由于结构复杂、制作工艺不同，无法用样品或简单的几项指标来反映其品质全貌。对于这类产品，买卖双方除了要规定其名称、商标或牌号、型号等外，通常还需要使用说明书来介绍该类产品的构造、原材料、产品形状、性能、使用方法等，有时还要附以图样、图片、设计图纸、性能分析表等来完整说明其品质特征。例如，在合同中规定"品质和技术数据必须与卖方所提供的产品说明书严格相符"（quality and technical data to be strictly in conformity with the description submitted by the seller）。

在以说明书和图样表示产品品质时，卖方要承担提交的货物品质必须与说明书和图样完全相符的责任。

6. 凭产地名称买卖

用产地名称来表示产品独特的品质、信誉而进行的买卖，称为"凭产地名称买卖"（sale by name of origin）。

农副产品受地理自然条件和传统加工技术的影响较大，不同产地的产品质量各异、各具特色，对于这类产品，可以采用产地名称来表示其独特的品质、信誉，如涪陵榨菜、杭州龙井茶叶、景德镇瓷器等。凭产地名称买卖的农副产品必须是具备国内外消费者周知的特定品质的产品，否则买方可以拒收产品并索赔。

 思考与训练 9.2

除上述举例外，你还知道有哪些特产是以产地名称表示产品品质的？

三、订立品质条款时的注意事项

订立品质条款应注意内容和文字上的灵活性，力求准确、具体，避免笼统、含糊。尽量不用"大约""左右""合理误差"等含义不清的词语，同时注意以下几点。

1. 根据不同的货物特点用不同的方法表示其品质

在国际贸易中，哪些货物适宜凭样品买卖，哪些货物适宜凭规格、等级、标准买卖，都有行业习惯可循。当可用一种方式表示货物品质时，就不要采用两种或两种以上的方式表示。如果采用两种或两种以上的方式表示，则所交货物应符合各项要求。

2. 采用凭规格、等级等方式成交时，如寄样品，应声明是参考样品

如采用凭规格、等级等方式表示货物品质，在外贸业务中出口方又给进口方寄送了样品，此时出口方应说明样品"仅供参考"（for reference only）。否则，进口方有理由认为该笔业务既凭规格、等级等又凭样品买卖，所交货物如果与样品不符，进口方就有权拒收和索赔。

3. 订明幅度的上下限或公差的允许值

凡需要采用品质机动幅度或品质公差表示其质量的货物，应订明幅度的上下限或公差的允许值。

某些货物在生产过程中由于存在自然损耗，或受生产工艺、货物本身特点等原因的影响，难以保证交货品质与合同规定的内容完全一致。对于这些货物，如果条款规定得过死或质量指标订得绝对化，必然会给卖方交货带来困难。此时，应灵活应用以下方法。

（1）品质机动幅度。品质机动幅度是指允许卖方所交货物的品质指标在一定幅度内有所波动。规定品质机动幅度的方法有三种：规定范围，如棉布宽幅为 35/36 英寸（约 88.90/91.44 厘米）；规定极限，如水分含量最高为 15%；规定上下差异，如灰鸭毛含绒量为 35% ± 1%。卖方所交货物品质只要在规定的范围内，即可认为交货品质与合同相符，买方无权拒收。

（2）品质公差。品质公差（quality tolerance）是指为国际同行业所公认的品质的误差。在工业品的生产过程中，工业品的品质存在一定的误差是难免的，如手表每天计时的误差为若干

秒，某一圆形物体的直径误差为若干毫米，等等。这种国际公认的品质误差，即使不在合同中做出规定，只要卖方的交货品质在公认的误差范围内，也被认为与合同相符。

 思考与训练 9.3

我国某公司与英国某公司签订出口一批大豆的合同，数量为 1 000 公吨，单价为每公吨 80 英镑 CIF Liverpool，品质规格为水分含量最高为 14%、杂质不超过 2.5%。成交前我国公司曾向对方寄送过样品，签约后电告对方"所交货物与寄送的样品相似"。货物运抵英国后，英国公司提出"货物的品质比样品的品质低"，并出具了当地检验公司的检验证明，凭此向我国公司提出降价 5% 的要求。

问：在此情况下，我国公司能否以该项交易并非凭样品买卖为由而不答应英国公司的降价要求？

四、违反品质条款的责任与后果

合同中的品质条款是买卖双方交接货物时的品质依据。《公约》规定：卖方所交货物品质如果与合同规定不符，卖方要承担违约责任，买方有权向卖方提出损害赔偿，也可要求修理或交付替代货物，甚至拒收货物或解除合同。卖方所交货物的实际品质不能低于合同规定，低于合同规定就构成违约；货物实际品质也不宜高于合同规定，高于合同规定有时也会构成违约。

第二节　合同中的数量条款

货物的数量是买卖合同中不可缺少的主要条件之一。由于交易双方约定的数量是交接货物的依据，因此正确掌握成交数量和订好合同中的数量条款，对交易双方而言具有十分重要的作用。

一、常用的度量衡制度与计量单位

货物数量是指以国际通用或买卖双方约定的度量衡表示的货物的重量、个数、长度、面积、容积等。在国际贸易中，货物的种类、特性和各国度量衡制度不同，计量单位和计量方法也多种多样。因此，我们有必要了解各种度量衡制度，熟悉各种计量单位的特定含义和计量方法。

（一）国际贸易中常用的度量衡制度

国际贸易中常用的度量衡制度有米制、国际单位制、英制和美制等四种。

（1）米制（the metric system）又称为国际公制，使用的计量单位有克、公吨、米等。

（2）国际单位制（the international system of units）是在米制的基础上发展起来的，两者在含义上基本没有区别。国际单位制已为越来越多的国家所采用，对国际贸易的进一步发展起着推动作用，使用的计量单位有米、千米、千克等。

（3）英制（the British system）曾在纺织品等的交易中有较大的影响，但由于它不采用十进制，换算很不方便，因此使用范围逐渐缩小，使用的计量单位有英尺、英寸、长吨等。

（4）美制（the U.S. system）以英制为基础，其多数计量单位的名称与英制相同，但含义有差别，这主要体现在重量单位和容量单位中。如英制单位的1长吨=2 240磅≈1 016千克，1加仑≈4.5461升；美制单位的1短吨=2 000磅≈907千克，1加仑≈3.7854升。

我国使用以国际单位制为基础的法定计量单位。

（二）计量单位

国际货物买卖中常用的计量单位有重量单位、个数单位、长度单位、面积单位、体积单位和容积单位等。

1. 重量单位

重量单位常用的有公吨（metric ton，M/T）、千克（kilogram，kg[①]）、克（gram，g）、盎司（ounce，oz）、英制单位的长吨（long ton，l/t）、美制单位的短吨（short ton，s/t）等。重量单位适用于一般天然产品及部分工业制成品等的计量，如羊毛、棉花、谷物、矿产品、油类、沙盐、药品等。

视野拓展

在我国，"吨"（ton，t）即指"公吨"（tonne，metric ton），但国外客户用"ton"时，应注意可能指公吨，也可能指长吨或短吨。使用公吨时建议用"metric ton"，以免产生歧义。

2. 个数单位

按个数计量的常用单位有只（piece，pc）、件（package，pkg）、双（pair）、台/套/架（set）、打（dozen，doz）、罗（gross，gr）、大罗（great gross，g.gr）、令（ream，rm）、卷（roll，coil）、辆（unit）、头（head）等，有些产品也可按箱（case，carton）、包（bale）、桶（barrel，drum）、袋（bag）等计量。个数单位适用于一般日用工业制成品及杂货类产品等的计量，如文具、纸张、玩具、车辆、活牲畜等。

3. 长度单位

长度单位常用的有码（yard，yd）、米（metre，m）、英尺（foot，ft）、厘米（centimeter，cm）等。长度单位适用于纺织品匹头、绳索、电线、电缆等的计量。

4. 面积单位

面积单位常用的有平方码（square yard，yd^2）、平方米（square metre，m^2）、平方英尺（square foot，ft^2）、平方英寸（square inch）等。面积单位适用于皮制产品、塑料制品等的计量，如塑料篷布、塑料地板、皮革、铁丝网等。

5. 体积单位

体积单位常用的有立方码（cubic yard，yd^3）、立方米（cubic metre，m^3）、立方英尺（cubic foot，ft^3）、立方英寸（cubic inch）等。体积单位适用于化学气体、木材等的计量。

---

① 实际业务中，外贸从业者常使用非标准书写方式，这一方面是传统习惯使然，另一方面也是为了录入方便，如将m^2写为M2，m^3写为M3或CBM，kg写为kilos、kgs或KGS，件写为PC或PCS、pcs（复数），箱写为CTN或CTNS（复数），建议读者多总结，以备后用。

6. 容积单位

容积单位常用的有升（litre，L）、加仑（gallon，gal）、夸脱（quart）及蒲式耳（bushel，bu）等。容积单位适用于谷物类及部分流体、气体产品等的计量，如小麦、玉米、煤油、汽油、酒精、啤酒、过氧化氢、天然瓦斯等。

二、重量的计量方法

在国际贸易中，使用的计量方法通常为按重量、个数、长度、面积、体积、容积计量。究竟采用何种计量方法，要视货物的性质、包装、种类、运输方式及市场习惯等情况而定。由于很多货物是采用重量计量的，所以下面就重点介绍重量的计量方法。

1. 净重

净重（net weight，NW），是指货物本身的实际重量。在实际业务中，如果货物按重量计量或计价，但未规定采用何种方法计算重量和价格，根据惯例，应按净重计量和计价。

2. 毛重

毛重（gross weight，GW），指的是货物本身的重量加皮重（tare），皮重是指包装材料的重量。包装材料的计重方式，应根据货物的特性、包装的特点、数量的多少和交易习惯等，由买卖双方事先约定。

在国际贸易中，有些低值产品常常以毛重作为计算价格的基础，称为"以毛作净"（gross for net）。如按此方法计量和计价，建议合同中标明"gross for net"。

3. 法定重量

法定重量（legal weight）是指货物和直接接触货物的销售包装加在一起的重量。有些货物的进口关税按从量税征收，如按重量征收，征税货物的重量必须将直接接触货物的包装材料（如小瓶、小金属盒、纸盒）的重量计算在内。

4. 公量

公量（conditioned weight）是指先用科学的方法从货物中抽出所含的实际水分，然后加入标准水分而求得的重量。这种计算方法主要用于羊毛、生丝、棉纱、棉花等易吸湿、重量不太稳定而经济价值又较高的货物的计量。公量的计算公式为

$$公量=商品实际重量÷（1+实际回潮率）×（1+公定回潮率）$$

式中，公定回潮率是指交易双方商定的货物中水分与干量的百分比，如生丝、羊毛在国际上公认的回潮率为11%；实际回潮率是指货物中的实际水分与干量的百分比。干量（dry weight）是纤维材料及其制品以一定方法除去水分后的重量。

三、数量条款概述

进出口合同中应明确规定成交货物的数量和计量单位，如"quantity: 2 000 sets"。

但在外贸业务中，由于受货物特性、自然条件、包装方式、装卸能力、运输工具等因素的限制，卖方实际交货数量有时不能完全符合合同规定。为了避免因交货数量而引发争议，对于成交数量大、不易精确计算的货物，如小麦、大豆、玉米、煤炭、矿石、原油等，需要规定一个交货数量的机动幅度，一般有以下两种规定方法。

1. 规定溢短装

在合同中规定卖方交货数量可以按一定百分比多交或少交，这种规定通常称为"溢短装条款"。例如，合同规定交货数量为 5 000 公吨，卖方可溢装或短装 5%（5 000M/T，with 5% more or less at seller's option）。一般情况下，溢短装的权利归卖方所有，但在 FOB 或 FAS 贸易术语下，也可以由派船的买方决定，如买方有权决定多交或少交 3%（3% more or less at buyer's option）。

2. 规定"约数"

"约数"是指在交易数量前面加上一个"约"（about；approximate，appr.）字。按照交易习惯，有了"约"字，即允许实际交货数量与合同规定数量之间有些差异。《UCP600》规定：凡以"约""大约"或类似意义的词语用于信用证金额或信用证规定的数量或单价时，应解释为允许对有关金额、数量或单价有不超过 10%的增减幅度。

在数量机动幅度范围内多装或少装的货物，一般都按合同价格计收。但是，对于价格波动频繁的货物，为防止对方利用数量机动幅度故意增加或减少数量以谋取额外利益，买卖双方可以明确规定增减部分按装运时的市价计算。

四、违反数量条款的责任与后果

按照合同规定的数量交付货物是卖方的基本义务。《公约》规定：卖方必须按照合同数量条款的规定如数交付货物；如果卖方实际交货数量多于合同约定的数量，买方可以收取，也可以拒绝收取多交部分的全部或一部分，如果买方收取多交部分，则必须按合同价格付款；如果卖方实际交货数量少于合同约定的数量，卖方应在规定的交货期届满前补交，但这一权利的行使不得使买方遭受不合理的不便或承担不合理的开支，即使如此，买方也有保留要求损害赔偿的权利。

 导入案例分析

出口方必须按合同或信用证规定的数量交货。如果出口方实际交货数量少于合同约定数量，进口商肯定不乐意而且还有可能会提出索赔。如果多交了，进口国家的海关也不会轻易放行。各国海关对进口货物的监督都很严。进口商申报的数量如果与实际到货数量不同，轻则会被认为企图逃漏关税，重则会被认为走私舞弊，海关不仅可以处以罚款或没收货物，还可能进一步追究进口商的刑事责任。另外，若遇上当地市场疲软或价格趋跌，进口商也会拒收，或要求降低价格，或要求对多交之货不补钱。

实际业务中如果进口商要求出口方在单据上故意少报，出口方务必拒绝，否则很容易出现与本案例中类似的情况，导致出口方受损。总之，按照合同规定的数量交付货物是出口方的基本义务，同时出口方要在单据上如实记载交货数量和金额。

第三节 合同中的包装条款

进出口货物一般都需要经过长距离运输，有时还需要多次装卸、搬运和储存。因此，除少数直接装入运输工具的散装货（bulk cargo）和在形态上自成件数、无须包装或略加捆扎即可成件的裸装货（nude cargo）不必包装以外，绝大多数货物都需要有适当的包装。包装不仅能起保护货物、保障运输的作用，而且还能起美化、宣传作用。

交易双方在签订合同时，一般要对包装问题进行洽商并做出具体的规定，包装条款也就成为买卖合同中的一项主要条件，同时包装本身还是货物说明的组成部分。

一、包装的种类及其作用

包装按在流通过程中所起作用的不同，可分为运输包装和销售包装两大类。

运输包装又称大包装或外包装。它具有通风、防潮、防震、防锈蚀、防失散、防盗等功能，能起到保护货物，便于运输、储存、计数和分拨的作用。运输包装又分为单件运输包装和集合运输包装：前者是指在运输过程中作为一个计件单位的包装，如箱、桶、袋、包、篓、罐、捆等；后者是指将若干单件运输包装组合成一件大包装，以便更有效地保护货物、提高装卸效率和节省运输费用，常见的集合运输包装有集装袋、集装包、集装箱和托盘等。

销售包装又称小包装或内包装，是进入零售市场直接与消费者见面的一种包装。除了保护货物外，它还具有便于消费者识别、选购、携带和使用的功能，更具有美化、宣传的作用。

二、运输包装上的标志

为了方便货物的运输、装卸、储存及识别，需要在运输包装上刷写相关标志。运输包装上的标志要简明清晰、易于辨认、着色牢固，防止被海水或雨水冲湿褪脱。制作运输包装上的标志时，需在每件货物相应的部位上印刷相同的标志，以便在货物被调换摆放位置后也能看到；要防止印刷错误，以免影响通关和装卸工作。运输包装上的标志主要包括运输标志、指示性标志、警告性标志等。

1. 运输标志

运输标志（shipping mark）俗称唛头，是为了便于有关人员运输和交接货物，以及为了便于辨别货物，防止错发、错运而在货物外包装上刷印的文字或图形标志。运输标志由数字、字母等组成，通常被刷印在外包装的明显部位。运输标志是唯一体现在装运单据上的包装标志。国际标准化组织和国际货物装卸协调协会推荐使用的标准运输标志由四个要素构成——收货人的名称简称、参考号码（只可使用托运单号、合同号、订单号或发票号中的一个）、目的地、包装件数编号，如下例：

　　　　ABC.C ·······················收货人的名称简称
　　　　94LAO602 ·················参考号码
　　　　NEW YORK ···············目的地
　　　　CTN/NOS.1/100 ···········包装件数编号

需要注意的是，刷印在外包装上的包装件数编号需要标明包装件数的连续编号和已知的总包装件数。例如"1/100、2/100、…、100/100"，表示包装物的总件数为100件，每件包装物的编号分别为1到100。在相关的单证上需要记载运输标志时，按上面的例子标明"1/100"即可，表示货物的包装件数编号从1到100。

有时，根据实际情况或买方的要求，运输标志还可包括其他内容，如下例：

WRF.Co ·····················	收货人的名称简称
HAMBURG·················	目的地
NOS.1/56 ··················	包装件数编号
45cm × 60cm × 65cm·······	体积标志
G. W 125kg···············	重量标志
N. W 100kg	
MADE IN CHINA ··········	原产地标志

2. 指示性标志

指示性标志（indicative mark），是指根据货物的特性，如怕热、怕湿、怕震、怕倾斜等，在货物的外包装上刷印的一些提示有关人员在装卸、搬运、存放和保管过程中应注意的事项的标志。它通常用图形或文字表示，常见的指示性标志如图 9.1 所示。

图 9.1 指示性标志

3. 警告性标志

警告性标志（warning mark），是针对一些特殊货物，如爆炸品、易燃品、腐蚀品、氧化剂和放射性物质等，需在外包装上用图形或文字等标示其危险性，以便操作人员注意，保障货物和操作人员安全的标志。常见的警告性标志如图 9.2 所示。

图 9.2 警告性标志

三、订立包装条款

为了便于顺利履行合同，买卖双方需要在合同的包装条款中明确具体地规定使用的包装材料和包装方式。

【例】

（1）packing: One piece into a poly bag, 50 pieces to be a carton.（一件装一个塑料袋，50 件装一箱。）

（2）packing: 10 pieces to be packed in a carton, 15 cartons packed in a pallet.（10 件装一箱，15 箱装一托盘。）

如果整批货物有多个规格、尺码或多种颜色，如需混码或混色包装，合同中一定要明确规定装箱细数及其配比。例如，T 恤 500 打，包括 32 码、34 码、36 码、38 码、40 码，每个尺码各 100 打，每箱每个尺码各装 20 打，共装 5 箱。合同条款示例如下：

【例】

　　T shirts 500 dozen, including sizes 32, 34, 36, 38, 40, each size 100 dozen, 20 dozen each size per carton, total packed in 5 cartons.

如果合同中没有此明细规定，卖方在装箱时可以把 32 码的装在一箱，34 码的装在另一箱，即每个码数各装一箱。因受储存地点的限制，需要分批提货时，单码包装就会给销售带来很大的不便。因此，对于有多个规格、尺码或多种颜色的商品，如需混码或混色包装，合同中一定要明确规定装箱细数及其配比，而且卖方必须按要求包装。

注意在合同中不宜笼统规定包装条款，如使用"适合海运包装"（seaworthy packing）、"习惯包装"（customary packing）和"卖方惯用包装"（seller's usual packing）之类的条款。此类条款无统一解释，容易引起纠纷，除非是长期合作的贸易伙伴，双方已经取得一致认识，否则不宜采用。

四、违反包装条款的责任与后果

在国际货物买卖中，提供约定的或通用的货物包装是卖方的主要义务之一。《公约》规定，卖方交付的货物，需按照合同所规定的方式装箱或包装。除双方当事人另有协议外，货物应按照同类货物的通用方式装箱或包装，如果没有此种通用方式，则按照足以保全和保护货物的方式装箱或包装，否则即视为与合同不符。如果货物的包装与合同不符，买方有权索赔甚至拒收货物。

 思考与训练 9.4

出口合同规定：糖水橘子罐头，每箱 24 听，每听含 5 瓣橘子，每听罐头上都要用英文标明"MADE IN CHINA"。卖方为了讨个吉利，每听装了 6 瓣橘子，装箱时，为了用足箱容，每箱装了 26 听。在刷印产地标志时，只在纸箱上注明了"MADE IN CHINA"。买方以包装不符合同规定为由，向卖方要求赔偿，否则拒收货物。

请问买方的要求是否合理？为什么？

第四节　备货的工作要求

货物是履行出口合同的物质基础，备货就是指卖方按出口合同及信用证（合同采用信用证支付的情况下）的规定，按时、按质、按量准备好应交的货物。卖方如是生产型出口企业，出口货物大多由自己的企业生产，在与进口商落实合同及信用证（合同采用信用证支付的情况下）后，外贸业务员或跟单员向生产、加工及仓储部门下达联系单（或称加工通知单、信用证分析单），要求有关部门按联系单的要求进行加工、包装及刷印运输标志等。卖方如是贸易型出口企业，则必须寻找货物的国内供应商，通过与国内供应商签订国内购销合同来落实货源。

《公约》明确规定，卖方的基本义务是交付货物、移交与货物有关的单据并转移货物所有权。

因此，备好货物对卖方非常重要，是保证卖方按时、按质、按量履行合同的前提条件。

备货工作是卖方履行合同的基础，在备货工作中卖方应注意以下几个方面。

1. 货物的品质、规格必须与合同规定一致

货物的品质要适应特定消费者的需要，这是商品的社会属性；同时，货物品质还应当稳定、均匀，适合商销，这是商品的自然属性。卖方所交货物的品质不能低于也不宜高于合同规定，出现这两种情况均构成违约。具体而言，卖方应做到以下几点。

（1）凡凭规格、等级、标准等文字说明达成合同的，交付货物的品质必须与合同规定的文字说明相符。

（2）凡凭样品达成合同的，交付货物的品质必须与样品的品质一致。

（3）如果既凭文字说明，又凭样品成交，则交付货物的品质必须与两者相符。

（4）货物的品质还必须达到同一规格货物通常使用的目的和在订立合同时买方通知卖方的特定目的。

2. 货物的数量必须与合同规定一致

按合同规定的数量交货是卖方的基本义务。在备货时，卖方需注意数量应留有余地，以作为装运时可能发生的调换和适应舱容之用，同时应注意以下几点。

（1）货物数量短交、不足合同的规定时，卖方应及时采取措施在合同有效期内补足，并注意不得使买方遭受不合理的不便或承担不合理的开支。

（2）货物数量多交，意味着买方对于多交的部分有权接受或拒绝接受其任意数量，卖方处境较被动。

（3）注意《UCP600》对于数量中约量的规定。第 30 条 a 款规定："约"或"大约"用于信用证金额或信用证规定的数量或单价时，应解释为允许有关金额或数量或单价有不超过 10% 的增减幅度。第 30 条 b 款规定：在信用证未以包装单位件数或货物自身件数的方式规定货物数量时，货物数量允许有 5% 的增减幅度，只要总支取金额不超过信用证金额。

3. 货物的包装和运输标志必须符合合同规定和运输要求

在备货时，卖方应对包装和运输标志进行认真核对和检查，使之符合合同的规定，并使其满足保护货物和适应运输的要求。如发现包装不良或有破损，卖方应及时更换，以免装船时无法取得清洁提单，造成收汇困难。

倘若合同未对包装做出具体规定，卖方应按照同类货物的通用方式进行包装。如果没有通用方式，则应按照足以保全和保护货物的方式进行包装。

4. 货物备妥时间应与合同或信用证规定的装运期限相适应

卖方备货要结合船期安排，以便于船货衔接，不要造成货物长时间等船或船长时间等货物的局面。如果采用信用证结算货款，卖方必须在落实信用证条款后再安排备货，以防备好货物后，买方不到银行申请开证、不要货物或者信用证条款有问题而影响安全收汇。

5. 卖方对货物要有完全的所有权，并且不得侵犯他人权利

卖方所交付的货物，必须是第三方不能根据工业产权或其他知识产权主张任何权利或要求的货物。

自测题

一、单项选择题

1. 适用于在造型上有特殊要求或具有色、香、味方面特征的货物，表示其品质的方式是（   ）。

　　A. 凭等级买卖　　　　B. 凭商标买卖　　　　C. 凭说明书买卖　　　D. 凭样品买卖

2. 在合同中，如果未规定用何种方法计算重量和价格，按照国际惯例应该以（   ）计价。

　　A. 净重　　　　　　　B. 法定重量　　　　　C. 毛重　　　　　　　D. 公量

3. 合同规定小麦水分含量最高为 10%，这里的"最高"是（   ）。

　　A. 溢短装条款　　　　B. 品质公差　　　　　C. 品质机动幅度　　　D. 数量机动幅度

4.《UCP600》规定，在不超过信用证支取金额条件下，未以包装单位件数或其自身件数计量的货物数量的增减幅度允许为（   ）。

　　A. 3%　　　　　　　　B. 5%　　　　　　　　C. 7%　　　　　　　　D. 10%

5. 在出口羊毛、生丝、棉纱等经济价值较高而含水量不稳定的商品时，计量方法通常采用（   ）。

　　A. 以毛作净　　　　　B. 净重　　　　　　　C. 法定重量　　　　　D. 公量

6. 我国某进出口公司拟向马来西亚客商出口服装一批，在洽谈合同条款时，关于服装的款式，我方可向对方提供（   ）。

　　A. 样品　　　　　　　B. 规格　　　　　　　C. 商标　　　　　　　D. 产地

二、多项选择题

1. 下列数量条款及买卖双方的相关权利义务的规定，叙述正确的有（   ）。

　　A. 数量机动幅度一般由履行交货义务的一方（卖方）或是合同中规定负责安排船只的一方选择

　　B. 买方可以接受也可以拒收多交部分的货物

　　C. 若卖方短交，买方应允许卖方在一定时期内补交，即便如此，买方也有保留索取损害赔偿的权利

　　D. 允许卖方在合同规定的机动幅度内多装或少装

2. 运输包装上的标志，按其作用或用途可分为（   ）。

　　A. 运输标志　　　　　B. 指示性标志　　　　C. 警告性标志　　　D. 条形码

3. 以下包装方式属于集合运输包装的有（   ）。

　　A. 集装箱　　　　　　B. 托盘　　　　　　　C. 铁桶　　　　　　　D. 麻袋

4. 国际标准化组织制定的标准运输标志包括四个要素，分别为（   ）。

　　A. 收货人的名称简称　　　　　　　　　　　B. 参考号码

　　C. 目的地　　　　　　　　　　　　　　　　D. 毛重

　　E. 包装件数编号　　　　　　　　　　　　　F. 体积

5. 合同中数量条款为"1 000M/T, with 10% more or less at seller's option"，则卖方交货数量为（   ）时，不违反合同。

A．1 000M/T　　　　　　　　　B．1 100M/T

C．900M/T　　　　　　　　　　D．899M/T 或 1 101M/T

E．900M/T～1 100M/T 的任意数量

三、判断题

1．为了争取国外客户、便于达成交易，卖方应尽量选择质量最好的样品请对方确认。

（　　）

2．在国际货物买卖合同中规定"中国大豆，水分14%，含油量18%"，有利于明确货物品质，是正确的。 （　　）

3．运输包装上的标志就是指运输标志，也就是通常所说的唛头。 （　　）

4．既凭文字说明买卖，又提供样品的，卖方所交货物的品质既要完全符合文字说明，又要与样品完全一致。 （　　）

5．根据《联合国国际货物销售合同公约》的规定，如卖方所交货物数量多于约定的数量，买方可以收下整批货物，也可以拒收整批货物。 （　　）

四、案例分析题

1．某出口公司向中东进口商出口电风扇1 000台，信用证规定不允许分批装运。但在装船时，该公司发现有 40 台电风扇严重损坏，临时更换已来不及。为保证质量，该公司认为根据《UCP600》的规定，即使信用证未规定溢短装条款，数量上仍允许有 5%的增减，故决定少交40 台电风扇。结果议付时遭到银行的拒绝。

问：原因何在？

2．某化工厂出口某化工原料共500公吨，合同与信用证规定使用麻袋包装货物。该化工厂在装船时发现麻袋只够包装 450 公吨货物，为保证及时装船，决定改用塑料袋包装剩下的 50 公吨货物。结果，买方以卖方违反合同包装条款为由拒收货物并提出索赔。

问：买方这种做法正确吗？

 课后阅读与分析

第十章

租船订舱

【学习指导】

备货工作结束后，合同中采用 CFR、CIF、CPT 或 CIP 贸易术语成交的，出口商必须按照合同或信用证的规定负责租船或订舱并安排装船出运事宜。在 FOB 或 FCA 成交方式下，一般由进口商指定船公司或承运人，但还是需要由出口商安排货物出运的具体工作。

学习本章后，应了解传统外贸模式下以不同运输方式出口货物运输环节的基本流程，掌握如何租船订舱、核算运费、订立装运条款及掌握海运提单的性质和种类，同时应熟悉不同的跨境电商物流模式。

【导入案例】

承运人没有凭单放货需要对提单持有人负责吗

我国 A 出口企业与某国 B 进口商达成一笔交易，买卖合同规定的支付方式是即期付款交单（D/P at sight）。A 出口企业按期将该批货物装船出运（由 C 轮船公司承运，并出具转运提单），货物经日本转船，由其他轮船公司的船舶将货物继续运往目的港。货到目的港后，B 进口商已宣告破产倒闭。当地 D 公司伪造提单从第二程轮船公司在当地的代理人处提走货物。

我国 A 出口企业装运货物后，即委托托收行按即期付款交单方式收款，但因 B 进口商已倒闭，B 进口商并未到代收行处付款赎单，导致 A 出口企业此笔货款无着落。后 A 出口企业又获悉货物已被冒领，遂与 C 轮船公司交涉，凭其签发的正本提单要求 C 轮船公司交出承运货物。C 轮船公司却以提单第 13 条规定的"承运人只对第一程负责，对第二程运输不负运输责任"为由，拒不赔偿。于是，A 出口企业将此事诉至法院。

讨论：（1）C 轮船公司的拒赔理由是否成立？

（2）海运提单的性质是什么？

国际货物运输涉及的运输方式种类很多，其中包括海洋运输、铁路运输、公路运输、航空运输、邮包运输、内河运输、管道运输，以及由多种运输方式组合而成的国际多式联运。在一笔进出口业务中采用何种运输方式，应由买卖双方在交易磋商时做出具体约定。

第一节 国际货物海洋运输概述

海洋运输（ocean transportation）不受道路和轨道的限制，通过能力很大，数十万吨的巨轮都可以在海洋中航行。由于海洋运输的运量很大且运输成本较低，许多国家特别是沿海国家货物的进出口，大部分都采用海洋运输方式。国际贸易总量中，通过海洋运输的货物占80%以上。因此，海洋运输是国际贸易中最主要的运输方式之一。

海洋运输虽有上述优点，但也存在一些不足之处。例如，船舶航行速度较慢；有些港口冬季可能会结冰，有些港口枯水期水位较低，难以保证全年通航；海洋运输距离较长，易受气候影响，面临的货损风险较大；等等。

一、班轮运输和租船运输

按照船舶经营方式的不同，海洋运输可分为班轮运输（regular shipping liner，liner shipping）和租船运输（chartered shipping）。

1. 班轮运输

班轮运输又称定期船运输，是指船舶按照规定的时间，在固定的航线上和固定的停靠港口之间从事客货运输业务并按事先公布的运费率或协议运费率收取运费的一种船舶经营方式。

班轮运输具有以下四个特点。

（1）"四固定"。班轮公司有固定的船期表和固定的航线，每条航线有固定的停靠港口，并按照相对固定的运费率收取运费。

（2）"一负责"。在班轮运输中，由船方负责货物的配载、装卸，相关的装卸费包括在运费中，货方无须在运费之外支付装卸费。船货双方不约定装卸时间，因而也不计算滞期费和速遣费。

（3）船货双方的权利、义务与责任豁免的规定，以船方签发的提单条款为依据。

（4）班轮承运的货物品种多、数量比较灵活，货运质量有保证，且一般采取在码头堆场或仓库交接货物的方式，货物交接比较便利。

2. 租船运输

租船运输又称不定期船运输，是指租船人向船方租赁船舶用于运输货物的一种运输方式。

租船运输的方式包括定程租船、定期租船和光船租船等。

（1）定程租船（voyage charter），是指按航程（包括单程、来回程和连续单航次）租赁船舶，故又称程租船或航次租船。在定程租船方式下，船方必须按租船合同规定的航程完成货物运输任务，并负责经营管理船舶和承担船舶在航行中的一切开支。

（2）定期租船（time charter），是指按一定期限租赁船舶。在租赁期间，租船人在租船合同规定的航行区域内可自行使用和调度船舶。一般，定期租船方式下，各航次所产生的燃料费、港口费、装卸费、垫舱物料费等各项费用均由租船人负担，而船方仅对船舶的维护、修理、机器的正常运转和船员工资与给养负责。定期租船方式下的租金一般按租期每月每吨若干金额计算，船租双方不规定装卸率和滞期费、速遣费。

（3）光船租船（bareboat charter），是指船舶所有人将船舶出租给承租人使用一段时间。船舶所有人所提供的船舶是一艘空船，既无船长，又未配备船员，承租人要自己任命船长、配备船员，并负责船员的给养和船舶营运管理所需的一切费用。船舶所有人除了在租期内收取租金外，对船舶本身和船舶运营均不负责。这种租船方式实际上属于单纯的财产租赁，与定期租船有所不同。

二、集装箱运输与班轮运费的计算

班轮运输有杂货班轮运输和集装箱班轮运输两种。杂货班轮运输的特点是运输的货物不装在集装箱内，以件杂货为主，也可以是一些散货、重大件货物等。集装箱班轮运输是以集装箱为运输单元的班轮运输。集装箱班轮运输具有货运质量高、运送速度快、装卸方便、机械化程度高、作业效率高、便于开展联运、能降低货运成本等优点，正逐步取代传统的杂货班轮运输。

本书仅介绍主要的集装箱班轮运费的计算。在介绍集装箱班轮运费的计算之前，先介绍有关集装箱运输的基本知识。

（一）集装箱运输

集装箱（container）是指具有一定强度、刚度和规格的，专供周转使用并便于机械操作的大型装货容器。使用集装箱装运货物，可直接在发货人的仓库装货，运到收货人的仓库卸货，中途更换车、船时，无须将货物从箱内取出换装。图 10.1 所示的是常用的集装箱。

图 10.1　集装箱

集装箱有多种类型，根据国际标准化组织的规定，集装箱的规格有三个系列，仅第一个系列就有 15 种之多。国际货运中使用的集装箱规格主要有 20 英尺和 40 英尺两种，常用的有 1CC 型 20' × 8' × 8'6" 与 1AA 型 40' × 8' × 8'6"。集装箱箱体上都有一个 11 位字符的编号，前 4 位是英文字母，后 7 位是数字，此编号是唯一的。关于 4 个英文字母，前 3 个字母是箱主（船公司、租箱公司）代码，如 CBH、CCL 是中远海运集装箱运输有限公司的代码，FBL 都是租箱公司佛罗伦斯的代码；第 4 个字母 U 代表集装箱。第 5 ~ 10 位的数字是箱主对此集装箱的编号，第 11 位数字为校验码。

📖 视野拓展

集装箱按用途可分为通用集装箱/干货集装箱（general-purpose container/dry cargo container）、冷冻集装箱（reefer container）、挂衣集装箱（dress hanger container）、开顶集装箱（open-top container）、框架集装箱（flat-rack container）、罐式集装箱（tank container）、平台集装箱（platform container）等。

表 10.1 以通用集装箱为例，列示了通用集装箱的规格及载重。

表 10.1　通用集装箱的规格及载重

集装箱箱型	箱内尺寸/米 × 米 × 米	最大载重/千克	内容积/立方米
20 英尺货柜（20'GP）（20' × 8' × 8'6"）	5.898 × 2.352 × 2.391	28 270	33.2
40 英尺货柜（40'GP）（40' × 8' × 8'6"）	12.031 × 2.352 × 2.391	26 650	67.7
40 英尺加高货柜（40'HQ）（40' × 8' × 9'6"）	12.031 × 2.352 × 2.698	26 500	76.3
45 英尺加高货柜（45'HQ）（45' × 8' × 9'6"）	13.544 × 2.352 × 2.698	28 680	86.0

说明： 表 10.1 中的技术参数只供参考，并不具有普遍性，即使是同一规格的集装箱，因结构和制造材料的不同，其技术参数也会略有差异。

1. 集装箱的装箱方式

采用集装箱运输货物时，集装箱的装箱方式有整箱货（full container load，FCL）和拼箱货（less than container load，LCL）之分。凡装货量达到每个集装箱容积的 75%或达到每个集装箱

集装箱实物照片

负荷量的 95% 的都为整箱货，由发货人负责装箱、计数、积载并加铅封，以箱为单位向承运人进行托运。凡装货量达不到上述整箱标准的，则选择拼箱货，通常由发货人或货运代理公司将货物从工厂送交集装箱货运站（container freight station，CFS）。运输部门按货物的性质、目的地分类整理，然后将运往同一目的地的货物拼装成整箱后发运。

2. 集装箱的处置场所

集装箱的处置场所主要是集装箱堆场和集装箱货运站，还有货主自己的经营场所。

（1）集装箱堆场（container yard，CY），是专门用来保管和堆放集装箱（重箱和空箱）的场所，是整箱货办理交接的地方，一般设在港口的装卸区内。

（2）集装箱货运站，又叫中转站或拼装货站，是拼箱货办理交接的地方，一般设在港口、车站附近，或内陆城市中交通方便的场所。

（3）货主自己的经营场所，其英文为 DOOR。

3. 集装箱的交接方式

集装箱的装箱方式有整箱货和拼箱货之分，整箱货和拼箱货的交接方式有所不同。具体情况如下。

（1）整箱交、整箱收（FCL-FCL），适用于"场到场"运输（CY TO CY）、"门到门"运输（DOOR TO DOOR）、"场到门"运输（CY TO DOOR）、"门到场"运输（DOOR TO CY）。

（2）整箱交、拆箱收（FCL-LCL），适用于"场到站"运输（CY TO CFS）、"门到站"运输（DOOR TO CFS）。

（3）拼箱交、整箱收（LCL-FCL），适用于"站到场"运输（CFS TO CY）、"站到门"运输（CFS TO DOOR）。

（4）拼箱交、拆箱收（LCL-LCL），适用于"站到站"运输（CFS TO CFS）。

由发货人进行装箱，然后其自行将货物运至集装箱堆场等待装运，货到目的港（地）后，收货人可以直接在目的港（地）的集装箱堆场提货，此方式为"场到场"运输。由发货人进行装箱并在其货仓或工厂仓库将货物交承运人验收后，由承运人负责全程运输，直到在收货人的货仓或工厂仓库交箱为止，这种全程连续运输为"门到门"运输。承运人在集装箱货运站负责将不同发货人的运往同一目的港（地）的货物拼装在一个集装箱内，货到目的港（地）后，再由承运人在集装箱货运站拆箱分拨给不同的收货人，此方式为"站到站"运输。

 思考与训练 10.1

根据以下产品信息表（见表 10.2），参考通用集装箱的规格及载重（见表 10.1），核算表中相关产品的总毛重和总体积，选配合适的集装箱装载货物。如是整箱货，请填写集装箱的规格和数量；如是拼箱货，请填写 LCL。

表 10.2　产品信息表

产品	总数量	包装方式	包装箱尺寸	每箱毛重	总毛重	总体积	选配集装箱
产品 1	5 000 件	10 件装一箱	45 厘米×40 厘米×35 厘米	25 千克			
产品 2	1 000 台	每台装一箱	60 厘米×60 厘米×50 厘米	75 千克			
产品 3	30 000 罐	6 罐装一箱	30 厘米×20 厘米×15 厘米	10 千克			
产品 4	3 000 双	12 双装一箱	40 厘米×40 厘米×30 厘米	20 千克			

（二）集装箱班轮运费的计算

集装箱班轮运费一般包括基本运费和附加费。基本运费是指将货物从装运港运到目的港所应收取的基本运费，它是构成全程运费的主要部分；附加费是指对一些需要特殊处理的货物或者由于突发事件或客观情况变化等而需另外收取的费用（见表 10.3）。

1. 集装箱整箱货运费的计算

如是整箱货，班轮公司收取的运费包括基本运费和附加费。基本运费和附加费一般采用包箱费率，即以一个集装箱为计费单位计算。例如，表 10.4 所示是深圳—美国航线普通干货集装箱海运包箱费率。

表 10.3 国际海运常见附加费

附加费名称及缩写	解释
燃油附加费（BAF /BAC/FAF） bunker adjustment factor（charge）/ fuel adjustment fee	由于燃油价格上涨，船舶的燃油费用支出超过原核定的运输成本中的燃油费用，承运人在不调整运价的前提下增加的附加费
港口拥挤附加费（PCS） port congestion surcharge	由于港口拥挤，船舶抵港后需要长时间等泊而产生额外费用，为补偿船期延误损失而增加的临时附加费。一般是以色列、印度某些港口及中南美航线使用
直航附加费 direct additional	一批货物达到规定的数量，托运人要求将其直接运抵非基本港卸货，船公司为此而加收的费用
转船附加费 transshipment additional	如果货物需要转船运输，船公司必须在转船港口办理换装和转船的手续而增加的费用
货币贬值附加费（CAF） currency adjustment factor	由于汇率发生较大的变化，计收运费的货币贬值，承运人的实际收入减少，为弥补这种损失而加收的附加费
码头操作费（THC） terminal handling charge	船公司在运费之外，向货代企业额外收取的一项费用，它是随着国际海上集装箱班轮运输的发展而产生的
美国仓单费（AMS） American manifest system	自动舱单系统录入费，用于美加航线。根据 2003 年美国"反恐"的要求，船公司必须于装货前 24 小时将货物资料通过 AMS 平台报美国海关
直接收货附加费（ORC） origin receiving charge	也称本地出口附加费，一般在中国华南地区使用
低硫附加费（LSS） low sulphur fuel surcharge	为支持节能减排，船运业出台了船舶排放标准，自 2015 年 1 月 1 日起，应使用硫含量不高于 0.1%m/m 的燃油。使用标准高、价格高的燃油或加装废气清洗系统导致成本上升，船公司为此加收 LSS

表 10.4 深圳—美国航线普通干货集装箱海运包箱费率 （单位：美元）

FINIAL DESTINATION	FCL 20'GP	FCL 40'GP	FCL 40'HQ	ORC+LSS 20'GP	ORC+LSS 40'GP/40'HQ
SEATTLE, PORTLAND, SAN FRANCISCO	3 050	5 900	6 000	140+25	260+40
LOS ANGELES, LONG BEACH	3 100	6 000	6 100	140+25	260+40
MIAMI, CHARLESTON	3 400	6 600	6 700	140+25	260+40
PHILADELPHIA, NEW YORK, BOSTON	3 450	6 700	6 800	140+25	260+40

说明：需另收取美国仓单费（AMS）USD 25/set。

 课堂实训范例 10.1

某公司按 CFR Long Beach 出口自行车零件共 1 000 箱，每箱体积为 40 厘米×35 厘米×30 厘米，毛重为50千克，装运港为深圳，用集装箱装运，请参考表10.1、表10.4，计算该批货物的运费。

答：

第一步：计算1 000箱货物的总毛重和总体积。

$$总毛重= 1 000×0.05 = 50（公吨）$$

$$总体积= 1 000×0.4×0.35×0.3 =42（立方米）$$

第二步：根据货量选择装运所需的集装箱。查阅表10.1可知，本批货物须选择两个20英尺的集装箱装运。

第三步：根据表10.4计算运费。

$$总运费=2×3 100+2×（140+25）+25= 6 555（美元）$$

表10.5 深圳—美国航线拼箱货运费表

（单位：美元）

FINIAL DESTINATION	LCL TNE	LCL MTQ
SEATTLE, PORTLAND, SAN FRANCISCO	130	120
LOS ANGELES, LONG BEACH	140	130
MIAMI, CHARLESTON	160	140
PHILADELPHIA, NEW YORK, BOSTON	175	150

2. 集装箱拼箱货运费的计算

如是拼箱货，班轮公司一般会公布单位重量吨的运费（TNE）和单位体积吨的运费（MTQ），一般不另行收取附加费。例如，表10.5所示是深圳—美国航线拼箱货运费表。

拼箱货运费的计算方法如下：

按毛重计算，F_1=单位基本运费（TNE）×总毛重（MT）

按体积计算，F_2=单位基本运费（MTQ）×总体积（m^3）

比较F_1和F_2，船公司按F_1、F_2中较高者收取运费。

 课堂实训范例 10.2

某公司按CFR New York出口一批货物共20箱，每箱体积为50厘米×50厘米×40厘米，毛重为80千克，装运港为深圳，采用集装箱拼箱货运输，请参考表10.5，计算该批货物的运费。

答：

第一步：计算20箱货物的总毛重和总体积。

$$总毛重= 20 × 0.08 = 1.6（公吨）$$

$$总体积=20 × 0.5 × 0.5 × 0.4 =2（立方米）$$

第二步：根据表10.5计算运费。

按毛重计算，$\qquad F_1=175×1.6=280（美元）$

按体积计算，$\qquad F_2=150×2=300（美元）$

第三步：比较F_1和F_2，船公司按F_1、F_2中较高者收取运费。所以该批货物的运费为300美元。

 思考与训练 10.2

我国某公司出口3 000件服装到美国迈阿密，原报价为USD 9.3/PC FOB SHENZHEN，现客户要求改报CFR MIAMI，在不减少我方外汇收入的情况下，请给客户报价。

已知商品的包装规格是：一箱装20件，每箱毛重16千克，包装箱尺寸是40厘米×35厘米×30厘米。请参考表10.4或表10.5核算运费后给客户报价。

第二节 海 运 提 单

海运提单（ocean bill of lading，B/L）简称提单。《中华人民共和国海商法》第七十一条规定：提单，是指用以证明海上货物运输合同和货物已经由承运人接收或者装船，以及承运人保证据以交付货物的单证。提单所涉及的当事人主要有承运人、托运人、收货人等。其中，承运人通常是指与托运人签订运输合同或承担运输任务的船公司，托运人是指与承运人签订运输合同或将货物交给承运人的人，收货人是指有权提取货物的人。

微课堂

海运提单的性质和作用

一、海运提单的性质和作用

提单的性质与作用，主要表现在以下三个方面。

（1）货物收据。提单是承运人（或其代理人）签发给托运人的货物收据（receipt for the goods），用来证实已按提单记载的事项收到货物，承运人应凭提单所列内容向收货人交货。

（2）物权凭证。提单是一种货物所有权的凭证（documents of title），因此，拥有提单就拥有支配货物的权利，就等于占有货物。卖方凭提单向银行结算货款，提单的合法持有人凭提单可以在目的港向船公司提取货物，也可以在载货船舶抵达目的港交货前，通过转让提单来转移货物的所有权，也可以凭提单向银行抵押以取得贷款。

（3）运输契约的证明。运输契约是在装货前签订的，而提单是在装货后才签发的，因此，提单本身并不是运输契约，而只是运输契约的证明（evidence of contract of carriage）。提单背面照例印有各项运输条款和条件，规定了承运人和托运人的权利和免责事项。若发生违约，提单的合法持有人有权向承运人索取违约赔偿。

导入案例分析

导入案例中，C 轮船公司难辞其咎，其拒绝赔偿的理由不成立。提单第 13 条规定"承运人只对第一程负责，对第二程运输不负运输责任"，应理解为 C 轮船公司只是对货物在第二程运输过程中所遭受的货物灭失或损坏不负责任。显然，货物在目的港被 D 公司提走，并非第二程运输中的"运输责任"所造成的损失。C 轮船公司必须对货物被非提单持有人提走给 A 出口企业造成的损失进行赔偿，这是由海运提单的性质决定的。海运提单是一种物权凭证，承运人签发海运提单后必须凭提单放货，即把货物交给提单的合法持有人。本案例中由于买方 B 进口商破产，其并未到代收行付款赎单，所以提单仍由代收行暂为保管或代收行将单据退还给托收行。此时，A 出口企业作为提单的合法持有人有权凭提单要求 C 轮船公司在目的港交出所承运的货物。

微课堂

海运提单的种类

二、海运提单的种类

在国际贸易业务中，可以从不同的角度对提单加以分类，主要有以下几种分类方式。

1. 按货物是否已装船分类

按货物是否已装船分类，提单可分为已装船提单和备运提单。

（1）已装船提单（shipped or on board B/L），是指货物装船后，由承运人签发给托运人的提单，它必须载明装货船名和装船日期。提单上记载的装船日期表明了装货完毕的日期，该日期应完全符合买卖合同或信用证规定的装运时间。由于已装船提单对收货人按时收货提供了保障，因此，买卖合同或信用证中一般都规定卖方（受益人）须提供已装船提单。

（2）备运提单（received for shipment B/L），又称收讫待运提单，是承运人在收到托运货物等待装船期间，向托运人签发的提单。

2. 按提单有无不良批注分类

按提单上有无不良批注分类，提单可分为清洁提单和不清洁提单。

（1）清洁提单（clean B/L），是指交运货物的"外表状况良好"（in apparent good order and condition），承运人未加任何有关货损或包装不良之类批注的提单。在买卖合同或信用证中，一般都明确规定卖方提供的已装船提单必须是清洁提单，银行也只接受清洁提单，所以卖方只有提交了清洁提单，才能取得货款。

（2）不清洁提单（unclean B/L，foul B/L）。承运人为了保护自身利益，在托运货物的外表状况不良或件数、重量与提单记载不符时，在提单上加注批语，如"铁条松散"（iron-strap loose or missing）、"×件损坏"（… packages in damaged condition）等。凡承运人加注了这类表明货物外表状况不良或存在缺陷等批语的提单，称为不清洁提单。银行为了自身的安全，除信用证明确规定可接受外，对不清洁提单一般都拒绝接受。在国际贸易业务中，一般认为，包含下列三种批注的提单，不应被视为不清洁提单：①不明确表示货物或包装不能令人满意的批注，如"旧箱""旧桶"等；②强调承运人对货物或包装品质所引起的风险不负责任的批注；③否认承运人知道货物内容、重量、容积、质量或技术规格的批注。

3. 按提单收货人抬头分类

按提单收货人抬头的不同分类，提单可分为记名提单、不记名提单和指示提单三种。

（1）记名提单（straight B/L），是指在提单收货人栏内填写特定收货人名称的提单。此种提单不能背书（endorsement）转让，货物只能交给提单上填写的特定收货人。根据某些国家的习惯，承运人签发记名提单，记名收货人只凭身份证明而无须出示正本提单即可提货，此时，提单就失去了物权凭证的作用。记名提单一般用于买方预付货款的情况。

（2）不记名提单（bearer B/L），是指在提单收货人栏内不填写收货人或指示人的名称而留空，或只写明"货交来人"（to bearer）的提单。提单持有人不做任何背书，就能凭提单转让货物所有权或提取货物，承运人只凭提单交货。由于这种提单风险较大，所以国际贸易业务中一般极少使用。

（3）指示提单（order B/L），是指在提单收货人栏内只填写"凭指定"（to order）或"凭某人指定"（to order of…）字样的提单。这种提单经过背书才可以转让，如果货物仍在运输途中，但提单持有人想出售货物，此时，提单持有人可以通过背书并转让提单的方式实现货物的买卖。使用这种提单有利于资金周转，故在国际贸易业务中使用较多。

背书的方法有两种：单纯由背书人（提单转让人）签字盖章的，称为空白背书；除背书人签字盖章以外，还列有被背书人（受让人）名称的，称为记名背书。注明"凭指定"且托运人注明是卖方的提单，在卖方背书转让之前，卖方仍拥有货物的所有权。在我国出口贸易中，大多采用这种"凭指定"、空白背书的提单，习惯上称之为"空白抬头、空白背书"提单（ocean marine bill of lading made out to order and blank endorsed）。

4. 按运输方式分类

按运输方式的不同分类，提单可分为直达提单、转船提单和联运提单。

（1）直达提单（direct B/L），是指从装运港将货物直接运抵目的港所签发的提单。如合同和信用证规定了不准转运，托运人只有在取得直达提单后，方可向银行结汇。

（2）转船提单（transshipment B/L），是指载货船舶不直接驶往目的港，需在途中某港换装另一艘船时所签发的包括全程运输的提单。转船提单中一般会注明"在某港转船"（with transsshipment at …）字样。

（3）联运提单（through B/L），是指货物需经两种或两种以上的运输方式才能运抵目的港，而其中第一程为海运时由第一程承运人所签发的提单。联运提单用于海陆联运、海空联运或海海联运。

5. 按提单内容的繁简分类

按提单内容的繁简分类，提单可分为全式提单和略式提单。

（1）全式提单（long form B/L），是指通常应用的带有背面条款的提单。这种提单除在其正面列明必要的项目外，在其背面还列有各项有关装运的条款，以表明承运人和托运人的权利与义务。

（2）略式提单（short form B/L），是指不带背面条款，仅保留其正面的必要项目的提单。这种提单上一般都印有"本提单货物的收受、保管、运输和运费等项，均按本公司全式提单上的条款办理"的字样。

6. 按提单使用的效力分类

按提单使用的效力分类，提单可分为正本提单和副本提单。

（1）正本提单（original B/L），是指由承运人、船长或他们的代理人签字盖章，注明签发日期并标明"正本"（original）字样的提单。正本提单在法律上和商业上都是公认的物权凭证，是提货的依据，可流通转让。大多数船公司都会签发三份正本，凭其中一份正本提货后，其余各份正本均告失效。但在实际业务中，船公司往往要求提货人交回全套正本提单后方可提货。

（2）副本提单（non-negotiable or copy B/L），是指没有承运人、船长或他们的代理人签字盖章，一般都标明"copy"或"non-negotiable"字样的提单。副本提单仅供内部流转、业务工作参考及企业确认装船信息使用。

三、海运出口货物的运作程序

海运出口货物的运作程序根据贸易条件的不同而有所差异。按照 FOB 条件成交，卖方无须办理租船订舱手续；按照 CFR 条件成交，卖方无须办理保险手续；按照 CIF 条件成交，卖方既要租船订舱，又要办理保险手续。这里仅以按照 CFR 条件成交时海运出口货物的运作程序为例加以说明。

（1）备货报检。出口商根据出口合同或信用证中有关货物的品种、规格、数量、包装等的规定，按时、按质、按量准备好应交的出口货物，并做好申报检验和领证工作。在我国，凡列入海关实施检验的进出口商品目录的商品均属于需要进行法定检验的商品，进出口商必须向海关申报检验。若信用证或出口合同规定在装船前需由有关商品检验机构出具货物品质、数量、重量检验证书的，出口商应在出口报关前向有关的具备资质的商品检验机构报检，并取得检验合格证书。在做好出运前的准备工作，货证都已齐全之后，即可办理托运。

（2）托运订舱。出口商（托运人）编制出口托运单（shipping note，S/N；booking note，B/N），向货运代理公司办理委托订舱手续。货运代理公司根据托运人的具体要求按航线分类整理后，及时向船公司或其代理人订舱。托运人也可直接向船公司或其代理人订舱。当船公司或其代理人签发了装货单（shipping order，S/O）后，订舱工作即告完成，这也意味着托运人和承运人之间的运输合同已经缔结。

（3）货物集港。当船舶到装运港装货的计划确定后，托运人按照港区进货通知在规定的期限内办妥集运手续，将出口货物及时运至港区集中，等待装船。货物集港要做到批次清、件数清、标志清。

（4）报关。进出口货物的收发货人经与直属海关、第三方认证机构（中国电子口岸数据中心）签订电子数据应用协议后，可在全国海关适用"通关作业无纸化"的方式，通过"中国国际贸易单一窗口"或"互联网+海关"平台向海关发送报关单数据。海关直接对电子报关单及随附单据的电子数据进行无纸化审核。无纸化审核完成后，符合放行条件的，海关就会发送电子放行指令。

（5）装船。凭海关电子放行指令或打印的"通关无纸化查验/放行通知书"，托运人即可通知船公司装船。在装船过程中，应有托运人委托的货运代理公司在现场监装，随时掌握装船进度并处理临时发生的问题。装货完毕后，理货组长要与船方大副共同签署大副收据（mate receipt，M/R），并交与托运人。理货员如发现某批货物有缺陷或包装不良，应在收货单上进行批注，并由大副签署，以确定船货双方的责任。托运人应尽量争取收货单上没有不良批注，以便取得清洁提单。

（6）换取提单。装船完毕后，托运人除向收货人发出装船通知外，还应仔细审核船公司或货运代理公司签发的提单样本是否与实际情况及信用证的要求一致；如相符，应及时凭收货单向船公司或其代理人交纳运费和港杂费，换取已装船清洁提单。

 案例 10.1

佛山奇飞进出口贸易有限公司根据合同（见示范 7.6）和信用证（见示范 8.4）的要求备妥货物后，委托金发海运货运代理公司订舱，填写出口托运单（见示范 10.1）。货物装船后船公司签发提单，船公司签发的提单请参考第十三章的示范 13.4。

四、海运单、电放提单

在海洋运输中，也有货主要求不签发海运提单而改签海运单或电放提单的情况。

1. 海运单

海运单（sea waybill）也是海运承运人签发的运输单据，是证明海上货物运输合同和承运人已接收货物或者已将货物装船的不可转让的单证。其内容与提单差不多，正面是各种记载事项，背面是事先印就的运输合同条款。也有的没有背面条款，只写明参照提单的规定。

海运单与海运提单的区别主要有：①海运提单有货物收据、运输契约的证明和物权凭证等三种性质。海运单只有前面两种性质，没有物权凭证性质。海运单的收货人仅凭到货通知和身份证明就可以提货，与空运单和铁路运单一样。②海运提单有记名提单、不记名提单和指示提单之分，后两种可以流通转让。海运单必须写明收货人，不能流通转让。③海运提单一般在货物装船后签发，有三份正本。海运单可以在货物装船后签发，也可以在收到货物时签发，通常只有一份正本。

由于海运单不具备物权凭证的性质，出口商发货后就等于将货物交给了进口商，出口商或银行不能控制物权，如果进口商不讲诚信，拒付货款，出口商则面临货、款两空的风险。所以海运单主要适用于跨国公司内部往来的业务、先付款后发货的交易、金额小的交易、对买方有债务的交易、与往来已久并充分信任的客户的交易、卖方愿意给买方赊销的交易。

 示范 10.1　出口托运单

经营单位 （托运人）	佛山奇飞进出口贸易有限公司 佛山市中山路 187 号 电话：0757-8351×××× 　传真：0757-8351××××						金发 编号	
提单项目要求	发货人： Shipper: **FOSHAN QIFEI IMPORT&EXPORT TRADE CO., LTD.** 　　　　**NO. 187 ZHONGSHAN ROAD, FOSHAN, CHINA** 收货人： Consignee: **TO THE ORDER OF COMMERZBANK** 通知人： Notify Party: **BOLTITI CORONA S.A.** 　　　　**ARTURO PRAT 476 HAMBURG, GERMANY**							
海洋运费（ ） Sea Freight	预付（√）或到付（ ） Prepaid or Collect		提单 份数	THREE	提单寄送 地址	广东省佛山市中山路 187 号		
装运港　GUANGZHOU	目的港	HAMBURG	可否转船		允许	可否分批	不允许	
集装箱预配数		20'×1	装运期限	最晚 8 月 31 日		有效期限	9 月 15 日	
标记唛码	件数及 包装样数	中英文货名 Description of Goods		毛重 （千克）	尺码 （立方米）	成交条件 （总价）		
BOLTITI HAMBURG NOS. 1-123	5 500 PAIRS 123 CARTONS	皮鞋、皮手套 LEATHER　SHOES AND　LEATHER GLOVES		8 586.00	29.628	USD 23 370.00 CIF HAMBURG		
内装箱地址	广东省佛山市中山路 187 号 电话：0757-8351××××		特种货物 □冷藏货 □危险品		重件：每件重量 大件 （长×宽×高）			
门对门装箱地址			特种集装箱：（　　　）					
			货物备妥日期	2024-8-18				
外币结算账号			货物进栈（　　），自送（√）或派送（　　）					
声明事项			人民币结算账号					
			托运人签章					
			电　话					
			传　真					
			联 系 人					
			地　址					
			制单日期					

2. 电放提单

电放（telex release）是指托运人不领取正本提单，请船公司用电信手段通知其在目的港的代理人直接将货物交付给收货人的做法。电放提单上注有"Surrendered"或"Telex Release"字样。"Surrender"的意思是"放弃"，指放弃提单的物权凭证功能。注有"Surrendered"的电放提单，收货人凭身份证明提货。"Telex Release"表明货物的交付方式，注有"Telex Release"的电放提单，收货人凭加盖其公司章的电放提单扫描件或传真件提货或凭身份证明提货。

在运用电放时应注意以下两个问题：①它一般只能用于信誉良好的客户，或者先收款后发货的交易，因为电放等于将货物直接交给了进口商。如果进口商不讲信誉，出口商则有货、款两空的风险。②它一般用于采用 T/T 结算的业务中，采用信用证或托收结算方式的业务一般不用电放，因为在信用证或托收方式下，银行要求控制物权。如果要在信用证方式下做电放，则必须让进口商向银行做出书面承诺，保证对出口商提交的单据，不论其是否有不符点，都必须付款赎单，然后由开证行向出口商做出相同的保证。

海运单和电放提单主要应用于近洋运输，为买方解决"货到单未到"的问题。例如，从我国到日本、韩国等近洋国家的集装箱班轮运输几天内就到了。如果要等承运人签发正本提单，再通过银行或快递将提单交到进口商手里，很容易出现货等单的情况，从而产生压港费、仓储费等，还可能导致进口商贻误商机。

第三节　其他国际货物运输方式

除海洋运输外，传统国际贸易货物运输方式还包括铁路运输、航空运输、公路运输、内河运输、邮包运输、管道运输、国际多式联运等。随着跨境电商的兴起，在现有运输方式的基础上发展起来的跨境电商物流模式，本节也一并做一些介绍。

一、铁路运输

在国际货物运输中，铁路运输（railway transportation）是一种仅次于海洋运输的主要运输方式。铁路运输具有许多优点，如火车运行速度较快，载运量较大，一般不易受气候条件的影响，能终年正常运行，而且在运输途中遭受的风险较小，所以铁路运输具有高度的连续性。办理铁路运输手续比办理海洋运输手续简单，而且发货人和收货人可以在就近的始发站（装运站）和目的站办理托运和提货手续。

进出口货物采用铁路运输，称国际铁路货物联运（international railway transportation），是指两个或两个以上国家按照协定，将各自的铁路联合起来完成一票货物的全程运输的方式。它使用统一的国际联运单据，在一国铁路向另一国铁路移交货物时，无须发货人、收货人参加，由铁路部门对全程运输负连带责任。

国际铁路货物联运的有关当事国事先必须有书面约定才能协作进行货物的联运工作。相关的国际条约主要有《国际铁路货物运输公约》（简称《国际货约》）和《国际铁路货物联运协定》（简称《国际货协》）。1954年1月我国加入了《国际货协》，开办了国际铁路货物联运。目前，我国和中亚国家、南亚国家、东南亚国家以及中东欧国家运送进出口货物，采用国际铁路货物联运的货运量日渐增长。例如，作为铁路联运典型代表的中欧班列自2011年开始运营，当年开行量仅有17列，2016年则增长到1 702列，2020年超1.2万列，2023年超1.7万列。目前，中欧班列以比海运的时间短、比空运的价格低的优势，吸引了大量进出口公司采用铁路运输方式运送货物，受到了国际市场的青睐。

国际铁路货物联运所使用的运单和运单副本，是铁路部门与发货人之间缔结的运送契约。

在发货人提交全部货物和付清自身所负担的一切费用后，始发站有关人员在运单和运单副本上加盖始发站日期戳记，证明货物已经承运，运送契约即告缔结。按照我国同参加《国际货协》的各国所签订的贸易交货共同条件的规定，运单副本是卖方通过有关银行向买方结算货款的主要文件之一。但铁路运单并非物权凭证，不能通过背书转让和作为抵押品向银行融通资金。

二、航空运输

航空运输（air transportation）是一种现代化的运输方式，它不受地面条件的限制，航行便利，运输速度很快，航行时间很短，货物在运输途中的破损率低。因此，某些急需物资、易损货物和贵重货物适宜采用航空运输。

我国通过航空运输进口的货物，主要是稀有金属、精密仪器仪表、电子计算机、手表、钻石、种禽、种畜和技术资料等。我国通过航空运输出口的货物，主要是鲜活货物（如鱼、蟹）、生丝、绸缎、服装、裘皮和羊绒等。

1. 航空运输的主要经营方式

航空运输包括班机运输、包机运输、集中托运、急件快递四种经营方式。

（1）班机运输（scheduled airline）是指航班在固定航线上飞行的运输方式，它有固定的始发站、途经站和目的站。一般航空公司都采用客货混合型飞机。

（2）包机运输（chartered carrier）是指包租整架飞机或由几个发货人（或航空货运代理人）联合包租一架飞机来运送货物的运输方式，分为整包机和部分包机两种。前者适用于运送大批量货物，后者适用于有多个发货人且他们的货物到达同一个目的站的情况。

（3）集中托运（consolidation）是指由航空货运代理公司将若干单独发货人的货物集中起来，组成一整批货，由其向航空公司申请托运到同一目的站，货到国外后由目的站的空运代理办理收货、报关并分拨给各个实际收货人的运输方式。此种方式运费较低，在外贸业务中使用较多。

（4）急件快递（air express）是指由专门经营这项业务的公司与航空公司合作，设专人用最快的速度将急件在发货人、机场、收货人之间进行传递的运输方式。

2. 班机运输的运费

航空运费是指从起运机场到目的机场的运费，不包括其他额外费用（如提货费、仓储费）。采用班机运输时，航空运费等于计费重量与运价的乘积，用计算公式表示如下：

$$航空运费 = 计费重量 \times 运价$$

（1）计费重量。空运的计费重量以千克或磅为单位，在货物的毛重和体积重量中取较高者。空运货物体积重量的折算方法是：①不管货物的几何形状，以厘米或英寸为单位，分别测量出货物的最长、最宽和最高值，小数点后数字四舍五入。②将货物的最长、最宽、最高值相乘得出货物的体积。③将货物的体积折算成千克的方法是，按"1 立方米=167 千克"的标准进行换算，或按"长（厘米）×宽（厘米）×高（厘米）×包装件数÷6000"的方法进行换算，或按"长（英寸）×宽（英寸）×高（英寸）×包装件数÷366"的方法进行换算。最小计费重量为0.5 千克，不足0.5 千克的按0.5 千克计算；计费重量采取0.5 进制，如51.8 千克按52 千克计算、51.3 千克按51.5 千克计算。④将货物的体积折算成磅的方法是，按"长（英寸）×宽（英寸）×高（英寸）×包装件数÷166"的方法进行换算。

（2）运价。航空公司在运价本直接标明的运价有：①M，代表 Minimum Charge（最低运费），即货物的起运运价。②N，代表 Normal under 45kgs Rate（45千克以下运价），即45千克以下的普通货物的运价。③Q，代表 Quantity over 45kgs Rate（45千克及以上运价），即45千克及45千克以上普通货物的运价。45千克为重量分界点，还可以进一步分为 Q45、Q100、Q300、Q500、Q1 000等重量段，如 Q45 表示重量为45~100千克的货物的运价（包括45千克但不包括100千克）。重量越大，运价越低。④C，代表 Special Commodity Rate（特种货物运价）。

在此需要注意的是，按上述公式计算的航空运费少于最低运费的，按最低运费标准收取航空运费；如果计费重量比较接近较高一级计费重量分界点的，按"较高一级分界点计费重量×较高一级运价"的结果与上述计算结果相比，按较低者计收航空运费。

 课堂实训范例 10.3

广州机场到东京机场航班的普通货物运价如下：M级运费为 CNY 260，N级运价为 CNY 40.3，Q45级运价为 CNY 38.5，Q100级运价为 CNY 35.2。

（1）A货主的一票普通货物，毛重为4.3千克，包装体积为40厘米×30厘米×30厘米，请计算该批货物的航空运费。

（2）B货主的一票普通货物，毛重为26.2千克，包装体积为80厘米×55厘米×43.5厘米，请计算该批货物的航空运费。

（3）C货主的一票普通货物，总毛重为95千克，每箱的包装体积为82厘米×60厘米×50厘米，共2箱。请计算该批货物的航空运费。

答：

（1）
$$货物的体积重量=（40×30×30）÷6 000=6（千克）$$
体积重量大于毛重，计费重量按体积重量计算。对应的运价是40.3元人民币。
$$航空运费=6×40.3=241.8（元人民币）$$
241.8元人民币少于最低运费260元人民币，该票货物按最低运费收取，即该票货物的航空运费为260元人民币。

（2）
$$货物的体积重量=（80×55×43.5）÷6 000=31.9（千克）$$
体积重量大于毛重，计费重量按体积重量计算。计费重量采取0.5进制，所以最终按32千克计算。对应的运价是40.3元人民币。
$$航空运费=32×40.3=1 289.6（元人民币）$$
该票货物的航空运费为1 289.6元人民币。

（3）
$$货物的体积重量=（82×60×50×2）÷6 000=82（千克）$$
体积重量小于毛重，计费重量按毛重计算，对应的运价是38.5元人民币，按此方法计算的航空运费，用 F_1 表示：
$$F_1=95×38.5=3 657.5（元人民币）$$
用较高一级重量分界点计算的航空运费，用 F_2 表示：
$$F_2=100×35.2=3 520（元人民币）$$
比较 F_1 和 F_2，取较低者，因此该票货物的航空运费为3 520元人民币。

3. 航空运单

航空运单（airway bill，AWB）是航空运输的正式凭证，它是承运人与托运人之间订立的运输契约，也是承运人或其代理人签发给托运人表示已收妥货物并接受托运的货物收据。由承运人（航空公司）签发的是航空总运单（master air waybill，MAWB），由航空货运代理公司在办理集中托运业务时签发给每一个发货人的是航空分运单（house air waybill，HAWB）。

航空运单不是物权凭证，是不可转让的，因此其并不是提货的凭证。货物运抵目的地后，收货人凭航空公司的到货通知及有关证明领取货物，并在航空运单上签名。若合同约定采用航空运输方式，建议使用信用证方式支付货款或100%前T/T方式支付货款（卖方在办理货物托运手续前买方必须电汇支付100%货款），以防个别不法商人钻航空运单不是物权凭证的空子，在未向卖方支付货款的情况下将货物提走。

三、公路、内河、邮包和管道运输

公路运输（road transportation）是一种比较灵活、方便的运输方式。它除了适用于车站、港口、机场等集散进出口货物外，还适用于有陆地接壤的邻国之间的进出口货物运输。我国同越南、朝鲜、尼泊尔、缅甸、蒙古国等邻国都有公路连通，我国与这些国家的部分进出口货物可以经由跨境公路运输。

内河运输（inland water transportation）是水上运输的重要组成部分，它是连接内陆腹地与沿海地区的枢纽，在运输和集散进出口货物中起着重要的作用。我国江河密布，除有边境河流外，内陆还分布有许多终年通航的河流，特别是长江、珠江水系，航运十分便利。而且有些河港还能直接停靠海洋货轮和装卸进出口货物，这为我国利用内河运输发展对外贸易提供了有利的条件。

邮包运输（parcel post transportation）是一种很简便的运输方式。若买卖双方商定采用此种运输方式，卖方只要根据买卖合同规定的条件，遵照邮局有关规定，在邮局办理商品包裹的投寄手续并取得邮包收据，即完成交货义务。国际邮包运输具有国际多式联运和"门到门"运输的性质。

管道运输（pipeline transportation）是一种比较特殊的运输方式，货物在管道内借助高压泵的压力输往目的地，主要适用于运送液体和气体货物。许多盛产石油的国家都积极发展管道运输，因为管道运输速度快、流量大，中途装卸环节少，运费低廉。

四、国际多式联运

国际多式联运（international multimodal transport，international combined transport）是在集装箱运输的基础上产生和发展起来的一种综合性的连贯运输方式，它一般以集装箱为媒介，把海、陆、空各种传统的和单一的运输方式有机地结合起来，组成一种国际连贯运输。国际多式联运使用一份包括全程运输在内的多式联运单据，并由多式联运经营人对全程运输负总责。如果货物在运输途中发生灭失之类的问题，找多式联运经营人处理就可以了。

五、跨境电商物流模式

跨境电商物流是连通不同关境内买卖双方的桥梁，是跨境电商链条中的重要环节。跨境物流模式不仅会直接影响商品的流转效率和成本，还会影响客户的消费体验。目前主要的跨境电商物流模式有邮政物流、国际商业快递、国际专线物流和海外仓。

1. 邮政物流

邮政物流是指各国邮政部门所属的物流系统。以我国邮政物流为例，其开设的国际业务包括平常小包、挂号小包、e 邮宝、国际包裹、国际 EMS、e 特快等。邮政物流对寄送商品的体积、重量、形状等方面有较多的限制。如平常小包限重在 2 千克以内，外包装长宽高之和不超过 90 厘米，且最长边不超过 60 厘米；国际包裹限重在 20～30 千克以内，尺寸限制不同路线要求也不同。

邮政物流各种不同的业务在运费计算规则、时效、尺寸与限重等方面存在较大的差异，具体情况可参考中国邮政速递物流官网。

2. 国际商业快递

国际商业快递也称国际快递，是指在两个或两个以上国家和地区之间进行的快递、物流业务。自 2017 年美国联邦快递（Federal Express，FedEx）收购荷兰天地公司（Thomas National Transport，TNT）以后，国际商业快递四大巨头变成了三大巨头，分别是美国联邦快递、美国联合包裹服务公司（United Parcel Service，UPS）和德国敦豪国际公司（DHL）。

随着中国跨境电商的迅猛发展，我国本土的快递公司也逐步涉足跨境电商的国际快递业务，如顺丰国际、申通国际、中通国际、韵达国际等都开展了商业快递、国际小包、保税仓储、海外仓储等业务，清关时效都还不错。

国际商业快递时效快，当然价格也很高，一般只有在对商品时效性要求很高的情况下，才会使用国际商业快递。

3. 国际专线物流

国际专线物流是针对特定国家和地区推出的跨境专用物流线路。国际专线物流能够集中大批量到某一特定国家和地区的货物，通过规模效应降低成本，再通过合作公司进行进出口清关及在目的地派送。

目前业内使用比较普遍的国际专线物流有美国专线、欧洲专线、澳大利亚专线、俄罗斯专线等，也有不少物流公司推出了中东专线、南美专线。国际专线物流根据运输方式又可以分为航空专线、港口专线、铁路专线、大陆桥专线、多式联运专线等。

国际专线物流针对特定国家和地区具有明显的成本优势，是比较受欢迎的一种物流方式。常用的国际专线物流有 Special Line-YW（燕文专线）、Ruston（俄速通）、Aramex（中外运安迈世）等。

4. 海外仓

海外仓又称海外仓储，是指境内出口跨境电子商务企业事先在境外自建或者租用仓库，通过海运、陆运、空运或者国际多式联运的方式，先把货物批量运送到境外的仓库；当境外客户通过互联网下单后，境内卖家可以在第一时间快速响应，及时通知境外仓库进行货物的分拣、包装和派送等，确保货物快速、安全、准确地送达境外客户。随着跨境电商的发展、本地化服务的进一步升级以及基于本地化体验的良好口碑的形成，海外仓越来越受到卖家的青睐。

海外仓主要有电商平台自建仓库、卖家自建海外仓及第三方海外仓三种运作模式。电商平台可通过自建仓库为卖家提供包括仓储、拣货打包、派送、收款、客服与退货处理在内的一条龙式物流服务，并收取一定的配送费和仓储费。该模式的典型代表是亚马逊的 FBA（Fulfillment by Amazon）。卖家自建海外仓，主要是指具有一定资金实力和客户基础的大卖家，为了提升物流配送速度而在海外市场建立的仓库。第三方海外仓是由第三方企业（多数为物流服务商）建立并运营的海外仓，可以为众多跨境电商企业提供清关、入库检验、接受订单、商品分拣、配送等服务。

第四节　合同中的装运条款

进出口合同中还有涉及装运方面的条款，装运条款除规定运输方式外，还必须规定装运期、装运港（地）和目的港（地）、分批装运和转运等各项内容。明确、合理地规定装运条款是保证进出口合同顺利履行的重要条件之一。

一、装运时间

装运时间又称装运期（time of shipment），是卖方完成货物装运的期限。在象征性交货条件下，装运期和交货期（time of delivery）的意思是一致的，这是因为卖方完成货物装运即完成了交货义务。但在实际性交货条件下，如在 DAP、DPU、DDP 条件下，两者的含义就不一样了。这时的装运期是指货物装运的时间，交货期则是指货物到达目的地交货的时间，它们之间相差一个运输航程的时间。

1. 装运时间的规定方法

在国际货物买卖合同中，买卖双方必须对装运时间做出具体的规定。常用的规定方法有以下几种。

（1）规定在某月或跨月装运。

【例】

    Time of Shipment: during March, 2024.

    Time of Shipment: during Feb./Mar. 2024.

（2）规定在某月底或某日前装运。

【例】

    Time of Shipment: at or before the end of May, 2024.

    Time of Shipment: on or before July 15th, 2024.

    Time of Shipment: not later than Sept. 15th, 2024.

（3）规定在收到信用证或收到买方电汇货款后一定期限内装运。

【例】

    Time of Shipment: within 45 days after receipt of L/C.

    Time of Shipment: 30 days after receive the full payment by T/T.

在对买方资信了解不够或为防止买方可能因某些原因不按时履行合同的情况下，可采用这种方法规定装运时间，以保障卖方的利益。注意，在采用这种方法规定装运时间时，为防止出现因买方拖延或拒绝开证而造成卖方不能及时安排生产及耽误装运进程的被动局面，合同中必须同时规定有关信用证开立或送达的期限。如规定收到买方电汇货款后一定期限内装运，合同中也必须同时规定买方电汇货款的时间。

【例】

The buyer must open the relevant L/C to reach seller not later than June 15th, 2024.

（4）近期装运术语。表达这类规定的词语有立即装运（immediate shipment）、即期装运（prompt shipment）、尽速装运（shipment as soon as possible）等。买卖双方应尽量避免使用这类规定方法，因为各国对此解释不一，有的理解为一个月，有的理解为两周，容易引起争议和纠纷。国际商会制定的《UCP600》中明确规定，不应使用"迅速""立即""尽速"和类似词语，如使用这类词语，银行将不予理会。

 思考与训练 10.3

深圳某机械进出口公司向阿根廷出口一批农具，采用 CIF 贸易术语成交，由中方安排运输。中方货源要在 4 月初才能备齐，于是业务员在合同中将装运条款签订为"shipment on or before 15th April"。后经查询，深圳至南美的航班每月只有一班，离港时间是每月 30 日。试问合同中关于装运时间的规定是否妥当？为什么？

2. 规定装运时间应注意的问题

规定装运时间时，一般应注意以下问题。

（1）应考虑货源和船源的实际情况。从货源和船源的实际情况出发来确定装运期或交货期，有利于卖方按期装运和履行约定的交货义务。卖方如果在对货源无把握的情况下盲目成交，就有可能出现到时交不了货的情况，即有船无货。在按 CFR 或 CIF 条件出口和按 FOB 条件进口时，还应考虑船源情况。卖方如果在对船源无把握的情况下盲目成交，或者没有留出安排船位的合理时间，规定在成交的当月交货或装运，则可能出现到时租不到船或订不到舱位的情况，即有货无船。

（2）应考虑市场情况。卖方要考虑市场需求情况，特别是季节性商品，其装运时间与客户的销售计划密切相关，卖方要为客户着想。

（3）应考虑有关开证日期的规定是否明确、合理。装运期与开证日期是互相关联的，为了保证按期装运和及时交货，在规定装运期的同时，卖方还应明确、合理地规定开证日期，并使两者互相衔接。一般来说，信用证至少应在装运期开始前 15 天送达卖方，以便卖方有充足的时间安排装货。

二、装运港和目的港

装运港（port of shipment/loading）是指货物起始装运的港口，目的港（port of destination/discharge）是指最终卸货的港口。

1. 装运港和目的港的规定方法

在国际货物买卖合同中，买卖双方必须对装运港和目的港做出明确的规定。为了便于卖方安排装运和满足买方接收货物或转售货物的需要，装运港通常由卖方提出，经买方同意后确定；目的港通常由买方提出，经卖方同意后确定。常用的规定方法有以下几种。

（1）在一般情况下，只规定一个装运港和一个目的港，并列明港口名称。

【例】

Port of Shipment: Shanghai

Port of Destination: London

（2）在大宗交易的情况下，有时需要规定两个或两个以上的装运港或目的港，并分别列明港口名称。

【例】

Port of Shipment: Qingdao and Shanghai

Port of Destination: London and Liverpool

（3）在进行交易磋商时，如明确规定一个或几个目的港有困难，可以采用选择港（optional ports）即允许收货人在预先提出的两个或两个以上的目的港中，在货轮抵达第一个备选港口前，按船公司规定的时间，将最后确定的目的港通知船公司或其代理人，船方负责在通知的目的港卸货。按一般航运惯例，如果收货方未在规定时间将最后确定的目的港通知船方，船方有权在任何一个备选港口卸货。

【例】

CIF London/Hamburg/Rotterdam optional.

CIF London, optional Hamburg/Rotterdam, optional addition for buyer's account.

（4）笼统规定某一航区为装运港或目的港。

【例】

Port of Shipment: China ports

Port of Destination: U.K. ports

2．规定国外的装运港和目的港应注意的问题

在进口合同中规定国外的装运港，以及在出口合同中规定国外的目的港时应注意以下事项。

（1）力求具体、明确。国外港口应明确、具体，最好只有一个港口名称。进行交易磋商时，如国外商人笼统地提出以"欧洲主要港口"或"非洲主要港口"为装运港或目的港时，不宜轻易接受。因为欧洲或非洲港口很多，究竟哪些港口是主要港口并无统一的解释。而且到达各港口的距离不同，港口条件不一，运费和附加费相差很大，所以应避免采用此种规定方法。

（2）合理使用选择港。采用选择港时应注意：①合同中规定的备选港口的数目一般不超过3个；②备选港口要在同一条班轮航线上，而且是班轮公司的船只都能停靠的港口；③在核定价格和计算运费时，应按备选港口中最高的运费加上选卸港附加费计算；④在合同中应明确规定买方确定目的港的时间，因采用选择港而增加的运费、附加费均由买方负担。

（3）注意装卸港的具体条件。关于装卸港的具体条件，主要是考虑有无直达班轮航线、港口装卸条件以及运费和附加费水平等。如果租船运输，还应进一步考虑码头泊位水的深度、有无冰封期、冰封的具体时间以及港口对船舶国籍有无限制等因素。

（4）注意港口有无重名。世界各国或各地区重名的港口有很多，如维多利亚（Victoria）港在世界范围内有 12 个之多，波特兰（Portland）港、波士顿（Boston）港在美国和其他国家都有同名港。为了防止发生差错、引起纠纷，在买卖合同中应明确注明装卸港所在国家和地区的名称。

3．规定国内的装运港和目的港应注意的问题

在出口业务中，对国内装运港的规定，一般以选择接近货源地的对外贸易港口为宜，同时应考虑港口和国内运输的条件及费用水平。如果出口公司对某一出口商品采取集中成交、分口岸交货的方式，由于在成交时不能确定具体的装运港，在这种情况下可规定两个或两个以上的港口或规定"中国口岸"为装运港，这样能处于主动位置。

在进口业务中，对国内目的港的规定，原则上应选择接近用货单位或消费地区的对外贸易港口。

三、分批装运和转运

分批装运（partial shipment）是指一个合同项下的货物在成交数量较大时先后分若干批或若干期装运的方式。在国际贸易中，有的交易因为数量较大，或由于备货、运输条件、市场需要或资金的限制，有必要分期、分批交货的时候，可在合同中规定分批装运条款。

转运（transshipment）是指货物自装运港运至目的港的过程中，从一个运输工具上转移到另一个运输工具上，或是由一种运输方式转为另一种运输方式的行为。如无直达船舶或合同规定采用集装箱装运，而出口口岸缺乏装卸设备，需集中到其他口岸装箱时，应在合同中规定允许转运。

1. 合同中的分批装运和转运条款

是否允许分批装运和转运，直接关系到买卖双方的经济利益。因此，对于能否分批装运和转运，合同双方当事人应该达成一致意见，并在合同中做出相应的规定。一般来说，允许分批装运和转运，能使卖方处于主动地位。

微课堂
《UCP600》对分批装运和转运的规定

（1）规定允许或不允许分批装运和转运。

【例】

Partial Shipment: allowed/not allowed

Transshipment: allowed/not allowed

（2）既规定允许分批装运，又规定分批装运的具体时间、批次及数量。

【例】

Shipment during Jul. / Oct. in four equal monthly lots each 60M/T.

2. 注意国际惯例的有关规定

在实际业务中，应注意《UCP600》中关于分批装运和转运的规定。

（1）《UCP600》第31条a款规定：允许分批支款或分批发运。第31条b款规定：①表明使用同一运输工具并经由同次航程运输的数套运输单据在同一次提交时，只要显示相同目的地，即使运输单据上表明的发运日期不同或装货港、接管地或发运地点不同，将不视为分批装运，如果交单由数套运输单据构成，其中最晚的一个发运日将被视为发运日；②含有一套或数套运输单据的交单，如果表明在同一种运输方式下经由数件运输工具运输，即使运输工具在同一天出发运往同一目的地，仍将被视为分批装运。

（2）《UCP600》第32条规定：如信用证规定在指定的时间段内分期支款或分期发运，任何一期未按信用证规定期限支取或发运时，信用证对该期及以后各期均告失效。

 思考与训练 10.4

我国A公司与法国B公司订立了一份出口600公吨冻品的合同，规定本年4~9月每月平均交货100公吨，以即期信用证支付，来证规定货物装运前由出口口岸商品检验机构出具船边测温证书作为议付不可缺少的单据之一。4~6 月交货正常并顺利结汇，7 月因船期延误，拖延至 8 月 5 日才实际装运出口，海运提单倒签为 7 月 31 日，但送银行议付的船边测温证书中填写的船边测温日期为 8 月 5 日。8 月 7 日 A 公司在同船又装运 100 公吨冻品，开证行收到单据后来电表示对这两批货物拒付货款。试分析 A 公司有何失误，开证行拒付有何依据。

（3）《UCP600》第 20 条 c 款规定：①提单可以表明货物将要或可能被转运，只要全程运输由同一提单涵盖；②即使信用证禁止转运，注明将要或可能发生转运的提单仍可被接受，只要其表明货物由集装箱、拖车或子母船运输。

由此可知，《UCP600》中的禁止转运，实际上仅禁止海运非集装箱货物（如散货）的转运。《UCP600》对转运做出了以上淡化和从宽的规定，主要是为了适应现代运输业的发展，有利于减少转运引起的纠纷。但该解释仅适用于信用证业务的处理而不涉及买卖合同条款的解释。在实际业务中，买卖双方还应在合同中明确规定允许转运的条款。

 思考与训练 10.5

某国际贸易公司对国外 C 公司出口 500 公吨花生。买方申请开来的信用证规定："分 5 个月装运：3 月 80 公吨，4 月 120 公吨，5 月 140 公吨，6 月 110 公吨，7 月 50 公吨。每月不允许分批装运，装运从中国港口至伦敦港口。"

该国际贸易公司接到信用证后，根据信用证规定于 3 月 15 日在青岛港装运了 80 公吨，于 4 月 20 日在青岛港装运了 120 公吨，均顺利收回了货款。该国际贸易公司后因货源不足，5 月 20 日在青岛港由"HULIN"轮只装运了 70.5 公吨。经联系得知烟台某公司有一部分同样规格的货物，所以该国际贸易公司要求"HULIN"轮再驶往烟台港继续装运其不足之数。当时船方考虑到船舱空载，所以同意在烟台港又装运了 64.1 公吨。

该国际贸易公司向银行提交了两套单据：一套是在青岛于 5 月 20 日签发的提单，其货量为 70.5 公吨；另一套是在烟台于 5 月 28 日签发的提单，货量为 64.1 公吨。但银行认为单据有两处不符点：①在青岛和烟台分批装运货物；②短量。

思考： 银行所说的不符点是否成立？

四、装运通知

装运通知（advice of shipment）是买卖合同中必不可少的一项条款。无论按哪种贸易术语成交，交易双方都要承担相互通知的义务。规定这项条款的目的在于明确买卖双方的责任，促使买卖双方互相配合，共同做好船货衔接工作。

按照国际贸易的一般做法，按 FOB 条件成交时，卖方应在约定的装运期开始以前（一般为 30 天）向买方发出货物备妥准备装船的通知，以便买方及时派船接货。买方接到卖方发出的通知后，应按约定时间，将船名、船舶到港受载日期通知卖方，以便卖方及时准备装船和安排货物出运。

按 CIF、CFR 或 FOB 条件成交时，卖方应于货物装船后，立即将合同号和货物的品名、件数、重量、发票金额、船名及装运日期等各项内容电告买方，以便买方在目的港做好接卸货物的准备，并及时办理进口报关等手续。如按 FOB 或 CFR 条件成交，买方接到装运通知后，还需办理货物运输保险手续。按照国际贸易惯例，如因卖方漏发或未及时发出装运通知，致使买方漏保或未及时投保的，则卖方应负担买方因此而遭受的有关损失。

自测题

一、单项选择题

1．我方以 CIF 条件出口一批货物，货物于预定日期装完，船方出具的提单上注明"Shipped on board May 15th, 2023""Used carton""To order"字样。此提单是（　　　）。

　　A．已装船、不清洁及指示提单　　　　　　　B．已装船、清洁及不记名提单

　　C．已装船、清洁及指示提单　　　　　　　　D．备运、不清洁及指示提单

2．在进出口业务中，能作为物权凭证的运输单据是（　　　）。

　　A．铁路运单　　　　B．海运提单　　　　C．航空运单　　　　D．邮包收据

3．经过背书才能转让的提单是（　　　）。

　　A．指示提单　　　　B．不记名提单　　　　C．记名提单　　　　D．清洁提单

4．国内某公司与外商签订一份 CIF 出口合同，以信用证方式支付。国外银行开来的信用证中规定："信用证截止日为8月10日，最迟装运期为7月31日。"我方加紧备货出运，于7月21日取得大副收据，并换回正本已装船清洁提单，我方应不迟于（　　　）向银行提交单据。

　　A．7月21日　　　　B．7月31日　　　　C．8月10日　　　　D．8月11日

5．按《UCP600》的解释，若信用证条款中未明确规定是否"允许分批装运和转运"，则应视为（　　　）。

　　A．允许分批装运，但不允许转运　　　　　　B．允许分批装运和转运

　　C．允许转运，但不允许分批装运　　　　　　D．不允许分批装运和转运

6．海运提单日期应理解为（　　　）。

　　A．货物开始装船的日期　　　　　　　　　　B．货物装船过程中的任何一天

　　C．货物装船完毕的日期　　　　　　　　　　D．签订运输合同的日期

7．信用证规定"Shipment during March/Apr./May in three equal monthly lots"。因生产问题，3月的货物未能按时装运，而延至4月10日装运。根据《UCP600》的规定，以下说法正确的是（　　　）。

　　A．只有3月交货失败，4月、5月的货物仍可按规定交货

　　B．4月、5月交货后，只要单据合格，开证行就无权拒付

　　C．3月、4月、5月均为交货失败

　　D．只有4月、5月交货失败

8．有一票航空运输的货物，毛重为500.3千克，体积为3.46立方米，该票货物的计费重量为（　　　）。

　　A．500.3千克　　　　B．500.5千克　　　　C．577.82千克　　　　D．578千克

9．中国邮政小包的包裹重量一般小于等于（　　　）千克。

　　A．1　　　　　　　　B．2　　　　　　　　C．3　　　　　　　　D．5

10．采用航空运输的出口货物，不适宜采用（　　　）支付方式。

　　A．100%前 T/T

　　B．托收

　　C．信用证

D．T/T 支付 30%定金＋交货前 T/T 支付剩余 70%货款

二、多项选择题

1．根据《UCP600》对分批装运所做的规定，下列表述正确的有（　　）。

A．同时提交的多套运输单据表明货物是使用同一运输工具经由同一航次运输的，即使运输单据注明的装运日期及装运地不同，只要目的地相同，也不视为分批装运

B．除非信用证另有规定，允许分批装运

C．除非信用证另有规定，不允许分批装运

D．如信用证规定在指定的时间内分期装运，若其中一期未按约定的时间装运，则信用证对该期和以后各期均告失效

2．以下关于海运提单性质的说法正确的有（　　）。

A．货物收据

B．运输契约的证明

C．物权凭证

D．无条件支付命令

3．以下对装运时间规定合理的有（　　）。

A．time of shipment: during June 10-30th, 2024.

B．time of shipment: not later than Nov. 15th, 2024.

C．time of shipment: on Oct. 20th, 2024.

D．time of shipment: 30 days after receiving 50% deposit pay by T/T.

4．集装箱运输方式下，货主整箱交、整箱收（FCL-FCL）的情况下，其与承运人的交接地点可以选择（　　）。

A．CY TO CY　　　B．DOOR TO DOOR　C．CFS TO CFS

D．CY TO DOOR　　E．DOOR TO CFS　　F．DOOR TO CY

5．目前主要的跨境电商物流模式有（　　）。

A．邮政物流　　　　B．国际商业快递　　　C．国际专线物流　　　D．海外仓

三、判断题

1．班轮条件下的装卸费用均由班轮公司负责。（　　）

2．清洁提单上一定记载有"Clean"字样。（　　）

3．"10,000M/T, Shipment during May, June in 2 lots"。此条款表示总量 10,000 公吨的货物卖方可以在 5 月和 6 月分两批装运，每批装运数量由卖方决定。（　　）

4．为了避免货物由于中途转船延误时间，出现货损、货差等情况，在按 CFR 条件进口时，买方应争取在买卖合同中订明"不准转船"的条款。（　　）

5．"Port of Destination: London and Liverpool"，按该条款规定，货主可以在这两个港口卸货。（　　）

6．如承运人在提单上加注"货物用旧麻袋包装"，则此提单为不清洁提单。（　　）

7．目前海外仓的运作模式主要有电商平台自建海外仓、卖方自建海外仓和第三方海外仓这三种运作模式。（　　）

8．在航空运输中，收货人凭航空公司的提货通知单及有关证明领取货物。（　　）

9．卖方在交货前已经通过 T/T 收齐 100%货款的，为便于货到目的港后及时提货，买方要求电放提单，卖方可以接受。（　　）

10．海运单与海运提单一样都具备物权凭证的作用。 （ ）

四、计算题

1．由上海港运往伦敦港门锁一批，计150箱，每箱体积为30厘米×40厘米×50厘米，每箱毛重为65千克。采用集装箱拼箱货运输，经查询，班轮公司公布的单位重量吨的运费（TNE）和单位体积吨的运费（MTQ）分别是160美元和180美元。试计算运费为多少。

2．我国某公司某批货物的出口报价为每桶320美元FOB Dalian，现客户要求改报CFR Rotterdam价格。在不影响该公司外汇收入的情况下，应报价多少？（该批货物共120桶，装于一个20英尺的集装箱中，经查询，从大连到鹿特丹的集装箱包箱费为3 500美元。）

3．我国某公司出口2 000箱瓷砖到美国纽约，一箱装6片瓷砖，每箱毛重36千克，体积为0.02立方米。

（1）请参考表10.4深圳—美国航线普通干货集装箱海运包箱费率，计算此批货物的总运费。

（2）该公司此批瓷砖原来的报价为每箱30美元FOB Shenzhen，现客户要求改报CFRC2% New York，在不减少该公司外汇收入的情况下，该公司应怎样报价？

4．深圳一公司出口一件普通货物到曼谷，货物毛重为266.7千克，包装体积为105厘米×80厘米×60厘米，共4箱。深圳到曼谷的M级运费为CNY 160，N级运价为CNY 26.5，Q45级运价为CNY 22.5，Q100级运价为CNY 14.5，Q300级运价为CNY 12.5，Q500级运价为CNY 11。请计算该批货物的航空运费。

五、案例分析题

我国一家出口公司向西欧一客商出口一批五金工具，该客商于9月通过开证行开来一张信用证。信用证中规定：1 200箱五金工具，最迟在12月15日前装运，由上海港运往鹿特丹港，不允许分批装运。然而，在出口公司备货期间，客商又通过开证行开来一份信用证修改书，规定：装运改为600箱五金工具从上海港运往鹿特丹港，另600箱五金工具从上海港运往阿姆斯特丹港，其他装运条款不变。

出口公司即与船公司联系，商讨订舱事宜，600箱于12月9日装上"东方号"货轮运往鹿特丹港，600箱于12月12日装上"杜鹃号"货轮运往阿姆斯特丹港。装运后出口公司持装运单据到当地银行议付，不久却收到开证行转来的拒付通知书，称出口公司提交的单据与信用证不符，原证不允许分批装运，出口公司却分两批装运出港。

问：开证行拒付是否合理？请说明理由。

 课后阅读与分析

第十一章

办理国际货运保险

【学习指导】

学习本章后，应了解海运货物保险承保的范围，掌握我国海运货物保险险别和伦敦保险协会海运货物保险条款的基本内容，学会如何在外贸合同中订立保险条款、办理货运保险手续，了解我国其他货运保险。

【导入案例】

转运时产生的重新包装费用保险公司负责赔偿吗

某出口商按 CIF 条件出口一批食品，装船前按合同要求投保了一切险，货物在装运港装船后由香港转运至汉堡。货物抵达香港后，由中信公司办理转运时，因大部分货物外包装破损，船方拒绝承运。为赶上船期，中信公司在香港雇工重新包装，更换包装共花费 3 900 美元。

讨论：（1）在国际贸易中为什么要办理海运货物保险？

（2）中信公司代垫的 3 900 美元保险公司是否应赔付？

保险是一种经济补偿制度，从法律角度看，它是一种补偿性契约行为，被保险人（insured）向保险人（insurer）提供一定的对价（保险费），保险人则对被保险人将来可能遭受的承保责任范围内的损失负赔偿责任。

保险的种类很多，国际货物运输保险属于财产保险的范畴。货物运输保险已经成为国际贸易不可缺少的组成部分。国际货物运输保险是指被保险人（卖方或买方）对一批或若干批货物向保险公司按照一定金额投保一定险别并交纳保险费，保险公司承保后，如果所保货物在运输途中发生承保责任范围内的损失，保险公司将按保单的规定给予被保险人经济上的补偿。

国际贸易中的货物一般都需经过长途运输，在整个运输过程中可能会遇到自然灾害或意外事故而使货物遭受损失。为了将不可预知的风险转移给保险公司，使贸易得以顺利进行，货物装运前宜办理货运保险。

由于国际贸易中可采取的运输方式有很多，如海洋运输、铁路运输、航空运输、公路运输和邮包运输等，国际货物运输保险也相应地分为海运货物保险、陆上运输货物保险、航空运输货物保险和邮包运输保险等。

第一节 海运货物保险的承保责任范围

海上运输货物风险很大，保险公司为了确保外贸业务的正常开展，根据海上运输的特点设置了海运货物保险的承保责任范围，涉及保障的风险、保障的损失与保障的费用。

一、海运货物保险保障的风险

对于海上货物运输，保险公司承保的风险有海上风险和外来风险两类。

海上风险（perils of the sea）也称为海难，包括自然灾害（natural calamity）和意外事故（fortuitous accidents），如表11.1所示。

外来风险（extraneous risks）包括一般外来风险（general extraneous risks）和特殊外来风险（special extraneous risks），如表11.2所示。

二、海运货物保险保障的损失

海上货物运输损失（简称海损）是指被保险货物在海运途中，因遭受海上风险而产生的损失。在保险业务中，海损一般还包括与海运相连接的陆上运输和内河运输过程中所发生的损失。按损失程度的不同，海损可分为全部损失和部分损失；按货物损失的性质不同，海损又可分为共同海损和单独海损。

（一）全部损失和部分损失

（1）全部损失（total loss）又称全损，是指被保险货物全部遭受损失。按损失的情况，全部损失可以分为实际全损（actual total loss，ATL）和推定全损（constructive total loss，CTL），如表11.3所示（注意：在海运货物保险业务中，全损不是以一艘船上载运的全部货物的完全灭失为划分标准的，保险人对全损范围的界定通常在保险条款中以文字加以说明）。实际全损是指物质性的灭失，推定全损是指虽未达到全部货物的物质性灭失，但避免实际全损所需费用超过了货值本身。

（2）部分损失（partial loss）是指被保险货物的损失没有达到全部损失的程度。

表11.1 海上风险		表11.2 外来风险		表11.3 全部损失	
自然灾害	自然力量所造成的灾害（但并不泛指一切由于自然界力量引起的灾害，而是具有特定的范围），如恶劣气候、雷电、海啸、地震、火山爆发、洪水、流冰等	一般外来风险	被保险货物在运输途中由一般外来原因所造成的风险，主要包括偷窃、沾污、渗漏、破碎、受热受潮、串味、生锈、钩损、淡水雨淋、碰损、短量、提货不到等	实际全损	（1）被保险货物完全灭失，如船舶触礁后船、货同时沉入海底 （2）货物实际上已经不可能归还被保险人，如货物被敌方扣押无法拿回 （3）货物丧失原有用途和价值，如水泥被海水浸泡成为硬块 （4）船舶失踪超过两个月仍无音讯
意外事故	意外原因造成的事故（但并不泛指海上发生的所有意外事故，而是具有特定的范围），如运输工具遭受搁浅、触礁、沉没、碰撞、失踪、失火、爆炸等	特殊外来风险	指由军事、政治、国家政策法令及行政措施等特殊外部原因所造成的风险，主要包括战争、罢工、货物被有关当局拒绝进口或没收、船舶被扣导致交货不到等	推定全损	（1）货损后，修复费用超过货物修复后的价值 （2）货损后，整理和续运到目的地的费用超过货物到达目的地的价值 （3）实际全损已不可避免，或为避免全损所需的施救费用将超过获救后的货物价值 （4）被保险人失去货物所有权，而收回所有权所需支出的费用将超过收回后的货物价值

（二）共同海损和单独海损

1. 共同海损

共同海损（general average）是指载货的船舶在海上遇到灾害、事故，威胁到船、货各方的共同安全，为了解除这种威胁，维护船、货安全，或者使航程得以完成，由船方有意识地、合理地采取措施所做出的某些特殊牺牲或支出的某些特殊费用。例如，某海轮的舱面上装有 1 000 台拖拉机，航行中遇大风浪袭击，450 台拖拉机被卷入海中，海轮严重倾斜，如不立即采取措施，则有翻船的危险。于是，船长下令将余下的 550 台拖拉机全部抛入海中，船舶得以继续安全行驶。此时被抛的 550 台拖拉机的损失就是共同海损。共同海损的成立必须具备一定的条件，如表 11.4 所示。

表 11.4 共同海损成立的条件

共同海损	（1）导致共同海损的危险必须是真实存在的，并危及船、货的共同安全 （2）共同海损措施必须是为了解除船、货的共同危险，人为地、有意识地采取的合理措施 （3）共同海损的牺牲是有特殊性质的，费用损失必须是额外支付的 （4）共同海损的损失必须是共同海损措施的直接的、合理的后果 （5）共同海损措施最终必须有效果

船舶在遭受共同海损后，凡属共同海损范围内的牺牲或费用，均应由获救受益方（船方、货方和运费收入方）根据获救价值按比例分摊，这种分摊称为共同海损分摊。

2. 单独海损

单独海损（particular average）是指被保险货物遭受海损后，其损失未达到全部损失的程度，而且是仅由受损方单独承担的部分损失。与共同海损相比较，单独海损的特点有以下三点：①它不是人为有意造成的部分损失；②它是保险标的本身的损失；③单独海损仅由受损失的被保险人单独承担，但其可根据损失情况从保险人处获得赔偿。

三、海运货物保险保障的费用

海运货物保险保障的费用主要有以下两种。

（1）施救费用（sue & labor charges），又称营救费用或损害防止费用，是指当保险标的遭遇保险责任范围内的灾害事故时，被保险人或其代理人为防止损失扩大而采取抢救措施所支出的费用。各国保险法规或保险条款一般都规定：保险人对施救费用应承担赔偿责任，赔偿金额以不超过该批货物的保险金额为限。

（2）救助费用（salvage charges），是指保险标的遭遇承保责任范围内的灾害事故时，由保险人和被保险人以外的第三者采取救助措施并获成功，由被救助方支付给救助方的报酬。

救助费用一般可以列为共同海损的费用项目。各国的保险法规或保险条款一般都规定，保险人对救助费用承担赔偿责任。

 思考与训练 11.1

某精密仪器价值 15 000 美元，由于货轮在航行途中触礁，船身剧烈震动致使仪器受损。事后经专家检验，修复费用为 16 000 美元，如将仪器拆为零件销售，可卖 2 000 美元。该仪器的损失属于何种损失？

第二节 我国海运货物保险险别

保险险别是指保险人对风险和损失的承保责任范围。为了适应国际货物海运保险的需要，中国人民财产保险股份有限公司（PICC Property and Casualty Company Limited）根据我国保险实际情况，并参照国际保险市场的习惯做法，分别制定了适用于各种运输方式的货物保险条款，总称中国保险条款（China Insurance Clauses，CIC）。其中，海洋运输货物保险条款（2018版）（Ocean Marine Cargo Clauses dated 2018）规定，海洋运输货物保险包括基本险和附加险的保险范围、保险责任的起讫与除外责任等内容。

一、基本险

基本险又称主险，可单独投保。根据我国海洋运输货物保险条款，基本险包括平安险、水渍险和一切险等三种。

1. 平安险

"平安险"是我国保险业的习惯叫法，其英文含义是单独海损不赔偿。平安险（free from particular average，FPA）的承保责任范围主要包括以下几部分。

（1）被保险货物在运输途中由于恶劣气候、雷电、海啸、地震、洪水等自然灾害造成整批货物的实际全损或推定全损。若被保险货物用驳船运往或运离海轮，则每一艘驳船所装的货物可视为一个整批。

（2）由于运输工具遭受搁浅、触礁、沉没、互撞、与流冰或其他物体碰撞，以及失火、爆炸意外事故造成货物的全部或部分损失。

（3）在运输工具已经发生搁浅、触礁、沉没、焚毁意外事故的情况下，货物在此前后又在海上遭遇恶劣气候、雷电、海啸等自然灾害所造成的部分损失。

（4）在装卸或转运时由于一件或数件整件货物落海所造成的全部或部分损失。

（5）被保险人对遭受承保责任范围内危险的货物采取抢救、防止或减少货损的措施所支付的合理费用，但以不超过该批被救货物的保险金额为限。

（6）运输工具遭遇海难后，在避难港由于卸货所引起的损失，以及在中途港、避难港由于卸货、存仓及运送货物所产生的特别费用。

（7）共同海损的牺牲、分摊和救助费用。

（8）运输合同中订有"船舶互撞责任"条款的，根据该条款规定应由货方偿还船方的损失。

2. 水渍险

"水渍险"也是我国保险业沿用已久的名称，其英文含义是负责单独海损的赔偿。水渍险（with particular average，WPA/WA）的承保责任范围主要包括以下两部分：①平安险所承保的责任范围；②被保险货物由于恶劣气候、雷电、海啸、地震、洪水等自然灾害所造成的部分损失。

 思考与训练 11.2

投保一切险，保险公司是否对任何原因造成的货物损失都要负责赔偿？

3. 一切险

一切险（all risks）的承保责任范围主要包括以下两部分：①水渍险所承保的责任范围；②被保险货物由一般外来风险所造成的全部或部分损失。换句话说，一切险是水渍险和一般附加险的总和，但不包括特殊附加险。

二、附加险

附加险是对基本险的扩大和补充，不能单独投保，只能在投保一种基本险后加保，加保时可以加保一种或数种附加险。

根据我国海洋运输货物保险条款，附加险可分为一般附加险、特殊附加险和特别附加险。

一般附加险（general additional risks）承保的是一般外来风险造成的全部或部分损失。一般附加险共有 11 种，具体的险别名称和承保责任范围如表 11.5 所示。

表 11.5　一般附加险

一般附加险险别	承保责任范围
偷窃、提货不着险（T.P.N.D.） theft, pilferage & non-delivery	货物因遭偷窃，以及货物运抵目的地以后，货物的全部或整件提货不着的损失
淡水雨淋险（F.W.R.D.） fresh water & rain damage	因淡水、雨水、融雪，包括舱汗、船舱淡水管漏水等造成货物浸水导致的损失
短量险 risk of shortage	通常指袋装或散装货的数量或重量短少的损失
混杂、沾污险 risk of intermixture & contamination	因混入杂质或被沾污所造成的损失，如油漆污染了地毯，矿砂、矿石等混进了泥土、草屑等
渗漏险 risk of leakage	流质或半流质货物因包装容器损坏发生渗漏造成货物短量的损失，或用液体浸泡的货物因液体流失而变质的损失
碰损、破碎险 risk of clash & breakage	易碎货物，如陶瓷器皿、玻璃花瓶、大理石等，因受压、碰撞和震动而出现破碎、凹瘪等的损失
串味险 risk of odour	同舱装载的货物因受到异味的影响品质受到损坏的损失，如茶叶、香料、药材等在运输过程中受到一起堆储的皮张、樟脑丸的影响而造成的串味损失
受热、受潮险 damage caused by heating & sweating	航行途中，由于气温骤变或船上通风设备失灵使船上水汽凝结，货物受潮或受热所导致的损失
钩损险 hook damage	装卸过程中使用钩子时，或因碰撞使货物遭受钩损，或因钩破包装使货物外漏、散失所导致的损失，以及为修补、调换包装所支付的费用
包装破裂险 loss or damage caused by breakage of packing	因运输或装卸不慎引起包装破裂所造成的损失，以及为满足继续安全运输的需要而对包装进行修补或调换所支付的费用
锈损险 risk of rust	运输途中因货物生锈造成的损失

 导入案例分析

货物在运输过程中可能会因自然灾害或意外事故而遭受损失。为了更好地将不可预知的风险转移给保险公司，使贸易得以顺利进行，货物装运前宜办理货运保险。

导入案例中出口商投保了一切险，一切险包括包装破裂险。凡投保包装破裂险的货物，对于因运输或装卸不慎引起包装破裂所造成的损失，以及为满足继续安全运输的需要而对包装进行修补或调换所支付的费用，保险公司应负责赔偿。因此，对于中信公司代垫的 3 900 美元，保险公司应予赔付。

特殊附加险（special additional risks）承保的是由特殊外来风险所造成的全部或部分损失，常见的有战争险和罢工险，其承保责任范围如表 11.6 所示。

特别附加险（specific additional risks）的承保责任范围多与政治、国家或地区行政管理、战争及一些特殊的风险密切相关，包括交货不到险（failure to deliver risk）、进口关税险（import duty risk）、舱面险（on deck risk）、拒收险（rejection risk）、黄曲霉毒素险（aflatoxin risk）、出口货物到香港（包括九龙）或澳门存储火险责任扩展条款（fire risk extension clause for storage of cargo at destination Hong Kong, including Kowloon, or Macao）。

表 11.6　特殊附加险

特殊附加险险别	承保责任范围
战争险 war risk	承保直接由于战争、类似战争行为、敌对行为、武装冲突或海盗行为所致的损失；由上述行为引起的捕获、拘留、扣留、禁制、扣押所造成的损失；各种常规武器，包括水雷、鱼雷、炸弹所致的损失；本条款责任范围内引起的共同海损的牺牲、分摊和救助费用
罢工险 strike risk	承保罢工者、被迫停工工人或参加工潮、暴动、民众斗争的人员的行为，或恐怖分子、出于政治动机的人员的恶意行为所造成的直接损失，以及上述行动或行为所引起的共同海损的牺牲、分摊和救助费用

注意：按照国际保险市场的习惯做法，被保险货物如已投保战争险，再加保罢工险时，一般不再加收保险费；中国人民财产保险股份有限公司也采用这个办法。

 思考与训练 11.3

　　卖方按 CIF New York 价格出口冷冻羊肉一批，合同规定投保一切险加战争险、罢工险。货到纽约后适逢码头工人罢工，货物因港口无法作业不能卸载。第二天货轮因无法补充燃料，以致冷冻设备停机。等到第五天罢工结束，该批冷冻羊肉已变质。对于此项损失，保险公司是否应予以赔偿？

三、保险责任的起讫与除外责任

　　我国海洋运输货物保险条款除了规定上述基本险和附加险的承保责任范围外，还对保险责任的起讫与除外责任做出了具体的规定。

　　1. 保险责任的起讫

　　保险责任的起讫又称承保责任期限，是指保险人承担责任的起讫时限。国际保险业惯用"仓至仓条款"（warehouse-to-warehouse clause，W/W clause）来规定承保责任期限。我国海洋运输货物保险条款对"仓至仓"的规定如下。

　　（1）仓至仓是指保险人对被保险货物所承担的保险责任，自被保险货物运离（货物在仓库或储存处所开始被搬动时起算）保险单所载明的起运地仓库或储存处所并开始运输时生效，包括正常运输过程中的海上、陆上、内河和驳船运输在内，直至该项货物到达（此处的"到达"是指运至并完成卸货）保险单所载明目的地收货人的最后仓库或储存处所，或被保险人用作分配、分派或非正常运输的其他储存处所为止。如未抵达上述仓库或储存处所，则以被保险货物在最后卸载港全部卸离海轮后满 60 天为止。如在上述 60 天内被保险货物需转运到非保险单所载明的目的地，则承保责任在该项货物开始转运时终止。

　　（2）由于被保险人无法控制的运输延迟、绕道、被迫卸货、重新装载、转载，或承运人运用运输契约赋予的权限所做的任何航海上的变更或终止运输契约，致使被保险货物被运到非保险单所载明的目的地时，在被保险人及时将获知的情况通知保险人，并在必要时加交保险费的情况下，本保险仍继续有效。保险责任按下列规定终止：①被保险货物如在非保险单所载明的目的地出售，则保险责任至交货时为止，但不论任何情况，均以被保险货物在卸载港全部卸离海轮后满 60 天为止；②被保险货物如在上述 60 天期限内继续运往保险单所载原目的地或其他目的地，保险责任仍按上述第（1）条的规定终止。

　　战争险的责任起讫不是"仓至仓"，而是以"水上危险"为限，即从货物装上保险单载明的装运港海轮或驳船开始，到货物卸离保险单载明的目的港海轮或驳船为止。如果被保险货物不卸离海轮或驳船，保险责任期限以海轮或驳船到达目的港的当日午夜起算满 15 天为止。

罢工险的保险责任的起讫与基本险一致，采用"仓至仓条款"。

2．除外责任

除外责任是指保险人不负赔偿责任的范围。根据我国海洋运输货物保险条款的规定，下列损失不在平安险、水渍险和一切险的承保责任范围内：①被保险人的故意行为或过失所造成的损失；②属于发货人责任所引起的损失；③在保险责任开始前，被保险货物已存在的品质不良或数量短差所造成的损失；④被保险货物的自然损耗、本质缺陷、特性及市价跌落、运输延迟所造成的损失或费用；⑤战争险和罢工险条款规定的责任范围和除外责任。

 思考与训练 11.4

我国某外贸公司向日、英两国商人分别以 CIF 和 CFR 价格出售蘑菇罐头，有关被保险人均办理了货运保险手续。这两批货物在从起运地仓库运往装运港的途中均遭受损失。

讨论：（1）这两笔交易各由谁办理货运保险手续？

（2）这两批货物损失的风险与责任各由谁承担？

（3）保险公司是否应给予赔偿？并简述理由。

视野拓展

无论是财产保险、责任保险、信用保险还是人身保险，投保人和保险人均需订立保险合同，并共同遵守以下原则。

1．可保利益原则

可保利益，又称保险利益或可保权益，是指投保人或被保险人在保险标的上因某种利害关系而享有的被法律承认、可以投保的经济利益。在保险合同中，被保险人要求保险人给予保障的并不是保险标的本身，而是被保险人对保险标的所享有的经济利益。国际货运保险的利益包括货物本身的价值及相关费用，如运费、保险费、关税和预期利润等。当保险标的安全到达时，被保险人就受益；当保险标的遭到损毁或灭失时，被保险人就受损。

投保人对保险标的应具有保险利益，否则保险合同无效。但国际货运保险并不要求被保险人在投保时便具有保险利益，仅要求在保险标的发生损失时必须具有保险利益。这是由国际贸易的特点决定的。例如，按 FOB、CFR、FCA、CPT 条件达成的交易，由买方办理保险，但货物风险的转移是以货物在装运港装上船或在出口国装运地交付承运人为界的。显然，货物风险转移前，买方并无保险利益。若硬性规定投保人在投保时就必须具有保险利益，则买方无法在货物装船前或交付承运人前及时办理货物保险。因此，在国际货运保险中，保险人视投保人具有预期的保险利益，以便其能及时办理保险。

2．最大诚信原则

所谓诚信就是诚实与信用。保险合同是以最大诚信原则为基础的，投保人和保险人在签订合同时以及在合同的有效期内，必须保持最大的诚意，双方都应恪守信用、互不欺瞒。被保险人必须如实告知保险人有关保险标的、运输条件、航程和包装等的真实情况。

3．近因原则

近因是指在风险和损失之间，导致损失的最直接、最有效、起决定作用的原因，而不是指时间上或空间上最接近的原因。近因原则是保险理赔必须遵守的基本原则之一，其含义为只有在导致保险事故的近因属于保险责任范围内时，保险人才对保险标的的损失承担赔偿责任。

4．补偿原则

补偿原则，又称损害赔偿原则，是指当保险标的遭受保险责任范围内的损失时，保险人应当依照保险合同的约定履行赔偿责任，但最高赔偿额不得超过投保金额或实际损失，即被保险人不能通过保险赔偿获得额外利益。

第三节 伦敦保险协会海运货物保险条款

英国是海运历史悠久和海运业务比较发达的国家之一，长期以来，它制定的各种保险规章制度对世界各国都有着广泛的影响，其中包括海运保险单格式和保险条款。目前，世界上有很多国家在海运保险业务中直接采用伦敦保险协会制定的《协会货物条款》（*Institute Cargo Clauses*，ICC），或者在制定本国保险条款时参考或部分采用上述条款。

《协会货物条款》最早制定于 1912 年。为了适应不同时期法律、判例、商业、航运等方面的变化和发展，伦敦保险协会需要经常对该条款进行补充和修订，最近一次修订完成于 2009 年 1 月 1 日。伦敦保险协会的海运货物保险条款主要有以下六种。

（1）协会货物条款（A），Institute Cargo Clauses（A），简称 ICC（A）。

（2）协会货物条款（B），Institute Cargo Clauses（B），简称 ICC（B）。

（3）协会货物条款（C），Institute Cargo Clauses（C），简称 ICC（C）。

（4）协会货物战争险条款（货物），Institute War Clauses-Cargo，简称 IWCC。

（5）协会货物罢工险条款（货物），Institute Strikes Clauses-Cargo，简称 ISCC。

（6）恶意损害险条款，Malicious Damage Clauses。

下面主要介绍 ICC（A）险、ICC（B）险、ICC（C）险。

一、ICC（A）险的承保责任范围和除外责任

ICC（A）险的承保责任范围最大，承保责任以一切风险减除外责任的形式出现，即除外责任项下所列风险不予负责，其他风险保险人都予以承保。

ICC（A）险的除外责任主要包括以下三种。

（1）一般除外责任，包括归因于被保险人故意的不法行为造成的损失或费用；自然渗漏、自然损耗、自然磨损、包装不当或准备不足造成的损失或保险标的内在缺陷或特性造成的损失或费用；直接由于延迟所引起的损失或费用；由于船舶所有人、经营人、租船人经营破产或不履行债务造成的损失或费用；由于使用任何原子或核子裂变、聚变，或其他类似反应，或放射性物质的武器、设备直接或间接造成的损失或费用。

（2）不适航和不适运除外责任。所谓不适航和不适运除外责任，归因于船舶或驳船不适航，以及船舶、驳船、运输工具、集装箱或托盘对保险标的的安全运输不适合，而且在保险标的装于其上时，被保险人或其雇员对此种不适航或不适运有私谋的，则保险人不负赔偿责任。

（3）战争除外责任和罢工除外责任。注意，海盗行为不除外。

二、ICC（B）险的承保责任范围和除外责任

ICC（B）险的承保责任范围采用列明风险的形式，凡列出的就是承保的，没有列出的，无论何种情况均不负责。凡归因于下列情况者均予承保：火灾、爆炸；船舶或驳船触礁、搁浅、

沉没；陆上运输工具碰撞出轨；船舶、驳船或其他运输工具与水以外的外界物体碰撞；在避难港卸货；地震、火山爆发、雷电；共同海损牺牲；抛货或浪击落海；海水、湖水或河水进入运输工具或储存处所；货物在装卸时落海或跌落造成的整件全损。

ICC（B）险的除外责任，除对任何人故意损害或破坏、海盗等造成的损失或费用不负责外，其余与 ICC（A）险的除外责任相同。

三、ICC（C）险的承保责任范围和除外责任

ICC（C）险的承保责任范围比 ICC（A）险、ICC（B）险要小得多，它只承保重大意外事故，而不承保自然灾害及非重大意外事故的风险，其具体承保的风险是：火灾、爆炸；船舶或驳船触礁、搁浅、沉没；陆上运输工具倾覆或出轨；在避难港卸货；共同海损牺牲、抛货。

ICC（C）险的除外责任与 ICC（B）险完全相同。

综上所述，ICC（A）险的承保责任范围类似于我国的一切险，ICC（B）险的承保责任范围类似于我国的水渍险，ICC（C）险的承保责任范围类似于我国的平安险，但比平安险的承保责任范围要小一些。

ICC（A）险、ICC（B）险、ICC（C）险的保险责任的起讫也采用"仓至仓条款"。ICC 附加险的规定与我国海洋运输货物保险条款的规定大致相同，但伦敦保险协会对战争险和罢工险专门制定了独立完整的条文，战争险和罢工险可以作为独立险别单独投保，而我国海洋运输货物保险条款中的这两种特殊附加险不能作为独立险别单独投保。

第四节 保 险 实 务

在进出口业务中，与运输保险相关的问题包括买卖双方如何订立合同中的保险条款、如何办理保险手续以及在发生货损时如何办理保险索赔。

一、订立合同中的保险条款

一笔进出口业务由谁办理货运保险，主要看双方采用的是什么贸易术语。采用不同的贸易术语成交，合同中的保险条款内容则会有所不同。

1. 规定由买方办理保险

如以 FOB、CFR、FCA、CPT 贸易术语成交，则由买方办理保险，合同中只需规定"保险由买方负责办理"（insurance: to be effected by the buyers）。

如买方要求卖方代为办理保险，则需规定"由买方委托卖方按发票金额××%代为投保××险，保险费由买方负担"（Insurance to be covered by the sellers on behalf of the buyers for … % of the invoice value against … risks and premium is to be paid by the buyers）。

2. 规定由卖方办理保险

如按 CIF、CIP 贸易术语成交，则由卖方办理保险。合同中的保险条款除约定险别、保险金额等内容外，还应标明条款版别，如"按中国人民财产保险股份有限公司海洋运输货物保险条款（2018 版）投保"。保险条款如下：

由卖方按发票金额的110%投保一切险和战争险，以中国人民财产保险股份有限公司海洋运输货物保险条款（2018版）为准。（Insurance to be covered by the sellers for 110% of the invoice value against all risks and war risk as per Ocean Marine Cargo Clauses of the PICC Property and Casualty Company Limited dated 2018.）

 视野拓展

确定保险金额

保险金额（insured amount）是被保险人的投保金额，是保险公司赔偿的最高限额，也是计算保险费的基础。保险金额的大小涉及买方的切身利益和卖方支付保险费的多少，故双方需在合同中将保险金额列明。

按照国际保险市场的习惯做法，出口货物的保险金额一般按CIF或CIP价格加成计算，即按发票金额再加一定的百分比，此百分比称为投保加成率。投保加成率一般按10%计算，这增加的10%主要是考虑买方进行这笔交易所付的费用和预期利润。投保加成率一般不超过30%。如买方要求投保加成率超过10%，卖方也可酌情接受。但如果买方要求投保加成率超过30%，则卖方应与保险公司商妥后才能接受。以CIF价格为例，保险金额的计算公式如下：

$$保险金额＝CIF价格×（1＋投保加成率）＝CIF价格×投保加成$$

例如，买卖双方的合同条款规定"卖方按CIF发票价格的110%投保一切险"，此时，110%称为投保加成，即投保加成率为10%。

二、办理保险手续

进出口双方签订合同后，在履约过程中，不管采用何种贸易术语成交，必须由出口方或进口方按合同的规定办理货运保险手续。

1. 出口货物的投保手续

我国出口货物如按CIF或CIP条件成交，由出口方办理货运保险手续。投保手续一般是投保人填写投保单→保险公司审核→投保人交纳保险费→保险公司签署保险单据。

（1）投保人填写投保单。投保人根据合同或信用证的规定备齐货物并确定装船出运日期后，在货物装船前，向保险公司递交一份"海运出口货物投保单"。

（2）保险公司审核。保险公司收到投保人递交的投保单后，根据有关规定对其进行审核，以决定是否承保。

（3）投保人交纳保险费。投保人按约定方式交纳保险费（premium）是保险合同生效的条件。保险费率（premium rate）是由保险公司根据一定时期、不同种类货物的赔付率，按不同险别和目的地确定的。保险费的计算公式为

$$保险费＝保险金额×保险费率$$

（4）保险公司签署保险单据。投保人交纳保险费后，保险公司则根据投保人的投保单内容缮制保险单据并签署。保险单据是保险公司与投保人之间的保险合同，是保险公司对投保人的承保证明。

 案例 11.1

佛山奇飞进出口贸易有限公司（以下简称出口方）在货物出运前根据信用证（见示范8.4）

的要求，于 2024 年 8 月 22 日向中国人民财产保险股份有限公司佛山分公司办理货运保险手续，填写投保单（见示范 11.1）。出口方按要求交纳保险费，保险公司于当天签发了保险单。保险单内容请参考第十三章示范 13.3。

 示范 11.1　涉外货物运输险投保单

PICC			
	中国人民财产保险股份有限公司 PICC Property and Casualty Company Limited		

运输险投保单
Application for Transportation Insurance
致：中国人民财产保险股份有限公司佛山分公司
TO:PICC Property and Casualty Company Limited, Foshan Branch

收件人 ATTN	佛山奇飞进出口贸易有限公司 佛山市中山路 187 号		日期 DATE: Aug.22nd, 2024
被保险人： Assured: FOSHAN QIFEI IMPORT&EXPORT TRADE CO., LTD. 兹有下列物品拟向中国人民财产保险股份有限公司投保 Insurance is required on the following commodities:			

标记 Marks&Nos. BOLTITI HAMBURG NOS. 1-123	包装及数量 Package&Quantity 1 700 pairs　85CTNS 3 800 pairs　38CTNS Total:5 500pairs　123CTNS	保险货物项目 Description of goods leather shoes leather gloves	保险金额 Amount insured USD 25 707.00
			发票金额 USD 23 370.00

发票号 Invoice NO. QF296		合同号 Contract NO. 24QFIE0702

信用证号 L/C NO. 329898871232	提单号 B/L NO. AS PER B/L	装载工具（填运输方式与具体车船名称） Per conveyance:　S.S. JINLONG V.0097

起运日期 Date of commencement: AS PER B/L	自　　　　　经　　　　　至 From　　GUANGZHOU, CHINA　Via　　To HAMBURG

请将要保的险别说明（Please indicate the Conditions &/or Special Coverage）
COVERING ALL RISKS AND WAR RISKS AS PER PICC DATED 2018. CLAIM IF ANY, PAYABLE IN USD AT HAMBURG.

备注：被保险人确认本保险合同条款和内容已经完全了解。
Remarks: THE ASSURED CONFIRMS HEREWITH THE TERMS AND CONDITIONS OF THESE INSURANCE CONTRACT FULLY UNDERSTOOD.

投保人（公司盖章） Applicant's signature/or seal of　proposer: 经办人 Signature:　赵飞飞	传真 FAX　NO.: 0086-757-8351×××× 电话 TEL　NO.: 0086-757-8351×××× 日期 DATE: 2024-08-22

2．进口货物的投保手续

我国进口货物如按 FOB 或 CFR 条件成交，需由我国进口方办理保险。为了简化投保手续，以及防止出现漏保或来不及办理投保等差错，投保人可以与保险公司签订预约保险合同。

按照海运进口货物预约保险合同的规定，投保人在获悉每批货物的起运消息后，给保险公司发出书面装运通知，准确地将船名、开航日期、航线、货物品名及数量、货物价值等内容通知保险公司，就视为向保险公司办理了投保手续，无须再填写投保单。如投保人未按预约保险合同的规定给保险公司发出书面装运通知，若发生意外，则保险公司不负赔偿责任。

📖 视野拓展

1. 保险单据的种类

保险单据是保险公司与投保人之间签订的保险合同，它反映了保险人与投保人之间的权利和义务关系，也是保险公司对投保人出具的承保证明。当发生保险责任范围内的损失时，它又是保险索赔和理赔的主要依据。常用的保险单据有以下几种。

（1）保险单（insurance policy）又称大保单，用于承保一个指定航程内某一批货物的运输保险。它是一种正规的保险合同，包括正面内容和背面条款，正面内容一般包括被保险人的名称和地址、保险标的、运输标志、运输工具、起讫地点、承保险别、保险币别和金额、出单日期等项目，背面印有保险人和被保险人之间权利和义务方面的保险条款。保险单是使用最广的保险单据之一。

（2）保险凭证（insurance certificate）又称小保单，是一种简化的保险单。这种凭证除背面不载明保险人与被保险人的权利和义务条款外，其余内容与保险单相同。保险凭证与保险单具有同等效力。

（3）预约保单（open policy）又称开口保单，是保险公司承保被保险人一定时期内所有进出口货物使用的保险单。凡属于其承保责任范围内的货物一经起运即自动承保。被保险人在获悉每批货物起运时，必须及时将装运通知书送交保险公司。

（4）批单（endorsement）。保险单签发以后，投保人如果需要对保险单的内容进行变更或修改，可以根据保险公司的规定，以书面形式向保险公司提出申请。经保险公司同意后可另外使用一种凭证，注明更改或补充的内容，这种凭证称为批单。保险单一经批改，保险公司即按批改后的内容承担责任。批单须粘贴在原保险单上，并加盖骑缝章，为保险单不可分割的一部分。

2. 核算 CIF 或 CIP 价格

采用 CIF 或 CIP 贸易术语成交时，根据《2020 通则》的规定，卖方需订立把货物运至指定目的港（地）的运输合同并支付运费，并负责订立货运保险合同及支付保险费。所以，从价格构成上来讲，CIF 价格与 FOB 价格、CFR 价格的关系如下：

$$CIF 价格 = FOB 价格 + 海运运费（F）+ 保险费（I）$$

即

$$CIF 价格 = FOB 价格 + 海运运费（F）+ CIF 价格 × 投保加成 × 保险费率$$

$$CIF 价格 - CIF 价格 × 投保加成 × 保险费率 = FOB 价格 + 海运运费（F）$$

$$CIF 价格 ×（1 - 投保加成 × 保险费率）= FOB 价格 + 海运运费（F）$$

式中，海运运费是指装运港到指定目的港的海运或内河水运的运费。

根据以上公式，即可推导出以下在实际业务中核算 CIF 价格的常用计算公式：

$$CIF 价格 = [FOB 价格 + 海运运费（F）] ÷（1 - 投保加成 × 保险费率）$$

$$= CFR 价格 ÷（1 - 投保加成 × 保险费率）$$

以上 CIF 价格与 FOB 价格、CFR 价格之间的换算关系同样适用于 CIP 价格与 FCA 价格、CPT 价格之间的换算。

思考与训练 11.5

我国 A 公司出口某商品 1 000 箱，原对外报价为每箱 25 美元 FOB Guangzhou，现外商要求将价格改报为 CIF Hamburg。已知该商品每箱运费为 2 美元，客户要求按 CIF 发票价格的 110% 投保一切险，保险费率为 1%。在保持利润不变的情况下，该商品每箱 CIF Hamburg 价格应报多少？A 公司投保时需交纳多少保险费？

第五节 我国其他货运保险

中国人民财产保险股份有限公司除了制定海洋运输货物保险条款外，还分别制定了适用于不同运输方式的货运保险，包括陆上运输货物保险、航空运输货物保险、邮包运输保险。

一、陆上运输货物保险

陆上运输货物保险是承保铁路、公路货物运输损失的保险。

1. 陆运险

陆运险（overland transportation risks）负责对被保险货物在运输途中遭受暴风、雷电、洪水、地震等自然灾害，或运输工具遭受碰撞、倾覆、出轨，或在驳运过程中驳运工具遭受搁浅、触礁、碰撞，或遭受隧道坍塌、崖崩，或失火、爆炸意外事故等情况造成的损失进行赔偿。

陆运险的承保责任范围相当于海运货物保险中的水渍险。

2. 陆运一切险

陆运一切险（overland transportation all risks）除包括陆运险的承保责任范围外，还负责对被保险货物在运输途中由一般外来风险所致的全部或部分损失进行赔偿。

陆运一切险的承保责任范围相当于海运货物保险中的一切险。

陆运险和陆运一切险的保险责任起讫按照"仓至仓条款"办理，但是，货物未进仓者，以该货物到达最后卸货车站满 60 天为止。

3. 陆上运输货物战争险

陆上运输货物战争险（overland transportation cargo war risks）是陆上运输货物保险的一种附加险，承保陆上运输途中由于战争、类似战争行为和敌对行为、武装冲突、各种常规武器所致的货物损失。

4. 陆上运输冷藏货物险

陆上运输冷藏货物险（overland transportation cargo insurance-frozen products）是陆上运输货物险的一种专门保险，其承保责任范围除陆运险所列的损失外，还包括冷藏机器或隔温设备在运输途中损坏造成货物解冻腐坏而导致的损失。

陆上运输冷藏货物险的保险责任起讫为自货物运离保险单所载起运地点的冷藏仓库，装入运输工具开始运输时生效，直至运达目的地收货人仓库为止，但是最长保险期以货物到达目的地车站后 10 天为限。

二、航空运输货物保险

航空运输货物保险是承保航空货物运输损失的保险。

（1）航空运输险（air transportation risks）的承保责任范围相当于海运货物保险中的水渍险。

（2）航空运输一切险（air transportation all risks）的承保责任范围相当于海运货物保险中的一切险。航空运输险和航空运输一切险的保险责任起讫按照"仓至仓条款"办理，但是，货物未进仓者，以该货物到达最后目的地卸离飞机满30天为止。

（3）航空运输货物战争险（air transportation cargo war risks）是航空运输货物保险的一种附加险，承保航空运输途中由于战争、类似战争行为和敌对行为、武装冲突以及各种常规武器所致的货物损失。

三、邮包运输保险

邮包运输保险承保邮包在运输途中因自然灾害、意外事故和外来风险所造成的损失。

（1）邮包险（parcel post risks）的承保责任范围相当于海运货物保险中的水渍险。

（2）邮包一切险（parcel post all risks）的承保责任范围相当于海运货物保险中的一切险。邮包险和邮包一切险的保险责任起讫为自邮包离开保险单所载起运地点寄件人的处所、运往邮局时开始生效，直至邮包运达保险单载明的目的地邮局，发出通知书给收件人的当日午夜起计算满15天为止。在此期限内，邮包一经交至收件人的处所，保险责任即行终止。

（3）邮包战争险（parcel post war risks）是一种附加险，承保运输途中由于战争、类似战争行为和敌对行为、武装冲突、海盗行为以及各种常规武器所致的邮包损失。

 自测题

一、单项选择题

1. 我国某公司从德国进口一批电冰箱，以 CIF Shanghai 条件成交，运货船只在途经马六甲海峡附近时遭海盗洗劫，货物尽失，而该货物只投保了平安险。这种损失应由（　　　）。

    A．卖方承担　　　　　　　　　　　　　B．买方承担

    C．保险公司给予买方赔付　　　　　　　D．运输公司给予买方赔偿

2. 我方以 CIF 条件出口一批货物，投保了一切险，载运该批货物的海轮在航行中遇到下雨，部分货物遭到水渍而损失。这种损失应由（　　　）。

    A．卖方承担　　　　　　　　　　　　　B．买方承担

    C．保险公司给予买方赔付　　　　　　　D．运输公司给予买方赔偿

3. 我方公司以 CIF 条件出口一批食品，卖方投保时，按（　　　）投保是正确的。

    A．平安险+一切险+战争险　　　　　　B．一切险+受潮、受热险

    C．水渍险+偷窃、提货不着险+战争险　　D．偷窃、提货不着险+罢工险+战争险

4. "仓至仓条款"是指（　　　）。

    A．运输公司的责任起讫条款　　　　　　B．仓储公司的责任起讫条款

C．保险公司的责任起讫条款　　　　　　D．货代公司的责任起讫条款

5．按 FCA 或 CPT 条件成交的合同，一般应由（　　）办理货运保险。

　　A．卖方　　　　　　B．买方　　　　　　C．承运人　　　　　　D．保险人

6．我国 A 公司与国外 B 公司按 CIF New York 条件出口一批大豆，应由（　　）办理货运保险并承担保险费。

　　A．A 公司　　　　　　B．B 公司　　　　　　C．双方协商决定　　　D．以上都不是

7．按国际保险市场惯例，出口货物的投保金额通常在 CIF 价格的基础上（　　）。

　　A．加一成　　　　　　B．加二成　　　　　　C．加三成　　　　　　D．加四成

8．有一批出口服装，在海上运输途中，因船体触礁导致服装严重受浸。如果将这批服装漂洗后再运至原定目的港，花费的费用已超过服装的保险价值，这批服装应属于（　　）。

　　A．实际全损　　　　　B．推定全损　　　　　C．共同海损　　　　　D．单独海损

9．预约保险以（　　）代替投保单，说明投保的一方已办理了投保手续。

　　A．提单　　　　　　　　　　　　　　　B．大副收据

　　C．买卖合同　　　　　　　　　　　　　D．卖方给保险公司发送的装运通知

10．下列损失不属于 ICC（A）险承保责任范围的是（　　）。

　　A．在运输途中由于恶劣气候造成整批货物的实际全损

　　B．由于运输工具失火、爆炸意外事故造成货物的部分损失

　　C．由于卖方失误，包装不够牢固导致货物有碰损的损失以及更换包装的费用

　　D．海水、湖水或河水进入运输工具或储存处所造成货物的损失

二、多项选择题

1．根据我国海洋运输货物保险条款的规定，基本险包括平安险、水渍险和一切险三种。其英文表达分别为（　　）。

　　A．free from particular average，FPA　　　B．with particular average，WPA/WA

　　C．all risks　　　　　　　　　　　　　　　D．war risks and strikes risks

2．某公司出口一批货物，按 CIF 价格的 110%投保了水渍险，在此基础上还可加保（　　）。

　　A．平安险和渗漏险　　　　　　　　　　B．碰损、破碎险

　　C．一切险和战争险　　　　　　　　　　D．战争险和罢工险

3．被保险货物由于恶劣气候、雷电、海啸、地震、洪水等自然灾害所造成的部分损失，属于（　　）的承保责任范围。

　　A．平安险　　　　　　B．水渍险　　　　　　C．一切险　　　　　　D．短量险

4．下列损失属于平安险承保责任范围的有（　　）。

　　A．船舶触礁，海水涌入船舱，5 000 公吨货物中有 2 000 公吨遭海水浸泡

　　B．船舶遭遇恶劣气候，海水涌入船舱，6 000 公吨货物中有 3 000 公吨遭海水浸泡

　　C．船舶遭遇恶劣气候，海水涌入船舱，6 000 公吨货物全部遭海水浸泡

　　D．在运输途中，船上自来水管破裂，8 000 公吨货物中有 2 000 公吨遭浸泡

5．下列损失属于一切险承保责任范围的有（　　）。

　　A．在运输途中，船上一批玻璃器皿因碰撞而有部分器皿破碎

　　B．在运输途中遭遇暴风雨，船舶颠簸，货物相互碰撞发生的损失

　　C．卸离海轮后的第 5 天，收货人把货物运往目的地仓库途中部分货物被偷窃

D．卸离海轮后的第 5 天，存放在目的港堆场的货物由于火灾遭受部分损失

三、判断题

1．根据我国海洋运输货物保险条款的规定，三种基本险别和战争险均适用"仓至仓条款"。
（　　）

2．在国际贸易中，投保人向保险公司投保一切险后，在运输途中由任何外来原因造成的一切货损均可向保险公司索赔。
（　　）

3．某出口公司按 CIF 条件出口坯布 1 000 包，根据合同规定投保了水渍险。途中船舱内淡水管道滴漏，致使该坯布中的 100 包遭到水浸，保险公司对该损失应负赔偿责任。（　　）

4．在保险单签发以后，投保人如果需要对保险单的内容进行变更或修改，保险公司可根据投保人的请求出具注明更改或补充内容的凭证，这种凭证称为批单。（　　）

5．在使用 CFR 贸易术语成交时，由买方办理保险手续，保险公司仍然从货物运离卖方仓库时开始承担保险责任。
（　　）

四、计算题

1．我方以每袋 50 美元 CIF Singapore 条件出口某货物 1 000 袋。在货物出口前，我方向保险公司按发票金额的 110%投保水渍险、串味险及淡水雨淋险，保险费率分别为 0.6%、0.1%、0.1%。

问：该批货物的投保金额是多少？我方需向保险公司交纳多少保险费？

2．我国某公司出口货物一批，原报价每公吨 2 085 美元 CFR Liverpool，客户要求改报 CIF Liverpool 价格。出口方按客户要求为货物投保一切险，保险金额为 CIF 价格的 110%，从黄埔到利物浦的海运一切险保险费率为 1%。

问：请按此条件给客户报 CIF Liverpool 价格。

3．某货主在货物装船前，按发票金额的 110%办理了货物的投保手续，投保一切险加战争险。该批货物共 100 公吨，以 CIF 条件成交的总价值为 20.75 万美元，一切险和战争险的保险费率分别是 0.6%和 0.1%。

问：（1）若发生了保险公司承保责任范围内的风险，导致该批货物全部灭失，保险公司的最高赔偿金额是多少？

（2）该货主应交纳的保险费是多少？

（3）货到目的港后，买方发现货物共短量 5.8 公吨，保险公司负责赔偿的金额是多少？

 课后阅读与分析

第十二章

报检和报关

【学习指导】

商品检验是指按照国家有关法律、法规和国际货物买卖合同的规定，对进出口商品的质量、数量（重量）、规格、包装、安全性能、卫生指标、装运技术和装运条件等项目进行检验或鉴定并出具检验证书，以作为买卖双方交接货物、收付货款和处理索赔的必要依据。

报关是指进出口货物收发货人、进出境运输工具负责人、进出境物品所有人或者他们的代理人向海关办理货物、物品或运输工具进出境手续及相关海关事务的过程。

学习本章后，应掌握《商检法》对进出口商品检验的有关规定、合同中检验条款的内容，以及了解进出境检验检疫的一般工作流程、一般贸易货物的报关程序、跨境电商通关流程。

【导入案例】

出口地出具的合格品质检验证书是否有效

美国 A 公司与澳大利亚 B 商人签订了一份食品进口合同，合同中的商检条款规定：该批食品的品质检验证书由澳大利亚商检机构提供。货到目的港后，美国卫生检疫部门经抽样化验发现其霉菌含量超过美国的标准，决定禁止其在美国销售，并建议就地销毁。美国 A 公司将货物销毁后，凭美国当地公证检验机构提供的检验证书向澳大利亚 B 商人提出索赔。

讨论：B 商人是否需要赔偿？由澳大利亚商检机构出具的合格品质检验证书是否有效？

第一节　商品检验的基本常识

商品检验（commodity inspection）简称商检，是指在国际货物买卖过程中由商检机构或国家商检部门对卖方交付给买方的货物的品质、数量和包装进行检验，以确保合同标的物符合买卖合同的规定；有的还对装运技术条件或货物在装卸运输过程中发生的残损、残缺进行检验或鉴定，以明确事故范围和责任归属。商品检验还包括依据国家有关法律、法规对某些进出口商品实施强制检验，或对食品、动植物及相关商品实施检疫。

对于进出口商品的申报检验，可以归纳为以下三种情况：一是根据国家的有关法律、法规要求必须申报检验的；二是合同中约定相关检验的；三是货物若发生损坏需要申请检验鉴定的。本节将对前两种情况进行简要介绍，详细内容需在报关与报检课程中学习。

一、商品检验的相关法律规定

商品检验是保障买卖双方经济利益的有效手段。为了保障买卖双方的经济利益，需要一个有资格的、权威的、独立于买卖双方之外的、公正的第三者，即专业的检验机构负责对卖方交付货物的质量、数量和包装进行检验，或对装运技术条件或货物的残损、残缺等情况进行检验或鉴定。检验机构检验或鉴定后出具相应的检验证书，以作为买卖双方交接货物、支付货款和进行索赔、理赔的重要依据。

随着我国对外贸易的发展，为了保证进出口商品的质量、维护我国的正当权益及出口商品的信誉，进一步与国际市场接轨，于1989年8月1日实施、2021年修正的《中华人民共和国进出口商品检验法》（以下简称《商检法》）规定：商检机构和依法设立的检验机构（以下称其他检验机构），依法对进出口商品实施检验。进出口商品检验应当根据保护人类健康和安全、保护动物或者植物的生命和健康、保护环境、防止欺诈行为、维护国家安全的原则，由国家商检部门制定、调整必须实施检验的进出口商品目录（以下简称目录）并公布实施。列入目录的进出口商品，由商检机构实施检验。列入目录的进口商品未经检验的，不准销售、使用；列入目录的出口商品未经检验合格的，不准出口。

二、买卖合同约定检验

在买卖合同中约定检验，主要是确保卖方所交货物符合合同的规定，以保障买卖双方的利益。买卖双方可在合同中规定商品检验的时间和地点、实施检验的机构、需要出具的检验证书等内容。

（一）商品检验的时间和地点

商品检验的时间和地点是指在何时、何地行使对商品的检验权。确定检验时间和地点，关系到哪一方行使对商品的检验权、检验结果以哪一方提供的检验证书为准的问题。由于它直接关系到买卖双方的切身利益，因此规定检验时间和地点是交易双方商定检验条款的核心所在。在国际贸易中，有关商品检验的时间和地点的规定方法主要有以下四种。

1. 在出口国检验

在出口国检验包括工厂检验（产地检验）和装船前或装船时检验两种。

工厂检验（产地检验）是指生产工厂的检验人员或合同约定的买方检验人员在货物离厂前对其质量、数量、规格、包装等实施检验，卖方承担货物离厂前的责任，这是国际贸易中的习惯做法。我国在进口重要货物和大型成套设备时，一般都在出口国工厂进行检验或安装、测试。

装船前检验是指装船前由约定的检验机构出具检验证书，并以此作为交货品质和重量的最后依据，即离岸品质和离岸重量（shipping quality and shipping weight）。采用这种方法时，卖方取得检验证书，意味着所交货物的品质和重量与合同规定相符，也意味着卖方按质、按量履行了合同义务，此时，买方无复验权。可见，这种方法对卖方有利。至于货物在运输途中发生货损或灭失，买方仍然有权向有关责任方（如承运人或保险人）索赔。装船时检验，是指在采用传送带或机械化操作时，对正在装船的货物（如散装货）进行抽样检验或衡量，并以此时的品质和重量作为交货的最后依据。这种依据也属于离岸品质和离岸重量。

导入案例分析

导入案例中，合同规定商检以装船地检验报告为准，这就决定了卖方交货品质的最后依据是装船地商检报告书。根据国际贸易商品检验的一般规则，谁行使检验权就要以谁提供的检验证书为准。仅就本案例来看，只有在美国 A 公司所在地的检验机构证明货物确实在装船前就存在内在缺陷的情况下，B 商人才有义务承担理赔责任。在这种情况下，买方在目的港收到货物后，虽然可以委托商检机构对货物进行再次检验，但原则上无权提出异议。

2．在进口国检验

在进口国检验是指在进口国目的地卸货后对货物的质量与数量等进行检验，包括目的港卸货时检验和用户所在地检验两种。

目的港卸货时检验是指卸货时由约定的检验机构对货物的质量、重量等进行检验，出具检验证书，并以此作为卖方交货的最后依据，即到岸品质和到岸重量（landed quality and landed weight）。若卸货时发现货物的质量、重量与合同规定不符，卖方要承担责任，对此，买方有索赔的权利。

对于一些不便在目的港卸货时检验的货物，如密封包装、在使用之前打开有损货物质量或会影响使用的货物，或是规格复杂、精密程度高、需要在一定操作条件下用精密仪器或设备检验的货物，需要将检验延迟到用户所在地进行。使用这种方法时，货物的品质和重量（数量）以用户所在地的检验结果为准。

3．出口国检验，进口国复验

货物在装船前必须进行检验鉴定，但此时出具的检验证书不能作为卖方交货的最后依据，只是作为卖方向银行结算货款的凭证。货物到达后，在双方约定的时间内，买方有权对货物进行复验，复验后若发现货物与合同规定不符，可根据复验结果向卖方索赔。此方法兼顾了双方的权益，比较公平合理，因而在国际贸易中经常被采用。

4．装运港检验重量，目的港检验质量

交货重量以装运港约定的检验机构出具的重量检验证书作为最后依据，交货品质以目的港约定的检验机构出具的品质检验证书作为最后依据，即离岸重量、到岸品质。这种方法多用于大宗商品检验，以调和双方在商检问题中存在的矛盾。

（二）检验机构

在国际贸易中，交易双方除了自行对商品进行必要的检验外，通常还要委托第三方对商品进行检验。这种对商品进行检验、鉴定和管理的机构就是商品检验机构，简称检验机构或商检机构。

1．国外的检验机构

世界上大多数国家都设有自己的商品检验、鉴定或公证机构。这些机构有的属于综合性的，有的属于专业性的；有的是国家设立的，有的是由私人协会或同业公会经营的。属于国家设立的官方检验机构，如美国动植物卫生检验局（Animal and Plant Health Inspection Service，APHIS）、美国食品药品监督管理局（Food and Drug Administration，FDA）、法国国家实验室检测中心、日本通商产业检查所等；属于民间性质的私人协会或同业公会经营的检验机构，如日本海事检定协会（NKKK）、美国安全试验所（UL）、瑞士通用公证行（SGS）、国际羊毛局（IWS）、加拿大标准协会（CSA）等。

2. 我国的检验机构

2018 年，国家质量监督检验检疫总局的出入境检验检疫管理职责和队伍划入海关总署。海关总署设在省、自治区、直辖市以及进出口商品的口岸、集散地的直属海关和口岸海关，管理所负责地区的进出口商品检验工作。在进出口商品检验工作方面，海关的主要职能是承担进出口商品安全风险评估、风险预警和快速反应工作；承担国家实行许可制度的进口商品验证工作，监督管理法定检验商品的数量、重量；依据多边、双边协议承担出口商品检验工作；承担出入境动植物、动植物产品的检验检疫、监督管理工作；承担进口食品企业备案注册和进口食品、化妆品的检验检疫、监督管理工作；承担出入境卫生检疫、传染病及境外疫情监测、卫生监督等工作。此外，海关还负责进出口商品一般原产地证与优惠性原产地证签证工作，以及与外国和国际组织开展合作。

中国检验认证（集团）有限公司 [China Certification & Inspection(Group)Co., Ltd.，CCIC，原名为中国进出口商品检验总公司]，是于 1980 年经国务院批准成立的商品检验机构。中国检验认证（集团）有限公司在全国各省、自治区、直辖市设有分支机构，接受对外贸易关系人的委托，办理各项进出口商品检验鉴定业务。中国检验认证（集团）有限公司还在世界上数十个国家和地区设有分支机构，处理装船前的检验和对外贸易鉴定业务。

目前，海关总署根据申请人的申请材料进行审核、决定，对符合申请条件的中资或外商投资检验机构准予其从事进出口商品检验鉴定业务。

（三）检验证书

检验证书（certificate of inspection）是进出口商品检验机构检验、鉴定货物后出具的证明文件。此外，经买卖双方同意，也可采用由出口商品的制造商、出口商、进口商或者进口商的代理人出具的证明文件。它是证明卖方所交货物的品质、数量、包装等内容是否符合合同规定的依据，也是货物通关的凭证和出口商结算货款的有效单据之一；当货物品质、数量等与合同不符时，它也是买方向有关当事人（如承运人、保险人、出口商）提出索赔的有效依据。常见的检验证书有以下几种。

（1）品质检验证书（inspection certificate of quality），即证明进出口商品品质、规格、等级、效能等实际情况的书面文件。

（2）重量检验证书（inspection certificate of weight），即按不同的计重方式证明进出口商品重量的书面文件。

（3）数量检验证书（inspection certificate of quantity），即按不同的计量单位证明进出口商品数量的书面文件。

（4）包装检验证书（inspection certificate of packing），即证明进出口商品包装情况合格的书面文件。

（5）兽医检验证书（veterinary inspection certificate），即证明动物产品在出口前经过兽医检验，符合检疫要求的书面文件。

（6）卫生检验证书（sanitary inspection certificate），即证明出口供食用的动物产品系来自安全非疫区，未经传染病感染、可供食用的检验证书。

（7）消毒检验证书（disinfecting inspection certificate），即证明出口动物产品经过高温或药剂消毒、商品卫生品质合格的书面文件。

（8）熏蒸检验证书（inspection certificate of fumigation），即证明出口粮谷、油籽、皮张等商

品，以及包装用木材与植物性填充物等已经过熏蒸灭虫处理的书面文件。

（9）温度检验证书（certificate of temperature），即证明出口冷冻商品温度符合要求的书面文件。

（10）残损检验证书（inspection certificate of damaged cargo），即证明进口商品发生残损情况的证书。

（11）船舱检验证书（inspection certificate on tank/hold），即证明承运出口商品的船舱情况符合要求的证书。

（12）价值检验证书（certificate of value），即证明出口商品价值的证书，通常用于证明发货人发票所载的单价、总值正确、属实。

（四）合同中的检验条款范例

我国企业在出口贸易中一般采用在出口国检验、进口国复验的办法。装船前，由我国具备资质的检验机构检验并签发证书，作为结算货款的凭证；货到后允许进口商行使复验权，并以目的港检验机构出具的检验证书作为索赔依据。

【例】

买卖双方同意以出口国具备资质的检验机构签发的品质和重量（数量）检验证书作为信用证项下议付所提交单据的一部分，买方有权对货物的品质、重量（数量）进行复验。复验费用由买方负担。如发现品质或重量（数量）与合同规定不符，买方有权向卖方索赔，并提交经卖方同意的公证机构出具的检验报告。索赔期限为货到目的港××天内。

It is mutually agreed that the certificate of quality and weight (quantity) issued by authorised inspection organization in export country shall be part of the documents to be presented for negotiation under the relevant L/C. The buyer shall have the right to reinspect the quality and weight (quantity) of the cargo. The reinspect fee shall be borne by the buyer. Should the quality and weight (quantity) be found not in conformity with the contract, the buyer are entitled to lodge with the seller a claim which should be supported by survey reports issued by a recognized surveyor approved by the seller. The claim, if any, shall be lodged within ×× days after arrival of the cargo at the port of destination.

三、《商检法》对检验方式的相关规定

根据《商检法》的相关规定，由设在各地的海关依法对列入目录的进出口商品实施法定检验，其中对于符合国家规定免予检验条件的，由收货人或发货人申请，经国家商检部门审查批准，可以免予检验；同时，对法定检验以外的商品可以实施抽查检验。

微课堂

进出口商品一定
要检验吗

1. 法定检验

法定检验是指海关对列入目录的进出口商品以及法律、行政法规规定须经海关检验的其他进出口商品实施的检验。实施法定检验的商品必须经海关检验合格方可进出口。目前，我国实施法定检验的商品一般包括以下几种：①列入海关实施检验的进出口商品目录的商品；②进出口食品的卫生检验，动植物的病虫害检验检疫；③出口危险物品的包装容器的性能检验和使用鉴定；④装运进出口易腐烂变质食品、冷冻品的车辆、船舱和集装箱；⑤有关国际条约、协议规定须经商检机构检验的出口商品。

如表12.1所示，目录的主要内容由商品编码、商品名称、监管条件、检验检疫类别构成。

例如，进口冷冻马铃薯，监管条件是 A，那进口方在向海关一次合并报关报检时，需要按检验检疫的要求，申请进境动植物、动植物产品检疫和进口食品卫生监督检验；如是出口冷冻马铃薯，监管条件是 B，那出口方在报关前，需要按检验检疫的要求，申请出境动植物、动植物产品检疫和出口食品卫生监督检验，然后在报关时再填写报检电子回执上的企业报检电子底账数据号，并填写代码"B"。

这里需要特别说明的是，目前某些专业网站（如 HS 编码查询网站、归类通网站）仍然沿用了 2018 年关检合一前的名称，把监管条件 A 仍称为入境货物通关单，监管条件 B 仍称为出境货物通关单。

表 12.1　目录内容举例

商品编码	商 品 名 称	监管条件	检验检疫类别
07101000	冷冻马铃薯（不论是否蒸煮）	AB	P. R/Q. S
0710809020	冷冻的香菇（不论是否蒸煮）	AB	P. R/Q. S
4101502090	重 >16 千克整张生马科动物皮	AB	P. R/Q. S
5101110001	未梳的含脂剪羊毛（配额内）	tAB	M. P/Q
85165000	微波炉	A	L. M. R/
86090011	20 英尺的保温式集装箱	AB	P/Q

注：其中，监管条件代码含义如下。
A：检验检疫。B：电子底账。t：关税配额证明。
检验检疫类别代码含义如下。
M：进口商品检验。N：出口商品检验。P：进境动植物、动植物产品检疫。
Q：出境动植物、动植物产品检疫。R：进口食品卫生监督检验。
S：出口食品卫生监督检验。L：民用商品入境证。

2. 抽查检验

抽查检验是海关对法定检验以外的进出口商品，根据相关规定，按照统一的内容、程序、方法、标准等实施抽样检验，是国家对进出口商品实施质量监督管理的一种重要方式。抽查检验的进出口商品重点涉及以下几种：①可能危及人体健康、财产安全以及环境保护的商品；②进出口数量大、质量不稳定或发生过较大质量事故的商品；③国内外消费者投诉较多、有关用户反映质量问题较多、退货数量较多的商品；④国内外有新的特殊技术要求的商品。

实施抽查检验的范围是动态调整的，具体以海关总署公布的每个年度法定检验商品以外进出口商品抽查检验的商品范围为准。海关实施进出口商品抽查检验，不得向被抽查单位收取检验费用，被抽查单位也应予以配合。对抽查不合格的进口或出口商品，必须在海关的监督下进行技术处理，经重新检测合格后，方可销售、使用或出口；不能进行技术处理或者经技术处理后仍不合格的，由海关责令当事人退货或者销毁，或不准出口。

3. 免检

免检是指对于法定检验范围内的商品，经过规定的程序，对符合国家规定免检条件并经批准的免检商品免于进行法定检验，检验机构根据申请人提供的有关质量合格方面的文件直接做出评定结论的合格评定活动。

 即时查询

报关前需要了解进出口商品的海关监管条件和检验检疫类别，做好报关前的准备工作。登录 HS 编码查询网站，输入进出口商品的 HS 编码，即可了解该类商品的海关监管条件和检验检疫类别。

第二节　进出境检验检疫的一般工作流程

进出境检验检疫的一般工作流程可概括为申请检验→实施检验→签证、放行等三个环节。

一、申请检验

1. 报检

申报单位如选择在海关申报检验的，可从中国国际贸易单一窗口标准版门户网站进入登录界面，在左侧选项中选择"货物申报"—"出（进）口整合申报"，一次性输入报关报检信息；对于需要提前申请报检的出口企业，也可在下拉列表中单击"出境检验检疫申请"，进行数据录入，在后期的出口整合申报中自动关联报检信息，无须重复录入。

（1）出口商品报检。凡属于法定检验的商品，和买卖合同规定由出口口岸商检机构检验出证的，以及境外政府要求出口前签发检验证书的，出口商或其代理人需向相关的商检机构申请检验。填明申请检验和鉴定项目的要求，并提供合同、信用证、发票、装箱单等必要的凭证。对于法定检验的商品，出口商或其代理人需在报关前向生产地、组货地海关报检，报检时间最迟应在出口报关或装运前 7 天，对于个别检验检疫周期较长的货物，应留足相应的检验检疫时间。

（2）进口商品报检。凡属于法定检验的商品，和买卖合同中规定在目的港（地）检验的进口商品，以及进口商品在卸货时发现残损或者数量、重量短缺的，收货人或其代理人应当持合同、发票、装箱单、提单等必要的凭证和相关批准文件，向报关地的商检机构报检；通关放行后 20 日内，收货人应当在报检时申报的目的地向有关商检机构申请检验。大宗散装商品、易腐烂变质商品、可用作原料的固体废物以及已发生残损、短缺的商品，应当在卸货口岸检验。

2. 受理

受理是指商检机构在收到进出境货物报检申请后，受理人员对申请单上所填内容逐项审核，并对所附的有关单证逐一核对的过程。在审核无误的基础上，受理人员对报检申请进行登记编号，受理报检；之后，将全套单证移交检验部门，安排检验。

二、实施检验

实施检验阶段分为现场检验或抽样和检验或鉴定两个环节。

海关根据有关工作规范、企业信用类别、产品风险等级，判别是否需要实施现场检验及是否需要对产品实施抽样检测。凡需检验检疫并出具结果的出入境货物，一般需检验检疫人员到现场抽取样品。所抽取的样品必须具有代表性、准确性、科学性。检验检疫人员抽取样品后必须及时封识、送检，并填写现场记录，以免发生意外。进出口合同中规定了抽样方法的，按合同规定的方法抽样；合同中没有规定抽样方法的，按有关标准进行抽样。

检验或鉴定就是根据合同或有关技术标准的规定，对样品的有关特征进行检查、试验、测量或计算。检验或鉴定是进出口商品检验工作的中心环节。

三、签证、放行

凡法律、法规或国际公约规定须经检验检疫机构检验的进出境货物，经检验检疫合格的，海关核放货物。凡进出口合同中规定由相关商检部门出证的或境外要求出口前签发检验证书的，检验机构签发相关的证书。出口检验证书一般使用英文。进口方面，货物经检验后，检验机构签发"检验情况通知单"或"检验证书"，供对外结算或索赔使用。进口检验证书应使用中英文合并本。

第三节　报关及海关监管货物的基本报关程序

一般而言，报关是指进出口货物收发货人、进出境运输工具负责人、进出境物品所有人或者他们的代理人向海关办理货物、运输工具或物品进出境手续及相关海关事务的过程。

国际物流、国际交流和交往活动，往往与运输工具、货物、物品和人员的进出境情况有关。报关是与运输工具、货物、物品的进出境密切相关的一个概念。《中华人民共和国海关法》（以下简称《海关法》）规定，进出境运输工具、货物、物品，必须通过设立海关的地点进境或者出境。海关依照《海关法》或其他有关法律、行政法规，监管进出境的运输工具、货物、行李物品、邮递物品和其他物品，征收关税和其他税、费，查缉走私，并编制海关统计资料和办理其他海关业务。因此，由设立海关的地点进出境并办理规定的海关手续是运输工具、货物、物品进出境的基本规则，也是进出境运输工具负责人、进出口货物收发货人、进出境物品所有人应履行的一项基本义务。

根据涉及的对象不同，报关可分为运输工具报关、货物报关和物品报关。由于性质不同，海关的监管要求不同，报关程序也各不相同。本节涉及的内容仅针对进出境货物的报关。

一、报关的分类

货物报关可从不同的角度进行分类。

根据报关的目的不同，报关可分为进境报关、出境报关。由于海关对货物的进出境有不同的管理规定，根据货物进境和出境的目的分别形成了进境报关手续和出境报关手续。

根据报关行为性质的不同，报关可分为自理报关和代理报关。

（1）自理报关是指进出口货物收发货人自行办理报关手续的行为。

（2）代理报关是指接受进出口货物收发货人的委托，代其办理报关手续的行为。有权接受他人委托办理报关业务的企业称为报关企业。

《海关法》规定，进出口货物收发货人、报关企业办理报关手续，应当依法向海关备案。报关企业和报关人员不得非法代理他人报关。

根据代理报关承担的法律行为责任不同，代理报关又分为直接代理报关和间接代理报关。直接代理报关是指报关企业接受委托人的委托，以委托人的名义办理报关手续的行为。间接代理报关是指报关企业接受委托人的委托，以自己的名义办理报关手续的行为。目前，我国报关企业大多采用直接代理报关，经营快件业务的营运人等国际货物运输代理企业采用间接代理报关。

二、一般贸易货物的基本报关程序

基于不同的进出口目的和不同的交易方式，海关对进出境货物制定了不同的监管方式。如传统贸易下的监管方式有一般贸易、来料加工装配贸易（简称来料加工）、进料加工贸易、进出境展览品、暂时进出口货物、特定减免税货物等。海关对不同监管方式下进出口货物的监管、征税、统计作业的要求不尽相同，报关程序也不尽相同。以下仅介绍一般贸易货物的基本报关程序。一般贸易是指我国境内有进出口经营权的企业单边出口或单边进口的贸易。

海关传统的通关流程是接受申报、审单、查验、征税、放行的"串联式"作业流程，全国通关一体化改革之后，采用"一次申报、分步处置"的新型通关管理模式，在完成企业报关和税款自报自缴的手续后，安全准入风险主要在口岸通关现场处置，税收风险主要在货物放行后处置。

海关在"分步处置"模式下，第一步，由风险防控中心分析货物是否存在违反禁限管制要求，侵权、品名、规格、数量伪报瞒报等安全准入风险并下达查验指令，由口岸海关通关监管力量实施查验。对于存在重大税收风险且放行后难以实施海关稽查或追补税的货物，由税收征管中心预设放行前验估指令，交由风险防控中心统筹下达，实施放行前验估。验估中无法当场得出结论的，通过必要的取样、留影等手段存证后放行。第二步，由税收征管中心在货物放行后对报关单、税收征管要素实施批量审核，筛选风险目标，统筹实施放行后验估、稽（核）查等作业。

（一）进出口申报

进出口货物的收发货人经与直属海关、第三方认证机构（中国电子口岸数据中心）签订电子数据应用协议后，可在全国海关适用"通关作业无纸化"的方式，通过"中国国际贸易单一窗口"或"互联网+海关"平台向海关发送报关单数据。海关直接对电子报关单及随附单据的电子数据进行无纸化审核。

1. 申报单证

准备申报单证是进行申报工作的第一步。申报单证可以分为报关单和随附单证两大类，其中随附单证包括基本单证和特殊单证。

报关单是指进出口货物报关单或者带有进出口货物报关单性质的单证，如特殊监管区域进出境备案清单、进出口货物集中申报清单、过境货物报关单、快件报关单等，由报关人员按照海关规定的格式填写。

基本单证是指进出口货物的货运单据和商业单据，主要有进口提货单据、出口装货单据、商业发票、贸易合同、装箱单、代理报关委托书等。

特殊单证主要有进出口许可证件、原产地证等。

准备申报单证的原则是：基本单证、特殊单证必须齐全、有效、合法，填制报关单必须真实、准确、完整，报关单和随附单证的数据必须一致。

2. 申报期限

进口货物应自装载货物的运输工具申报进境之日起 14 日内向海关申报。出口货物应当在运抵海关监管场所后，装货的 24 小时前向海关申报。进口货物超过规定期限向海关申报的，海关依法对收货人征收滞报金。对出口货物及过境、转运、通运货物均不征收滞报金。

自运输工具申报进境之日起，超过三个月未向海关申报的进口货物，由海关提取并依法进行变卖处理；对不适宜长期保存的货物，海关可以根据实际情况提前变卖。

海关接受进出口货物申报后，报关单电子数据一般不得修改或者撤销。确有正当理由的，可通过平台预录入系统的"修撤单申请"功能向海关办理进出口货物报关单的修改或撤销手续。

 案例 12.1

2024 年 8 月 24 日，出口方就 S/C NO. 24QFIE0702 销售确认书（见示范 7.6）中的出口货物向广州埔新港办（关区代码为 5202）申报出口，填写出口货物报关单（见示范 12.1）。填写时须参考第十三章的相关单据，如商业发票（见示范 13.1）、装箱单（见示范 13.2）、提单（见示范 13.4）。

示范 12.1 中华人民共和国海关出口货物报关单

预录入编号：　　　　　海关编号：

境内发货人（91440693001952874 2） 佛山奇飞进出口贸易有限公司	出境关别 埔新港办（5202）	出口日期	申报日期	备案号
境外收货人 BOLTITI CORONA S.A.	运输方式 水路运输（2）	运输工具名称及航次号 JINLONG /0097	提运单号 FS 09856	
生产销售单位（91440693001952874 2） 佛山奇飞进出口贸易有限公司	监管方式 一般贸易（0110）	征免性质 一般征税（101）	许可证号	

合同协议号 24QFIEO702	贸易国（地区） 德国（DEU）	运抵国（地区） 德国（DEU）	指运港 汉堡（DEU063）	离境口岸 黄埔新港码头（442102）
包装种类 其他包装（99）	件数 123	毛重（千克） 8586	净重（千克） 6620	运费 USD/2100/3	保费 0.3/1	杂费

随附单证及编号

标记及唛码
BOLTITI
HAMBURG
NOS. 1-123

项号 商品编码	商品名称及规格型号	数量及单位	单价/总价/币制	原产国（地区）	最终目的国（地区）	境内货源地	征免
01 6430990090	皮鞋 HMS12	1500KGS 500双	11.50/5750.00/美元	中国（CHN）	德国（DEU）	佛山其他（44069）	照章征税（1）
02 6430990090	皮鞋 HMS26	1800KGS 600双	9.25/5550.00/美元	中国（CHN）	德国（DEU）	佛山其他（44069）	照章征税（1）
03 6430990090	皮鞋 HMS29	1800KGS 600双	7.70/4620.00/美元	中国（CHN）	德国（DEU）	佛山其他（44069）	照章征税（1）
04 4203299090	皮手套 HMG12	800KGS 2000双	2.15/4300.00/美元	中国（CHN）	德国（DEU）	佛山其他（44069）	照章征税（1）
05 4203299090	皮手套 HMG18	720KGS 1800双	1.75/3150.00/美元	中国（CHN）	德国（DEU）	佛山其他（44069）	照章征税（1）

报关人员　报关人员证号　电话	兹申明对以上内容承担如实申报、依法纳税之法律责任	海关批注及签章
申报单位	申报单位（签章）	

（二）配合海关查验

查验是海关为确定报关单位向海关申报的内容是否与进出口货物的真实情况相符，或者为确定商品的归类、价格、原产地等，依法对进出口货物进行实际核查的执法行为。

海关通过查验，核实有无伪报、瞒报、申报不实等走私、违规行为，同时也为海关的征税、统计、后续管理提供可靠的资料。海关查验时，进出口货物收发货人或其代理人应当在场。查验原则上应当在口岸地海关监管区内实施，因特殊情况不适宜在海关监管区内实施的，经申请，海关可派员到海关监管区外实施查验。海关一般会以书面通知的形式通知进出口货物收发货人或其代理人，约定查验的时间。

查验分为人工查验和机器查验。人工查验包括开箱查验和外形查验。海关可以根据货物情况及实际执法需要，确定具体的查验方式。

（1）开箱查验，即将货物开箱（包），对货物的品种、规格、数量、重量、原产地等情况逐一与报关单详细核对。

（2）外形查验，即对货物的包装、唛头等进行查验，包括货物的外包装有无开拆、破损等痕迹，以及有无反动、黄色文字及图像，等等。

有下列情况之一的，海关可径行开验：①进出口货物有违法嫌疑的；②经海关通知查验，报关单位未派人到场的。海关行使径行开验权利时，应当通知货物存放场所的管理人员或其他见证人到场，并由其在海关的查验记录上签字确认。

海关在查验中要求进出口货物的收发货人或其代理人必须到场，并配合海关做好以下工作。

（1）按海关的要求负责办理货物的搬移、拆装箱和重封货物的包装等工作。

（2）预先了解和熟悉所申报货物的情况，如实回答查验人员的询问以及提供必要的资料。

（3）协助海关提取需要进一步检验、化验或鉴定的货样，收取海关出具的取样清单。

（4）查验结束后，认真阅读查验人员填写的"海关进出境货物查验记录单"，并对具体的开箱情况、货物的残损情况及造成残损的原因、提取货样的情况、查验结论等签名确认。

（三）缴纳税（费）

进出口报关单电子审结后，海关业务系统会自动向电子口岸发送税（费）信息，电子口岸将签约企业的税（费）信息发送至"中国国际贸易单一窗口"或"互联网+海关"平台。企业可登录"中国国际贸易单一窗口"或"互联网+海关"平台查询税（费）信息，并发送税（费）扣除指令。扣税（费）成功且符合放行条件的，海关可办理放行手续。

（四）货物放行

货物放行一般是指进出口货物收发货人或其代理人凭海关电子放行指令或打印的"通关无纸化查验/放行通知书"提取进口货物，或将出口货物装上运输工具离境。

三、跨境电商通关流程

随着跨境电商的兴起和快速发展，我国海关主动适应这一趋势，积极探索适合我国国情的跨境电商海关监管方式，从 2014 年开始陆续发布了对跨境电商的海关监管事宜公告。目前对跨境电商的海关监管方式有"9610"（全称"跨境贸易电子商务"，简称"电子商务"）海关监管方式、"1210"（全称"保税跨境贸易电子商务"，简称"保税电商"）海关监管方式、"1239"（全称"保税跨境贸易电子商务 A"，简称"保税电商 A"）海关监管方式、"9710"（全称"跨境电子商务企业对企业直接出口"，简称"跨境电商 B2B 直接出口"）海关监管方式、"9810"（全称"跨境电子商务出口海外仓"，简称"跨境电商出口海外仓"）海关监管方式。

除特殊情况外，"中华人民共和国海关跨境电子商务零售进出口商品申报清单"（以下简称"申报清单"）、"中华人民共和国海关进（出）口货物报关单"应当采取通关无纸化作业方式进行申报。不同海关监管方式下的报关要求和通关流程略有差异，现以"1210"网购保税进口和"9610"一般出口为例加以说明。

1. "1210"网购保税进口通关流程

对跨境电商直购进口商品及适用网购保税进口政策的商品，按照个人自用进境物品监管，不执行有关商品首次进口许可批件、注册或备案要求。但对相关部门明令暂停进口的疫区商品和对出现重大质量安全风险的商品启动风险应急处置时除外。

"1210"网购保税进口通关流程如图 12.1 所示。

图 12.1 "1210"网购保税进口通关流程

直购进口模式下，邮政企业、进出境快件运营人可以接受跨境电商平台企业或跨境电商企业境内代理人、支付企业的委托，在承诺承担相应法律责任的前提下，向海关传输交易、支付等电子信息。直购进口业务采取"清单核放"方式办理报关手续，其通关流程与网购保税进口业务通关流程的差异主要是少了入境入区报关及电子账册管理，其余流程及监管要求基本相同。

2. "9610"一般出口通关流程

一般跨境电商零售商品出口时，跨境电商企业或其代理人应提交"申报清单"，采取"清单核放、汇总申报"方式办理报关手续。"9610"一般出口通关流程如图 12.2 所示。

跨境电商综合试验区内符合条件的跨境电商零售商品出口时，可采取"清单核放、汇总统计"方式办理报关手续。以"清单核放、汇总统计"方式报关的通关流程与"清单核放、汇总申报"方式的差异主要是不需要再以汇总方式形成"中华人民共和国海关出口货物报关单"。

图 12.2　"9610"一般出口通关流程

 # 自测题

一、单项选择题

1．以下不是检验证书作用的是（　　）。

　　A．作为证明卖方所交货物的品质、数量、包装等内容是否符合合同规定的依据

　　B．确定检验标准和检验方法的依据

　　C．作为出口商结算货款的有效单据之一

　　D．进出口商品如属法定检验范围的，其是海关验关放行的凭证之一

2．在出口国检验、进口国复验的这种检验条款（　　）。

　　A．对卖方有利

　　B．对买方有利

　　C．比较公平合理，照顾了买卖双方的利益

　　D．对保险公司有利

3．进口货物的申报期限为自装载货物运输工具申报进境之日起（　　）内。

　　A．14 日　　　　　　　B．24 日　　　　　　　C．24 小时　　　　　　　D．30 日

4．关于进出口货物收发货人或其代理人配合海关查验的主要工作表述错误的是（　　）。

　　A．搬移货物、拆装箱和重封货物的包装

　　B．回答查验人员的询问

　　C．协助海关提取需要做进一步检验、化验或鉴定的货样

　　D．填写"海关进出境货物查验记录单"

5．关于"1210"网购保税进口业务，以下表述正确的是（　　）。

　　A．跨境电商进口货物在进入海关特殊监管区域时，跨境电商企业需要缴纳进口关税

　　B．有关交易、支付、物流等电子信息统一由跨境电商平台企业通过"中国国际贸易单一窗口"向海关推送

　　C．海关放行后 30 日内未发生退货或修撤单的，代收代缴义务人在放行后第 31 日至第 45 日内向海关办理纳税手续

D．如有退货，已征收的关税不予退还

二、判断题

1．所有的进出口商品在办理进出口清关手续时，都必须向海关提供商检机构签发的检验证书，否则海关不予放行。（　）

2．若合同中规定以离岸品质、离岸重量为准，则以双方约定的商检机构在出口货物装船前出具的品质、数量、包装等检验证书作为决定品质、重量的最后依据。（　）

3．若买方没有利用合理的机会检验货物，就是放弃了检验权，即丧失了拒收货物的权利。（　）

4．出口货物应当在运抵海关监管场所后，装货的 24 小时前向海关申报。（　）

5．进出口货物有违法嫌疑，或经海关通知查验，进出口货物收发货人或其代理人届时未到场的，海关可以径行开验。（　）

三、案例分析题

1．我国某出口公司以 CIF Singapore 条件向新加坡商人出口一批花生，新加坡商人又将该货物转卖给马来西亚商人。货到新加坡后，新加坡商人发现货物的质量有问题，但仍将原货转船至马来西亚。其后，新加坡商人在合同规定的索赔期限内凭马来西亚商检机构签发的检验证书向该出口公司提出退货要求。

问：该出口公司应该如何处理？为什么？

2．我国 A 出口公司与国外 B 公司签订一份外销合同，合同规定货物在出口前由 B 公司指定人员到生产工厂进行检验。由于该人员临时有事，无法按时到达厂家，致使货物无法按时出运，而合同中对于发生此种情况该如何处理又无具体规定。

问：如果你是具体经办人员，该如何处理？

 课后阅读与分析

第十三章

制单及交单结算货款

【学习指导】

货物装船出运后，出口企业应根据不同的支付方式，制作合同或信用证要求的单据，并按约定交付单据，办理货款的结算手续。所以，制单及交单是国际贸易业务中重要的一环，尤其是采用信用证方式支付的业务，货款能否及时收回，关键要看单据的质量如何。在实际业务中，由单证不符造成出口方收汇困难甚至遭到拒付的案例不胜枚举。

学习本章后，应了解信用证和其他支付方式的制单交单要求，熟悉常用结汇单据的制作要求，掌握缮制单据的基本技能。

【导入案例】

单证不符致损案

国内 A 公司与阿联酋迪拜 B 公司签订一份出口合同。B 公司按合同约定向开证行申请开立了不可撤销信用证，信用证中对提单的规定为 "full set of original clean on board ocean bill of lading"（全套正本清洁已装船提单）。A 公司在合同规定的期限内装货，并按期向议付行交单议付。但不久就接到议付行转来的开证行的拒付通知，称："你方第×××号信用证项下的单据经我行审核，发现提单上缺少'已装船'批注，与申请人联系后，其亦不同意接受该不符点。单据暂代保管，听候你方的处理意见。"

A 公司立即复查了提单，发现确实少了"已装船"批注，遂与申请人联系，说明该错误是由 A 公司业务人员的疏忽所致，但货物确实是如期装船的。A 公司同意申请人在收到目的港船运代理公司的到货通知单后再向开证行付款赎单。

结果由于当地市场行情下跌，B 公司坚持要求 A 公司降价 30%才肯接受单据，最后 A 公司只好降价处理，了结此案。

第一节　信用证和其他支付方式的制单交单要求

货物装运后，出口企业应根据不同的支付方式，制作合同或信用证要求的单据，并按约定交付单据，办理货款的结算手续。

一、信用证支付方式下的制单交单要求

1. 信用证支付方式下的制单要求

信用证支付方式下，开证行在确认单据与信用证完全相符后，才承担付款责任。所以，单据质量的高低直接关系到企业能否安全、迅速收汇，这也是出口贸易的目的所在。为确保安全、迅速收汇，单据必须达到正确、完整、及时、简明、整洁的要求。

（1）正确。单据要做到准确无误，必须遵循"四相符"原则，即"单证相符""单单相符""单货相符""证同相符"。具体来说，就是单据要和信用证条款的规定相符，单据和单据之间的内容要相符，单据上记载的内容要和实际发货情况相符。要做到前三个相符，则要确保信用证条款符合贸易合同的规定。只有这样，单据才能真正代表货物，防止错装、错运事故的发生。

（2）完整。单据的完整性，一方面指信用证项下提交的单据必须齐全，不能短缺，单据的种类、每种单据的份数都必须完整；另一方面指每一种单据本身的内容必须齐全，如果单据格式不当、项目漏填、文理不通、签章不全，就不能构成有效文件，也就不能被银行接受。

（3）及时。信用证项下各种单据的出单日期必须合理可行。例如，提单上显示的发运日期不能晚于信用证规定的装运期限；装运通知必须在货物装运后立即发出；保险单据的日期不得迟于提单的发运日期，除非保险单据表明保险责任不迟于提单发运日生效。一旦这些日期出现差错，就会造成单证不符或单单不符，从而影响收汇。

（4）简明。单据的文字内容应按照《UCP600》《ISBP821》和信用证的要求填写，力求简单明了，切勿加列不必要的内容，以免画蛇添足。

（5）整洁。单据整洁指的是单据格式力求规范和标准。单据表面清洁，重点项目突出，尽量减少或不出现涂改现象；确实必须更改的，在更正处简签（只写姓或名字中的一部分）或加盖更改章。有些数据，如提单、汇票以及其他重要单据的主要项目，如金额、件数、数量等，不宜更改。

2. 信用证支付方式下的交单要求

信用证支付方式下，受益人（出口方）需要按照信用证规定向指定银行提交相符的单据，这里的指定银行一般是指通知行或议付行。由于信用证涉及的单据较多，要求也很严格，出口方可以在运输单据签发前先将有关单据送交指定银行预审，以便银行有较充足的时间审核单据，如发现错误，出口方可及时改正。出口方收到运输单据后再把运输单据及时提交给指定银行，由指定银行向开证行寄单索汇。

这里需要注意的是，信用证支付方式下受益人必须及时交单。信用证有规定交单期和有效期的，受益人必须在规定的交单期内向指定银行交单，且无论如何不得迟于信用证的有效期交单。信用证没有规定交单期的，按《UCP600》的规定，受益人须在不迟于装运日后21个日历日内交单，且无论如何也必须在信用证的有效期内完成。

二、T/T 支付方式下的制单交单要求

T/T 支付方式下，无论采用前 T/T 还是后 T/T，出口方均需按照销售合同的要求安排装运发货，需要制作的单据主要包括商业发票、装箱单、出口货物托运单、报检单、报关单、原产地

证等。

T/T 支付方式下，出口方直接把结汇单据寄送给进口方即可。如进口方对单据没有特殊要求，一般只需提供商业发票、装箱单、提单和原产地证。关于何时寄送单据，出口方在与进口方签订销售合同时就必须做出合理的规定。如果是采用航空运输，出口方应该要求进口方先 T/T 支付 100% 的货款，再安排发货和寄送单据。如果是采用海洋运输，出口方也应尽量要求进口方先 T/T 支付 100% 的货款，再安排发货和寄送单据；或者双方约定先由进口方 T/T 支付一定比例的定金（建议不低于全部货款的 30%），然后出口方按合同约定装运货物，装运后出口方把副本提单发送给进口方，进口方确认货物装运后 T/T 支付余款，出口方收齐货款后再将单据（包括正本提单）寄送给进口方。

三、托收支付方式下的制单交单要求

托收支付方式下，出口方需按照销售合同的要求安排装运发货，需要制作的单据主要包括商业发票、装箱单、出口货物托运单、投保单（采用 CIF 或 CIP 贸易术语时要求出口方投保）、报检单、报关单、原产地证等。

出口方装运货物后，将全套结汇单据（一般包括商业发票、装箱单、提单和原产地证，如采用 CIF 或 CIP 贸易术语还需提交保险单据）及时交给出口地的托收行办理托收手续，同时还需填制汇票和托收申请书。

第二节 常用结汇单据的制作要求

出口单据种类繁多，常用的结汇单据主要有商业发票、装箱单、重量单、尺码单、海运提单、保险单、原产地证、商检证书、汇票等。

一、商业发票

商业发票是由卖方开立的载有货物名称、数量、价格等内容的价目清单。作为买卖双方交接货物和结算货款的主要单证，它也是进出口报关、完税不可缺少的单证之一。

商业发票是全套出口单据的核心，其余单据的制作均需参照商业发票。在制作商业发票时应注意以下几个方面。

（1）出口商名称。商业发票顶端一般有出口商的名称、地址、电话、传真等内容。

（2）商业发票抬头人。信用证支付方式下商业发票抬头人一般为信用证的开证申请人，汇付或托收方式下为合同中的买方。

（3）唛头可以由买方规定，或由卖方自行设计。如果没有唛头，则填写 "N/M"（no mark）。

（4）对货物的描述必须与信用证要求完全相符，不能有任何遗漏。如信用证没有规定详细品质或规格，可按合同内容加注，但不能与信用证内容相抵触。

（5）商业发票的单价和总值必须经过认真计算，数据必须准确，注意列明贸易术语。

二、装箱单、重量单、尺码单

装箱单、重量单、尺码单属于包装单据，是对商业发票的补充和说明。买方在货物到达目的港（地）时依据这些单据核对货物的品种、花色和规格等，海关也据此查验货物。对于不同特性的货物，买方关注的方面也不同。装箱单（packing list）着重表示外包装情况，包括装箱编号、包装种类、包装数量等包装细节；重量单（weight list）着重强调每件货物的毛重和净重，整批货物的总毛重和总净重，等等；尺码单（measurement list）着重记载货物外包装的长、宽、高和总体积，供买方和承运人了解货物的尺码，以便合理安排运输、储存及计算运费。

为简化起见，出口公司通常将货物的外包装资料，包括包装细节、毛重、净重、外包装尺码等内容制作在一张单据上，根据客户的需要冠以不同的名称。缮制这类单据应注意以下三个方面。

（1）除非信用证另有规定，否则装箱单一般不用签名、不显示抬头人、不显示货物的单价和金额。

（2）为了跟商业发票保持一致，这类单据的号码和日期应与商业发票完全相同，对货物的描述一般使用统称。

（3）包装号码必须连号。

三、海运提单

海运提单（以下简称提单）是指用来证明海上货物运输合同和货物已经由承运人接收或者装船，以及承运人保证据其交付货物的单证。它是物权凭证，也是重要的结汇单据之一。

现在许多公司使用的提单既可以用于港到港的运输，又可以用于联合运输。联合运输提单是一种收妥待运提单，所以，只有加上"已装船"批注其才可以转化为已装船提单。不同船公司所使用的提单格式不尽相同，但各项内容基本一致。缮制提单应注意以下方面。

1. **提单的收货人**

提单的收货人，又称提单的"抬头"，在信用证项下要严格按照信用证要求填写。

（1）若信用证规定"Full set of B/L consigned to ABC Co."，则收货人一栏填写"ABC Co."。

（2）若信用证规定"Full set of B/L made out to order and blank endorsed"，则收货人一栏填写"To order"。

（3）若信用证规定"Full set of B/L made out to order of shipper and endorsed to our order"（凭托运人指示并背书给开证行），则收货人一栏填写"To order of shipper"。

托收方式下，提单抬头建议填写"To order"或"To order of shipper"。

2. **提单通知人**

提单通知人是货物到达目的港后船方发到货通知的对象，通常是进口方或其代理人。如信用证规定"Bill of lading…notify applicant"，则此栏填写开证申请人的详细名称和地址。

3. **装运港和卸货港**

装运港和卸货港应填写具体的港口名称，特别是当信用证没有明确规定装运港时。如信用证规定"44E：port of loading/airport of departure: any Chinese port"，这时，要根据实际装运安排，填写具体的港口名称。因不同国家和地区的港口有重名现象，填写装卸港时应加注国名（地区名）。如要转运，可在卸货港名称后加注转运港名称，如"ROTTERDAM W/T HONGKONG"。

4. 运费和费用

运费和费用需要根据信用证规定填写。如果信用证未规定，应按价格条件而定。如合同采用 FOB、FCA 或 FAS 价格条件成交，此栏应填写"FREIGHT COLLECT"或"FREIGHT PAYABLE AT DESTINATION"；如合同采用 CIF、CIP、CFR 或 CPT 等价格条件成交，此栏应填写"FREIGHT PREPAID"。一般没有必要将具体的运费费率和运费金额列出，除非信用证有特别规定。有的可以填写"FREIGHT AS ARRANGED"。

5. 提单份数

如果信用证规定了缮制提单的份数，则必须要求船公司签发规定份数的提单。如果信用证没有规定提单份数，根据《UCP600》的规定，开立全套正本提单可以仅有一份正本提单或有一份以上的正本提单，此时要求船公司签发一份、两份或三份提单均可。所以"全套提单"的份数就是提单正面注明的已签发的正本份数，可能是一份，也可能是两份或三份。大多数船公司都会签发三份正本。只要凭其中一份提货，其他各份均告失效。近年来，有些信用证要求卖方在装船后寄一份正本提单给买方，这种做法在近洋运输或商品易变质的情况下对于买方提货有利，但对卖方是有风险的，要慎用。

6. 提单的出具日期

提单的出具日期将被视为发运日期，除非提单载有表明发运日期的"已装船"批注，此时"已装船"批注中显示的日期将被视为发运日期。注意，发运日期不得晚于信用证规定的最晚装船日期。如果实际装船期晚于规定的装运期，托运人可以以保函向船方换取较早日期的提单，这种情况属于"倒签提单"；如果货未装船就要求船方出具已装船提单，这种情况属于"预借提单"。这些做法都属于违规操作，一旦暴露，可能会导致买方索赔甚至拒收货物，从而给卖方造成巨大损失。

 导入案例分析

导入案例中，由于 A 公司业务人员疏忽，未检查出提单缺少"已装船"批注，导致单证不符，开证行拒付。外贸业务员必须熟练掌握每一种单据的制作或填写要求，交单前务必对全套单据进行全面审核，才能降低单证不符发生的概率。特别是信用证支付业务，卖方要确保相符交单才能安全、迅速收回货款。

四、保险单

保险单是保险公司与投保人之间订立的保险合同。当承保货物发生承保范围内的损失时，保险单是保险受益人索赔和保险公司理赔的重要依据。在 CIF 或 CIP 条件下，卖方必须提交保险单。缮制保险单应注意下列事项。

1. 被保险人

在 CIF 或 CIP 条件下，出口货物由出口方申请投保。在信用证没有特别规定的情况下，信用证受益人为被保险人。出口方在提交单据时，需要在保险单的背面签字进行背书，以表示将索赔的权益转让给保险单的持有人。在 FOB 条件下，如果境外买方委托卖方代办保险，此栏可填写"×××（卖方）on behalf of ×××（买方）"，并由卖方背书。

2. 保险险别

保险险别是保险单的核心内容，是确定理赔责任范围的主要依据，所以必须慎重填制，严格与信用证要求相符。信用证对保险条款的责任规定有重复的，只要不扩大责任范围，应尽量满足信用证的要求，使单证一致。即使信用证中没有规定，保险单的险别也要标出该险别适用的文本名称及其日期，如：

Covering all risks and war risks as per ocean marine cargo (all risks) clauses and ocean marine cargo(war risks)clauses of PICC Property and Casualty Company Limited dated 2018.〔投保一切险和战争险，以 2018 年中国人民财产保险股份有限公司海洋运输货物（一切险）条款和海洋运输货物（战争险）条款为准。〕

如果按照伦敦保险协会的海运货物保险条款投保，表达方法如下：Covering ICC(A) as per institute cargo clause dated 1/1/2009。

3. 保险金额

按照《UCP600》和《2020 通则》的规定，保险金额至少在发票总值的基础上加 10%，即按发票总金额的 110%投保。

4. 赔付代理人

一般由保险公司根据其《货损核定、理赔代理人名册》选择在目的港或目的港附近的有关机构为货损核定、理赔代理人，即赔付代理人。保险单上一定要详细注明赔付代理人的地址，以便收货人联系、查找。如果保险单上注明保险责任的终止不是在港口，而是在内陆，则应填写内陆代理人的名称和地址。如当地没有所承保的保险公司的代理机构，可注明由当地法定检验机构代为核定。如信用证规定由进口方指定某某为赔付代理人，出口方不能接受该条款，赔付代理人应由承保的保险公司指定。

 思考与训练 13.1

某出口商收到一份不可撤销的跟单信用证，其中对保险单据的要求是"Insurance policy or certificate for 110% of the invoice value indicating claim payable in the currency of draft at destination covering ocean transportation all risks and war risk"（保险单或保险凭证，按发票价的 110%投保海运一切险和战争险，标明以汇票所用货币在目的地赔付）。

在出口商向议付行提交的单据中，提单的签发日（date of issue）和装船日（on board date）均为某年 5 月 4 日，此日期在信用证规定的最迟装运日以前。保险单的签发日期为 5 月 5 日，保险单上没有以文字形式明确表明该保险单最迟于装运当天生效，但单据表面标明了装运日期、船名、装运港和卸货港，所列内容均与信用证和其他单据保持一致。

请问该保险单可以被接受吗？

五、原产地证

原产地证是一种证明货物原产地或制造地的文件，是进口国和地区海关征税的依据。常见的原产地证有一般原产地证、区域性优惠原产地证及普惠制原产地证格式 A。

1. 一般原产地证

一般原产地证（certificate of origin）是证明出口货物在其国家和地区生产和制造的文件，几乎可以用在任何国家和地区。在我国，一般原产地证由出口地海关或中国国际贸易促进委员会签发。

2. 区域性优惠原产地证

区域性优惠原产地证是订有区域性优惠贸易协定的国家和地区之间进行贸易时，由指定机构签发的、可享受相互减免关税待遇的凭证。自由贸易协定原产地证书是区域性优惠原产地证的主要形式。此种证书签发的依据是贸易国和地区的政府之间签署了双边或多边的自由贸易协定。如出口产品属于自由贸易协定下可以享受关税减免的产品，并符合相应的原产地规则和原产地实施程序，则可由出口国和地区授权的相关机构签发此证。我国各地的海关是签发此类证书的官方机构，中国国际贸易促进委员会及其各地分会也获得授权，可签署自由贸易协定原产地证书。

截至 2024 年 7 月 30 日，相关机构签发的自由贸易协定原产地证书有中国-东盟自由贸易区优惠关税原产地证书（FORM E）、中国-巴基斯坦自由贸易区原产地证书（FORM P）、中国-智利自由贸易区原产地证书（FORM F）、中国-新西兰自由贸易协定原产地证书、中国-新加坡自由贸易区优惠税率原产地证书、中国-秘鲁自由贸易协定原产地证书（FORM R）、中国-哥斯达黎加自由贸易协定原产地证书（FORM L）、内地与香港关于建立更紧密经贸关系的安排（CEPA）原产地证书、中国-瑞士自由贸易区原产地证书、中国-冰岛自由贸易区原产地证书、中国-澳大利亚自由贸易协定原产地证书、中国-韩国自由贸易协定原产地证书、中国-格鲁吉亚自由贸易协定原产地证书、中国-毛里求斯自由贸易协定原产地证书、中国-柬埔寨自由贸易协定原产地证书、RCEP 原产地证书、中国-尼加拉瓜自由贸易协定原产地证书、中国-厄瓜多尔自由贸易协定原产地证书、中国-塞尔维亚自贸协定原产地证书、亚太贸易协定原产地证书（FORM B）。

3. 普惠制原产地证格式 A

普惠制原产地证格式 A（generalized system of preference certificate of origin form A，GSP Form A）是普惠制的主要单据，是依据给惠国和地区要求出具的能证明出口货物原产自受惠国和地区的证明文件，并能使货物在给惠国和地区享受普惠制关税待遇。我国作为发展中国家，出口到许多发达国家和地区的产品曾经享受过普惠制关税待遇。自 2019 年 4 月 1 日起，日本、欧盟 27 个成员国、英国等陆续取消我国出口货物的普惠制关税待遇。

六、商检证书

各种商检证书分别用来证明货物的品质、数量、重量和卫生条件等。在我国，这类证书可由有关商品检验部门出具，如合同或信用证无特别规定，也可以分不同情况，由出口企业出具。但应注意，商检证书名称及所列项目或检验结果应与合同和信用证规定相符。

国际贸易单据实物照片

七、汇票

汇票通常一式两份，两份具有同等法律效力，其中一份付讫，另一份自动失效。汇票内容不得改动。填制汇票应注意下列问题。

（1）汇票的出票时间和地点一般位于汇票的右上角。出票地点是受益人所在地，出票时间应不早于提单签发日期，不晚于信用证截止日且在信用证规定的交单期内。

（2）汇票金额。汇票金额分大写、小写两个位置填报，包括币种和数额两部分。汇票金额一般与发票金额一致，有时，根据信用证的不同规定，可能小于发票金额，但不能超出信用证规定的最大金额。

（3）出票条款，也称出票依据，信用证支付方式下的出票条款一般填写开证行名称、信用证号码和开证日期。需注意的是，开证行名称要写全称，不要写简称，并填上具体分行的名称。托收支付方式下的出票条款，一般可以在票据"drawn under"栏目填写"on collection basic"。

（4）汇票期限，即付款人履行付款义务的日期，在汇票中用"At…"表示。即期汇票的填写方式是"At… sight"。远期汇票的填写方式有多种，常见的是"At ×× days after sight"，如"At 30 days after sight"。

（5）收款人，信用证项下汇票的收款人可以是受益人或兑用银行。托收项下汇票的收款人可以填卖方。

（6）付款人，信用证支付方式下需要根据信用证的规定填写。如信用证无指定付款人，一般填写开证行，信用证项下的汇票切勿以开证申请人为付款人。托收方式下付款人为买方。

（7）出票人，一般位于汇票右下角，一般是合同的卖方或信用证中的受益人。

思考与训练 13.2

国内 A 公司与国外 B 公司达成一笔交易，交易总额为 CFRC 5% USD 69 320.20，凭不可撤销信用证支付。B 公司通过开证行按时开来信用证，信用证某一条款规定："Invoice must show CFR value including 5% commission at the time of negotiation, 5% commission must be deducted from drawing under this credit"。

请分析 A 公司开立的发票及汇票金额分别为多少。

案例 13.1

佛山奇飞进出口贸易有限公司根据信用证（见示范 8.4）和销售确认书（见示范 7.6）的要求，缮制并备齐全套的结汇单据，于 2024 年 8 月 26 日把整套结汇单据提交给通知行（交通银行佛山分行）。全套的结汇单据包括商业发票（见示范 13.1）、装箱单（见示范 13.2）、保险单（见示范 13.3）、提单（见示范 13.4）、原产地证（见示范 13.5）、商检证书（见示范 13.6）、汇票（见示范 13.7）。

示范 13.1　商业发票

佛 山 奇 飞 进 出 口 贸 易 有 限 公 司
FOSHAN QIFEI IMPORT&EXPORT TRADE CO., LTD.
NO. 187 ZHONGSHAN ROAD, FOSHAN, CHINA
TEL: 0086-757-8351××××　　FAX: 0086-757-8351××××

COMMERCIAL　INVOICE

INVOICE NO.: QF296

TO:

BOLTITI CORONA S.A.　　　　　DATE: AUG. 20TH, 2024

ARTURO PRAT 476　　　　　　　S/C NO.: 24QFIE0702

HAMBURG, GERMANY　　　　　TERMS OF PAYMENT: L/C

FROM　　GUANGZHOU, CHINA　　TO　　HAMBURG, GERMANY

Shipping mark	Name of commodity	Quantity (pairs)	Unit price	Amount CIF HAMBURG
BOLTITI HAMBURG NOS. 1-123	leather shoes			
	HMS12	500	USD 11.50	USD 5 750.00
	HMS26	600	USD 9.25	USD 5 550.00
	HMS29	600	USD 7.70	USD 4 620.00
	leather gloves			
	HMG12	2 000	USD 2.15	USD 4 300.00
	HMG18	1 800	USD 1.75	USD 3 150.00
	DETAILS AS PER S/C NO.: 24QFIE0702 DATED JULY 2, 2024			
	Total	5 500 pairs		USD 23 370.00

TOTAL: U.S.DOLLARS TWENTY THREE THOUSAND THREE HUNDRED AND SEVENTY ONLY.

FOSHAN QIFEI IMPORT&EXPORT TRADE CO., LTD.

赵飞飞

Authorized signature

示范 13.2　装箱单

佛 山 奇 飞 进 出 口 贸 易 有 限 公 司

FOSHAN QIFEI IMPORT&EXPORT TRADE CO., LTD.

NO. 187 ZHONGSHAN ROAD, FOSHAN, CHINA

TEL: 0086-757-8351××××　　FAX: 0086-757-8351××××

PACKING　LIST

TO:　　　　　　　　　　　　　　　　　　　INVOICE NO.: QF296

BOLTITI CORONA S.A.　　　　　　　　　DATE: AUG. 20TH, 2024

ARTURO PRAT 476　　　　　　　　　　　S/C NO.: 24QFIE0702

HAMBURG, GERMANY　　　　　　　　　TERMS OF PAYMENT: L/C

FROM　　GUANGZHOU, CHINA　　TO　　HAMBURG, GERMANY

Shipping mark	Name of commodity	Quantity (PAIRS)	Packages (CTNS)	G. W. (KG)	N. W. (KG)	Measurement (CBM)
BOLTITI HAMBURG NOS. 1-123	leather shoes			@68.60	@60.00	@70cm × 60cm × 60cm
	HMS12	500	25	1 715.00	1 500.00	6.3
	HMS26	600	30	2 058.00	1 800.00	7.56
	HMS29	600	30	2 058.00	1 800.00	7.56
	leather gloves			@72.50	@40.00	@60cm × 60cm × 60cm
	HMG12	2 000	20	1 450.00	800.00	4.32
	HMG18	1 800	18	1 305.00	720.00	3.888
	Total	5 500	123	8 586.00	6 620.00	29.628

TOTAL PACKING: ONE HUNDRED AND TWENTY THREE CARTONS ONLY.

FOSHAN QIFEI IMPORT&EXPORT TRADE CO., LTD.

赵飞飞

Authorized signature

示范 13.3 保险单

PICC

中国人民保险

中国人民财产保险股份有限公司 PICC PROPERTY AND CASUALTY COMPANY LIMITED

保险单号（Policy No.） NC038

货物运输保险保险单 CARGO TRANSPORTATION INSURANCE POLICY

发票号（Invoice No.） QF296 　　　　　提单号（B/L NO.）AS PER B/L

合同号（Contract No.） 24QFIE0702 　　　信用证号（L/C No.）329898871232

被保险人（The Insured）： ___FOSHAN QIFEI IMPORT&EXPORT TRADE CO., LTD.___

中国人民财产保险股份有限公司(以下简称本公司)根据被保险人的要求，以被保险人向本公司缴付约定的保险费为对价，按照本保险单列明条款承保下述货物运输保险，特订立本保险单。

This policy of Insurance witnesses that PICC Property and Casualty Company Limited (hereinafter called "the Company"), at the request of the insured and in consideration of the agreed premium paid to the Company by the insured, undertakes to insure the undermentioned goods in transportation subject to the conditions of the policy as per the clauses printed overleaf.

标记 (Marks & Nos.)	保险货物项目 (Goods)	包装及数量 (Package & Quantity)	保险金额 (Amount Insured)
BOLTITI HAMBURG NOS. 1-123	leather shoes and leather gloves FSCU7594198/EM9018(20'GP)	5 500 PAIRS 123CTNS	USD 25 707.00

总保险金额（Total Amount Insured）：___U.S. DOLLARS TWENTY FIVE THOUSAND SEVEN HUNDRED AND SEVEN ONLY___

保费（Premium）： __AS ARRANGED__ 　起运日期（Date of Commencement）： ___AS PER B/L___

装载运输工具（Per Conveyance）： ___JINLONG V.0097___

自（From）： __GUANGZHOU, CHINA__ 经（Via）： __HAMBURG, GERMANY__ 至（To）： __HAMBURG, GERMANY__

承保险别（Conditions）：

COVERING ALL RISKS AND WAR RISKS AS PER OCEAN MARINE CARGO CLAUSES DATED 2018 OF THE PICC PROPERTY AND CASUALTY COMPANY LIMITED.

所保货物，如发生本保险单项下可能引起索赔的损失或损坏，应立即通知本公司或下述代理人查勘。

In the event of loss or damage which may result in a claim under this Policy, immediate notice must be given to the Company or Agent as mentioned.

　　　　Insurance agent : SELMA SHIDE INSURANCE CO.

　　　　　　P.O.BOX 6650 HAMBURG, GERMANY

　　　　　　　　　　　　　保险服务请联系：

　　　　　　　　　　　　　Contact information of insurance service

　　　　　　　　　　　　　中国人民财产保险股份有限公司佛山分公司

　　　　　　　　　　　　　PICC Property and Casualty Company Limited Foshan Branch

　　　　　　　　　　　　　地址（ADD）：佛山市禅城区季华 5 路

　　　　　　　　　　　　　保险人（Underwriter）： PICC Property and Casualty Company

赔款偿付地点（Claim payable at） __HAMBURG IN USD__ 　Limited Foshan Branch

日期（Issuing Date） _____AUG. 22nd, 2024_____ 　李诚（LI CHENG AS GENERAL MANAGER）

示范 13.4　提单

Consignor FOSHAN QIFEI IMPORT&EXPORT TRADE CO., LTD. NO. 187 ZHONGSHAN ROAD, FOSHAN, CHINA	B/L NO.: FS09856

Voyage Logistics Ltd
as the Carrier

Consignee TO THE ORDER OF COMMERZBANK	**COMBINED TRANSPORT BILL OF LADING**

Notify party BOLTITI CORONA S.A. ARTURO PRAT 476 HAMBURG, GERMANY	RECEIVED in external apparent good order and condition except as otherwise noted. The total number of packages or units stuffed in the container, the description of the goods and weights shown in the B/L are furnished by the merchant.

Pre-carriage by	Place of receipt	
Ocean vessel. voy. No. JINLONG V. 0097	Port of loading GUANGZHOU, CHINA	
Port of discharge HAMBURG, GERMANY	Place of delivery HAMBURG, GERMANY	

Mark and No.	No. of PKGS	Kinds of packages, description of goods	Gross weight	Measurement
BOLTITI HAMBURG NOS. 1-123 FSCU7594198/EM9018(20' GP)　CY-CY	123CTNS	shipper's load &count & seal　S.T.C. leather shoes and leather gloves	8 586.00KG	29.628 CBM

L/C NO.: 329898871232

SHIPPING AGENT:

ETS TRANSPORT & LOGISTICS

VIOLENSTR 27.28951, HAMBURG, GERMANY

TEL:04102-512×× 　FAX:04102-513××

ORIGINAL

Total number of packages :	ONE TWENTY FOOT CONTAINER (1 × 20') ONLY

Freight and charges FREIGHT PREPAID	Signed for the carrier: VOYAGE LOGISTICS (GUANGZHOU) LTD.
No. of original B(s)/L THREE(3)	Place and date of issue Guangzhou　Aug. 25th, 2024	BETTY AS AGENT FOR THE CARRIER: VOYAGE LOGISTICS LTD
Laden on board the vessel 　　　　Aug. 25th, 2024	

示范 13.5 原产地证

1.Exporter FOSHAN QIFEI IMPORT&EXPORT TRADE CO., LTD. NO. 187 ZHONGSHAN ROAD, FOSHAN, CHINA	Certificate No. 0103665
2.Consignee BOLTITI CORONA S.A. ARTURO PRAT 476 HAMBURG, GERMANY	**CERTIFICATE OF ORIGIN OF THE PEOPLE'S REPUBLIC OF CHINA**

3.Means of transport and route SHIPMENT FROM GUANGZHOU, CHINA TO HAMBURG, GERMANY BY SEA ON OR ABOUT AUG. 25TH, 2024	5.For certifying authority use only
4.Country / region of destination **GERMANY**	

6.Marks and numbers	7.Number and kind of packages; description of goods	8.H.S.Code	9.Quantity	10.Number and date of invoices
BOLTITI HAMBURG NOS.1-123	EIGHTY FIVE(85) CTNS OF LEATHER SHOES THIRTY EIGHT (38) CTNS OF LEATHER GLOVES ***	6430.9900.90 4203.2990.90	1 700 PAIRS 3 800 PAIRS	QF296 AUG. 20TH,2024

11.Declaration by the exporter
    The undersigned hereby declares that the above details and statements are correct, that all the goods were produced in China and that they comply with the Rules of Origin of the People's Republic of China.
	12.Certification
	    It is hereby certified that the declaration by the exporter is correct.

FOSHAN AUG. 23rd, 2024 赵飞飞（盖章） --- Place and date, signature and stamp of authorized signatory	FOSHAN AUG. 23rd, 2024 张莉（盖章） --- Place and date, signature and stamp of certifying authority

示范 13.6　商检证书

Guangzhou Inspection Testing and Certification Group Co., Ltd.

INSPECTION CERTIFICATE OF QUALITY

Consignor:　FOSHAN QIFEI IMPORT&EXPORT TRADE CO., LTD.
　　　　　　NO. 187 ZHONGSHAN ROAD, FOSHAN, CHINA
Consignee:　BOLTITI CORONA S. A. ARTURO PRAT 476 HAMBURG, GERMANY
Commodity:　LEATHER SHOES AND LEATHER GLOVES

Marks & No.
BOLTITI
HAMBURG
NOS. 1-123

Quantity/Weight declared: 123 CARTONS

Contract No. 24QFIE0702

LEATHER SHOES 1 700 PAIRS / 5 100 KG
LEATHER GLOVES 3 800 PAIRS / 1 520 KG

Results of inspection:

UPON INSPECTION, WE CERTIFY THAT THE QUALITY OF THE ABOVE GOODS ARE IN CONFORMITY WITH THE REQUIREMENT OF THE L/C.

L/C NO. 329898871232.

Place of Issue: GUANGZHOU

Date of Issue: Aug. 23rd, 2024

CERTIFIED BY　王毅

Chief inspector

（盖章）

 示范 13.7　汇票

汇　票

BILL OF EXCHANGE

凭
Drawn under 　　COMMERZBANK
信用证　　　第　　　　　　号
L/C No.　329898871232
日期
Dated　JULY 15th, 2024
号码　　　汇 票 金 额　　　　中　国　年　月　日
No. QF296　　Exchange for　　USD 23 370.00　　China.　Aug. 26th, 2024
见票　　　　　　　　　日　后（本 汇 票 之 副 本 未 付）付
At 　　　　****　　　　　Sight of this FIRST of Exchange (Second of exchange being unpaid)
收款人或其指定人
Pay to the order of 　　BANK OF COMMUNICATIONS FOSHAN CITY BRANCH
金额
The sum of 　U.S.DOLLARS TWENTY THREE THOUSAND THREE HUNDRED AND SEVENTY ONLY.
此致
To 　　COMMERZBANK
　　20349 HAMBURG, GERMANY

For FOSHAN QIFEI IMPORT&EXPORT TRADE CO., LTD.
赵飞飞

自测题

一、单项选择题

1. 信用证项下商业发票抬头人一般是（　　　）。

　　A．受益人　　　　　　B．开证申请人　　　　C．开证行　　　　　　D．其他人

2. 根据《UCP600》的规定，海运提单中货物的描述（　　　）。

　　A．不得使用统称

　　B．必须使用货物的全称

　　C．与商业发票完全一致

　　D．与信用证的描述不抵触，可用货物统称

3. 商业发票唛头应按信用证或合同规定填写，如无规定，则填写（　　　）。

　　A．NO.　　　　　　　B．N/M　　　　　　　C．N/V　　　　　　　D．N/N

4. 中国-东盟自由贸易区优惠关税原产地证书（FORM E）可由我国（　　　）签发。

　　A．出口商　　　　　　B．银行　　　　　　　C．进口商　　　　　　D．各地海关

5. 在信用证条件下，提单通知人一栏应按信用证要求填制。如信用证规定"Notify applicant"，此栏填写（　　　）。

　　A．开证行全称　　　　B．受益人全称　　　　C．开证申请人全称　　D．兑用银行全称

6. 在信用证条件下，提单收货人一栏应按信用证规定填写。如信用证规定"Full set of B/L made out to order"，此栏填写（　　　）。

　　A．To order　　　　　　　　　　　B．To order of … bank

　　C．To order of shipper　　　　　　D．To order of …

二、判断题

1. 在信用证和托收条件下，汇票的出票依据是合同。　　　　　　　　　　　　（　　　）

2. 保险单是一种权益的凭证，经背书后可以随货物所有权的转移而进行转让。

　　　　　　　　　　　　　　　　　　　　　　　　　　　　　　　　　　（　　　）

3. 保险单上的赔付地点一般为装运港（地），如有特殊要求可事先说明。　　　（　　　）

4. 承运人一般签发两份正本提单，也可以应收货人的要求签发两份以上，每份正本提单的效力不同，其中一份可以用来提货。　　　　　　　　　　　　　　　　　　（　　　）

5. 提单日期不得晚于信用证规定的装运日，并应在信用证的有效期内。　　　（　　　）

课后阅读与分析

第十四章

出口贸易的后续工作

【学习指导】

学习本章后，应掌握出口贸易的相关后续工作内容，熟悉货物贸易国际收支统计申报与出口退税工作，熟悉索赔与理赔、不可抗力及仲裁并了解相关的法律法规。

【导入案例】

索赔时效与依据

我国 A 公司以 CFR 条件向德国客户出口一批小五金工具。合同规定货到目的港后 30 天内检验，买方有权凭检验结果提出索赔。A 公司按期发货，德国客户也按期凭单支付了货款。半年后，A 公司收到德国客户的索赔文件，称上述小五金工具有 70% 已经锈损，并附有德国内地某商检机构出具的检验证书。

讨论：对德国客户的索赔要求，A 公司应如何处理？

第一节　国际收支统计申报与出口退税

从事货物贸易的进出口企业，应遵守《中华人民共和国外汇管理条例》《国际收支统计申报办法》等行政法规的规定。对从境外、境内保税监管区域收回的出口货款，向境外、境内保税监管区域支付的进口货款，从离岸账户、境外机构境内账户收回的出口货款，向离岸账户、境外机构境内账户支付的进口货款，深加工结转项下境内收付款，转口贸易项下收付款，以及其他与贸易相关的收付款，企业应该按国家外汇管理局（以下称"外汇局"）的相关规定，对货物贸易项下发生的涉外收付款（包括外汇和人民币），通过经办银行进行国际收支统计申报。如出口的商品属于出口退税范围内的商品，企业完成收汇后可凭相关凭证申请出口退税。

一、国际收支统计申报

自 2012 年 8 月 1 日起，外汇局分支局对企业的贸易外汇管理方式由现场逐笔核销变为非现场总量核查。外汇局通过货物贸易外汇监测系统，全面采集企业货物进出口和贸易外汇收支逐笔数据，定期比对、评估企业货物流与资金流总体匹配情况，便利合规企业贸易外汇收支；对存在异常的企业进行重点监测，必要时实施现场核查。

外汇局根据企业贸易外汇收支的合规性及其与货物进出口的一致性，将企业分为 A、B、C

三类。A 类企业进口付汇单证简化，可凭进口报关单、合同或发票等任何一种能够证明交易真实性的单证在银行直接办理付汇，出口收汇无须联网核查；银行办理收付汇审核手续相应简化。对 B、C 类企业在贸易外汇收支单证审核、业务类型、结算方式等方面实施严格监管，B 类企业贸易外汇收支由银行实施电子数据核查，C 类企业贸易外汇收支须经外汇局逐笔登记后办理。

外汇局根据企业在分类监管期内遵守外汇管理规定情况，对企业分类进行动态调整。A 类企业违反外汇管理规定将被降级为 B 类或 C 类企业；B 类企业在分类监管期内合规性状况未见好转的，将延长分类监管期或被降级为 C 类企业；B、C 类企业在分类监管期内守法合规经营的，分类监管期满后可升级为 A 类企业。

《通过银行进行国际收支统计申报业务实施细则》（汇发〔2022〕22 号）规定，国内进出口企业（以下简称"申报主体"）可通过国内经办银行进行国际收支统计申报，具体要求如下。

1. 国际收支统计申报前的准备工作

（1）申报主体在进行涉外收付款的国际收支统计申报之前，应按照有关规定申领统一社会信用代码或特殊机构代码。

（2）申报主体在境内银行任何一家网点首次办理涉外收付款业务时，应填写《组织机构基本情况表》纸质版或电子版，勾选"组织机构基本情况表新建"，同时向银行提供《营业执照》或《特殊机构代码赋码通知书》等证明文件。银行也可利用本行预留客户信息，生成机构申报主体认可的《组织机构基本情况表》。

（3）申请通过"数字外管"平台互联网版进行涉外收入网上申报的，应在《组织机构基本情况表》"申报方式"中选择"开通网上申报"。自开通网上申报之日（T）后第一个工作日（T+1）起可登录"数字外管"平台互联网版修改管理员密码，并实名创建企业业务操作员用户办理国际收支统计申报业务。如遗失其管理员密码的，应向任意一家经办银行申请重置并恢复系统自动生成的初始密码。

2. 国际收支统计申报日常工作

日常的国际收支统计申报包括涉外收入申报和涉外付款申报。

（1）涉外收入申报。通过纸质凭证和电子凭证方式进行涉外收入申报的，申报主体应在解付银行为其解付后或结汇中转行为其结汇后五个工作日内，按《涉外收入申报单》的填报说明逐笔填写《涉外收入申报单》纸质凭证或电子凭证，并交解付银行或结汇中转行。

通过"数字外管"平台互联网版进行涉外收入网上申报的，申报主体应在解付银行为其解付后或结汇中转行为其结汇之日后五个工作日内，通过"数字外管"平台互联网版完成涉外收入申报。

（2）涉外付款申报。申报主体以汇款或内部转账方式通过境内银行办理涉外付款业务时，应当填写纸质《境外汇款申请书》或相应电子凭证；以信用证、保函、托收等汇款以外的结算方式办理涉外付款业务时，应当填写纸质《对外付款/承兑通知书》或相应电子凭证。境内银行在涉外付款后，在涉外付款之日（T）后的第一个工作日（T+1）内将审核无误的涉外付款申报信息录入或导入"数字外管"平台银行版。

二、出口退税

出口退税就是将出口商品在国内生产和流通过程中缴纳的间接税退还给出口企业，使出口商品以不含税的价格进入国际市场。它是国际贸易中通常采用的，并为各国接受的一种鼓励出口商品公平竞争的税收措施。

我国出口退税退的是出口商品在国内已经缴纳的增值税和消费税。我国出口商品退税办法包括"先征后退"和"免、抵、退"。生产企业自营出口或委托代理出口的货物，一律先按照《中华人民共和国增值税暂行条例》规定的税率征税，然后由主管出口退税业务的税务机关在国家出口退税计划内按规定的退税税率审批退税。

我国实行出口收汇与出口退税信息共享机制，办理出口退税的程序如下。

（1）申请。出口企业申请出口退税，填写出口商品退税申请表，向国家税务机关提交银行出具的结汇水单、出口货物报关单（目前A类企业不需提交纸质报关单）、出口销售发票、出口购货发票，送当地对外经贸行政管理部门稽查签章，然后报所在地主管出口退税业务的税务机关。

（2）上报。由出口企业所在地主管出口退税业务的税务机关进行审核，符合条件和要求的按照税收退税审批权限，逐级上报上级税务机关。

（3）批复。出口企业所在地主管出口退税业务的税务机关接到上级税务机关批准的退税通知后，签发"税收收入退还书"给出口企业，并把退税款项划入出口企业的银行账户。

自2020年起，海关总署会同国家税务总局在全国推广应用"单一窗口"出口退税功能。"单一窗口"通过系统联通与数据共享，将海关备案、报关单数据查询下载、退税申报等多项业务整合到一个平台，退税企业只需要一次登录、一次申请，即可实现出口退税一站式办理。

"单一窗口"出口退税功能的实现以出口企业申报的报关单数据为基础，系统自动生成出口退税申报单，出口企业导入发票电子数据后，将其发往税务机关申请办理退税手续即可。申报全程不需要手工录入，而且不需要再提交任何纸质单证。

第二节　索赔与理赔

国际贸易涉及的面很广，情况复杂多变，在履约过程中，若某个环节出了问题，就有可能影响合同的履行，导致一方当事人违约或毁约，给另一方当事人造成损害，从而引起争议。受损害的一方为了维护自身的权益，会向违约方提出赔偿的要求，违约方要对受害方的索赔要求进行处理。

一、违约的法律责任

合同一经成立，当事人各方即受合同的约束。任何一方不履行合同义务或不按合同规定履行合同义务均构成违约。对违约的处理，各国的法律和《公约》所规定的办法不尽相同，但概括起来主要有三种，即要求实际履行、损害赔偿和撤销合同。

《公约》规定：一方当事人违反合同的结果，如使另一方当事人蒙受损害，以致实际上剥夺了其根据合同规定有权期待得到的东西，即为根本性违约。如果一方当事人根本性违反合同，另一方当事人有权撤销合同并要求损害赔偿；如非根本性违反合同，受损方只能要求损害赔偿，不能撤销合同。

二、索赔与理赔的含义

索赔（claim）是指受损的一方，根据合同或法律规定，向违约方提出赔偿要求的行为。而违约的一方对索赔进行处理的行为，即为理赔（claim settlement）。索赔和理赔是一个问题的两个方面。对受损方而言，称为索赔；对违约方而言，称为理赔。

索赔是处理违约的一种常见的补救措施。此外，还可以采取退货、更换、修理、减价、延迟履行、替代履行、解除合同等方式。按照一般规定，违约方在采取其他违约补救措施时，不影响受损方提出索赔的权利。但受损方提出索赔时可否同时要求撤销合同，则要视违约的具体情况而定。

索赔案件的发生，主要有以下原因：①卖方违约，如不交货，不按时交货，不按合同规定的品质、数量、包装等条件交货，或提供的单证与合同和信用证规定不符，等等；②买方违约，如不按时申请开证，不按时付款赎单，无理拒收货物，在买方负责运输的情况下不按时派船或签订运输合同，等等；③买卖双方均有违约责任，如关于合同是否成立，双方国家法律规定和惯例解释不同，合同条款规定不明确，致使双方解释不一致，造成一方违约，引起纠纷。

 导入案例分析

导入案例中的 A 公司可以拒绝赔偿，理由如下。

（1）客户索赔的时间已超过了索赔期限。双方在合同中规定，货到目的港后 30 天内检验。尽管这是一个买方复验的期限，但实质上也是索赔的期限。而德国客户却在半年后才向 A 公司提出索赔，显然该索赔已超过索赔的期限。因此，按照有关法律，德国客户已丧失了向 A 公司索赔的权利。

（2）德国客户的索赔理由不够合理。尽管索赔文件中声称有 70% 的货物已锈损，但德国客户无法证明这些锈损是装船前就已经存在的，还是装船后才发生的。按照 CFR 条件成交，买卖双方的风险划分以货物在装运港装上船为界。因此，卖方只承担货物装船前锈损的风险，而装上船后发生的货物锈损风险只能由买方自己承担。

在本案例中，买方已按期凭单支付了货款，这说明卖方提交的交货单据是齐全、合格的，同时也说明了卖方装上船的货物是符合合同要求的。因此，锈损可能是装上船后形成的。在这种情况下，买方除非能证明这种锈损是货物本身固有瑕疵所致的，否则卖方将不承担任何责任。

（3）德国客户提供的索赔依据不符合要求。一般情况下，当双方规定在货到目的港后××天内检验时，买方提供的检验证书应由目的港的检验机构出具。而就本案例而言，买方提供的检验证书却是德国内地的检验机构出具的，此索赔依据显然不符合要求。这也容易使人产生联想，认为这批货物的锈损可能是买方自己在接收货物后和上市销售前因保管不善所致的。因此，这份索赔文件的依据是不充分的，卖方有理由拒赔。

三、买卖合同中的索赔条款

国际货物买卖合同中的索赔条款有两种规定方式：一种是异议和索赔条款（discrepancy and claim clause），另一种是罚金条款（penalty clause）。

（一）异议和索赔条款

异议和索赔条款的内容，主要包括索赔依据和索赔期限等。

1. 索赔依据

索赔依据是指索赔时应提供的证据及出证机构。索赔依据包括法律依据和事实依据。法律依据是指合同和法律规定，当事人在就违约事实提出索赔时，必须符合有关国家法律的规定。事实依据是指违约的事实、情节及其证据，是提出索赔要求的客观基础。

2. 索赔期限

索赔期限是指受损方向违约方提出索赔的有效时限。在规定的期限内，受损方有权向违约方提出索赔；过了规定的期限，受损方就无权向违约方提出索赔。因此，合同中对索赔期限的规定很重要。索赔期限的确定有以下两种方法。

（1）约定索赔期限。约定索赔期限是指买卖双方在合同中明确规定索赔期限。索赔期限不宜规定得过长，也不宜规定得太短。规定索赔期限时，需对索赔期限的起算方法做出具体规定，通常有以下几种起算方法：①货物到达目的港后××天起算；②货物到达目的港卸离海轮后××天起算；③货物到达买方营业场所或用户所在地后××天起算；④货物经检验后××天起算。

（2）法定索赔期限。法定索赔期限是指合同适用的法律规定的索赔期限。法定索赔期限一般比较长。例如，《公约》规定的索赔期限为自买方实际收到货物之日起两年内。法定索赔期限只有在买卖合同中未规定索赔期限时才起作用。在法律上，约定索赔期限的长度可以超过法定索赔期限。

（二）罚金条款

罚金条款亦称违约金条款或罚则，是指在合同中规定，如一方未履约或未完成履约，其应向对方支付一定数额的约定罚金，以弥补对方的损失。罚金，就其性质而言是违约金，一般适用于卖方拖延交货、买方拖延接货和延迟开立信用证等情况。罚金多少视延误时间长短而定，并规定有最高的罚款金额。违约方被罚后仍须履行合同，如不履行合同，除罚金外，违约方还要承担由于不履约而造成的各种损失。

第三节 不可抗力

不可抗力（force majeure）又称人力不可抗拒，是指签订买卖合同后，不是由于合同当事人的过失或疏忽，而是由于发生了合同当事人无法预见、无法预防、无法避免和无法控制的事件，以致不能履行或不能如期履行合同。发生不可抗力事件的一方可以免除履行合同的责任或者延迟履行合同。

微课堂

不可抗力

一、不可抗力事件的认定

不可抗力事件是指当事人在订立合同时不能预见、对其发生和后果不能避免并且不能克服的事件。

构成不可抗力事件应当具备以下三个条件：①意外事件必须发生在合同成立之后；②意外事件不是由于合同双方当事人的自身过失或疏忽导致的；③意外事件的发生及其后果是当事人无法预见、无法控制、无法避免和无法克服的。

不可抗力事件通常包括以下两种情况。

（1）自然力事件。该事件是指人类无法控制的自然界力量所引起的灾害，如水灾、火灾、风灾、旱灾、雨灾、冰灾、雪灾、雷电和地震等。

（2）社会力事件（政府行为事件和社会异常事件）。政府行为事件是指合同成立后，政府当局发布了新的法律、法规和行政禁令等，致使合同无法履行。社会异常事件是指战争、罢工、暴动、骚乱等事件，给合同履行造成障碍。

并非所有自然原因和社会原因引起的事件都属于不可抗力事件，如汇率变化、价格波动等正常贸易风险，或怠工、工厂关闭、船期变更等都不属于此范围。

二、不可抗力事件的法律后果

不可抗力事件发生后所引起的法律后果主要有两种：一是解除合同，二是延迟履行合同。至于什么情况下可以解除合同，什么情况下不能解除合同只能延迟履行合同，应视不可抗力事件对履行合同的影响程度而定，也可以由双方当事人通过协商在买卖合同中加以规定。一般可以遵循的原则是：如果不可抗力事件的发生使合同履行变得不可能，则可解除合同；如果不可抗力事件只是暂时阻碍了合同的履行，则只能延迟履行合同。

不管是解除合同还是延迟履行合同，发生不可抗力事件的一方无须向对方承担损害赔偿责任。但需注意《公约》对免责有效期的规定，不可抗力事件的免责"对障碍存在的期间有效"。若合同未经双方同意而宣告无效，则合同关系继续存在，一旦履约障碍消除，双方仍须继续履行合同义务。

三、不可抗力事件的处理

《民法典》规定，当事人一方因不可抗力不能履行合同的，应当及时通知对方，以减轻可能给对方造成的损失，并应当在合理期限内提供证明。即不可抗力事件发生后，不能履约的一方必须及时通知另一方，提供必要的证明文件并在通知中提出处理意见，否则不予免责并自负后果。例如，合同中可规定"一方遭受不可抗力事件之后，应以电信方式，并应在 15 天内以国际快递方式提供事故的详细情况及其对合同履行影响程度的证明文件"条款。

在境外，出具证明文件的机构通常是事故发生地的商会、公证机构或政府主管部门。在境内，则由中国国际贸易促进委员会出具证明文件。

四、国际货物买卖合同中不可抗力条款的表述

不可抗力条款属于免责条款，为了避免当事人之间产生纠纷，防止一方当事人任意扩大或缩小对不可抗力事件范围的解释，或在不可抗力事件发生后在履约方面提出不合理要求，买卖双方应在买卖合同中对不可抗力条款做出尽可能明确、具体的规定。

不可抗力条款的中英文示例如下：

由于战争、地震、火灾、水灾、雪灾、暴风雨或其他不可抗力事件，致使卖方不能全部或部分装运或延迟装运合同货物，卖方对于这种不能装运或延迟装运本合同货物不负有责任。但卖方须用电信方式通知买方，并应在 15 天内通过国际快递向买方提供由中国国际贸易促进委员会出具的证明此类事件的证明书。

If the shipment of contracted goods is prevented or delayed in whole or in part by reason of war, earthquake, fire, flood, heavy snow, storm or other causes of force majeure, the seller shall not be liable for non-shipment or late shipment of the goods in this contract.

However, the seller shall notify the buyers by teletransmission and furnish the letter within 15 days by international courier service with a certificate issued by the China Council for the Promotion of International Trade attesting such event or events.

 思考与训练 14.1

我国某企业与某外商按国际市场通用规格订约进口某化工原料。订约后不久，市价明显上涨。交货期限届满前，外商生产该化工原料的工厂失火被毁，外商遂以工厂火灾属不可抗力事件为由要求解除其交货义务。对此，我方企业应如何处理？为什么？

第四节　仲　　裁

在国际货物贸易中，买卖双方如在合同履行过程中因种种原因发生争议，解决争议的一般方式有协商、调解、诉讼和仲裁。本节介绍仲裁这种争议解决方式。

一、仲裁的含义及特点

仲裁（arbitration）是指双方当事人通过协议，自愿将有关争议交给双方同意的仲裁机构进行裁决，裁决的结果对双方都有约束力。与诉讼相比，采用仲裁方式解决争议具有以下特点。

（1）双方当事人可以选择仲裁员。仲裁员通常是各行业的资深专家、学者或者知名人士，其裁决案件较为中肯和及时。

（2）仲裁机构是非官方机构，审理案件不受外界干扰，可以有效地保证裁决的公正性，这就进一步增强了当事人对采用仲裁方式解决争议的信心。

（3）仲裁案件的审理一般不公开，可以有效地保守商业机密、维护当事人的商业信誉。

（4）仲裁程序比诉讼程序简单，而且仲裁裁决一般都是终局性的。因此，采用仲裁方式解决争议通常比诉讼要迅速、及时，而且仲裁费用也较低。

（5）跨国仲裁的裁决执行起来比较有保障。

二、仲裁协议的形式和作用

仲裁协议（arbitration agreement）是指有关当事人自愿将已经发生或可能发生的争议提交仲裁机构解决的书面协议。

仲裁协议有以下三种形式。

（1）合同中的仲裁条款（arbitration clause）。该类协议是在争议发生之前订立的，买卖双方同意将可能发生的争议提交仲裁裁决的协议。这种协议一般作为合同条款包含在买卖合同中。

（2）提交仲裁的协议（submission arbitration agreement）。该类协议是在争议发生之后订立的，买卖双方同意将已经发生的争议提交仲裁裁决的协议。这种协议既可以采用协议书的形式，也可以采用双方的往来函电、传真和电子邮件等能够有形表现所载内容的形式。

（3）援引（reference）式仲裁协议。该类协议是指争议发生之前或之后，通过援引方式达成的仲裁协议，即当事人不直接拟定协议的具体内容，而只是同意将有关争议按照某公约、双边条约、多边条约或标准合同中的仲裁条款所述内容进行仲裁。

仲裁协议的作用体现在以下三个方面。

（1）约束双方解决争议的行为。当事人不能随意改变仲裁协议中规定的仲裁机构或地点。同时，仲裁协议也是提交仲裁的依据，没有仲裁协议就不能提交仲裁。

（2）授予仲裁机构对仲裁案件的管辖权。超出仲裁协议约定范围的，仲裁机构不能审理。

（3）排除法院对有关争议案件的管辖权。凡有仲裁协议的，双方只能以仲裁方式解决，不得向法院起诉。

上述作用中最关键的是第三条，即排除法院对有关争议案件的管辖权。如果一方违反仲裁协议，自行向法院提起诉讼，另一方可根据协议要求法院停止司法诉讼程序，把争议案件发还仲裁机构处理。如一方当事人对仲裁裁决不服，向法院起诉或上诉，法院一般也不受理。

虽然上述三种不同形式的仲裁协议在法律上具有相同的效力，但是在实际业务中，如果买卖双方在争议发生前没有在合同中订立仲裁条款或没有以援引的方式签订仲裁协议，那么一旦发生争议，由于双方处于对立的地位，往往很难达成仲裁协议，一方当事人很可能向法院起诉。因此，如果当事人不愿意将日后可能发生的争议通过司法诉讼予以解决，而是希望交付仲裁，就应该在买卖合同中加列仲裁条款，以免争议真的发生后，双方因不能达成提交仲裁的协议而不得不诉诸法院。

三、买卖合同中的仲裁条款

买卖合同中的仲裁条款通常包括以下几项内容。

1. 仲裁范围

仲裁范围是指当事人提交仲裁解决的争议范围，也是仲裁庭依法管辖的范围。当争议超出规定的仲裁范围时，仲裁庭无权受理。所以，仲裁协议中一般都规定将有关合同的一切争议事项都提交仲裁。

2. 仲裁地点

仲裁地点是指仲裁所选择的地点，一般是指仲裁的所在国。交易双方一般都愿意在本国仲裁，这是因为以下两点：一是当事人对本国仲裁机构和有关程序规则比较了解，且没有语言障碍，还可以节省费用；二是仲裁地点与仲裁所适用的程序法，甚至与买卖合同所适用的实体法都有着密切的关系。根据许多国家法律的解释，凡属于程序方面的问题，一般都适用审判地法律，即在哪个国家仲裁，就适用哪个国家的仲裁法规，至于确定双方当事人权利与义务的实体法，如果合同中未做出其他的规定，一般由仲裁员根据仲裁地点所在国的法律冲突规则予以确定。由此可见，选择不同的仲裁地点，仲裁所适用的法规就有可能不同，对买卖双方权利与义务的解释也就有所差异。

我国企业在订立进出口合同的仲裁条款时，关于仲裁地点的规定，应首先力争在我国仲裁；如争取不到在我国仲裁，可以选择在对方所在国仲裁或规定在双方同意的第三国仲裁。

3. 仲裁机构

仲裁机构是指受理案件并做出裁决的机构。仲裁机构主要有两种，一种是临时仲裁机构，另一种是常设仲裁机构。

（1）临时仲裁机构，是指由争议双方共同指定的仲裁员自行组成的仲裁庭。它是为审理某一具体案件而组成的，案件审理完毕，仲裁庭自动解散。

（2）常设仲裁机构，是指根据一国的法律或者有关规定设立的，有固定名称、地址、仲裁员设置和具备仲裁规则的仲裁机构。世界上很多国家都有从事国际商事仲裁的常设机构，如瑞典的斯德哥尔摩商会仲裁院（Arbitration Institute of the Stockholm Chamber of Commerce）、美国仲裁协会（American Arbitration Association）等。中国国际经济贸易仲裁委员会（China International Economic and Trade Arbitration Commission），简称贸仲委，是我国的常设涉外经济贸易仲裁机构，贸仲委总会设在北京，在深圳和上海等分别设有分会。

明确了仲裁地点，买卖双方还应在合同中对仲裁机构加以确定。选用哪种仲裁机构，取决于双方当事人的共同意愿。选用常设仲裁机构时，买卖双方应考虑其信誉、仲裁规则的内容、费用、所用语言等因素。如果仲裁地点无常设仲裁机构，或者双方为解决特定争议而愿意指定仲裁员专审争议案件，当事人可选用临时仲裁机构予以仲裁。

4. 仲裁程序与规则

仲裁程序与规则是指进行仲裁的程序和具体做法，包括如何提交仲裁申请、如何进行答辩、如何指定仲裁员、如何组成仲裁庭、如何进行仲裁审理、如何做出裁决及如何交纳仲裁费等。这为当事人和仲裁员提供了一套仲裁时的行为准则，以便在仲裁时遵循。

一般情况下，在哪个仲裁机构仲裁，就应遵守哪个机构的仲裁规则。也有不少国家允许选用仲裁地点以外的仲裁规则，但以不违反仲裁地国家仲裁法的规定为前提。至于临时仲裁机构适用的仲裁规则，则由当事人自行约定。

5. 仲裁效力

仲裁效力是指仲裁机构所做的裁决对双方当事人是否有约束力、是不是终局性的以及能否向法院上诉要求变更裁决等。

多数国家都规定，仲裁裁决具有终局效力，对双方均具约束力，任何一方都不得向法院起诉要求变更。只有在发现仲裁员未按仲裁规则审理案件时，法院才可撤销裁决。仲裁裁决做出后，如果败诉方拒不履行仲裁裁决，而仲裁机构又不具有强制执行的权力，胜诉方可以向法院提出申请，要求强制执行。

6. 仲裁费用

仲裁费用一般由败诉方承担，但也可由仲裁庭酌情决定。合同中的仲裁条款，可表达如下：

> 凡因执行本合同所发生的或与本合同有关的一切争议，双方应通过友好协商解决，如通过协商无法达成解决方案，应提交××国××地××仲裁机构，并根据其仲裁程序规则进行仲裁。仲裁裁决是终局性的，对双方都具有约束力，仲裁费用由败诉方承担。

> All disputes arising out of performance of, or relating to this contract, shall be settled amicably through friendly negotiation. In case no settlement can be reached through negotiation, the case shall then be submitted to … for arbitration, in accordance with its rules of arbitration. The arbitral award is final and binding upon both parties. The charges arising from the arbitration shall be undertaken by the losing party.

🐢 思考与训练 14.2

我国某公司与外商订立一项出口合同，其中明确规定了仲裁条款，约定在履约过程中如果发生争议，在我国由贸仲委进行仲裁。后来，双方在商品的品质方面发生争议，对方在其所在地法院起诉我方公司。法院发来传票，要求我方公司出庭应诉。对此，你认为我方公司该如何处理？理由是什么？

 自测题

一、单项选择题

1.（　　）这一表述不符合《中华人民共和国外汇管理条例》《国际收支统计申报办法》的规定。

　　A．外汇管理机构根据企业在分类监管期内遵守外汇管理规定情况，对企业分类进行动态调整。A 类企业违反外汇管理规定将被降级为 B 类或 C 类企业

　　B．国内进出口企业只有在发生涉外收款时才需要进行国际收支统计申报

　　C．通过"数字外管"平台互联网版进行涉外收入网上申报的，申报主体应在解付银行为其解付后或结汇中转行为其结汇之日后五个工作日内，通过"数字外管"平台互联网版完成涉外收入申报

　　D．境内银行在涉外付款后，在涉外付款之日（T）后的第一个工作日（T+1）内将审核无误的涉外付款申报信息录入或导入"数字外管"平台银行版

2．当卖方遭遇不可抗力事件时，按照法律和惯例（　　）。

　　A．直接要求免除交货责任

　　B．只能延迟交货日期

　　C．可以减少交货的数量

　　D．有时可以免除交货责任，有时可以延迟交货日期，视具体情况而定

3．下列因素中，（　　）不是不可抗力因素。

　　A．政府禁令　　　　B．发生地震　　　　C．市价跌落　　　　D．战争因素

4．仲裁协议是仲裁机构受理争议案件的必要依据。仲裁协议（　　）达成。

　　A．必须在争议发生之前

　　B．既可以在争议发生之前，也可以在争议发生之后

　　C．只能在争议发生之后

　　D．必须在争议发生的进程中

5．按《联合国国际货物销售合同公约》的规定，向卖方提出索赔的期限为买方实际收到货物之日起（　　）年内。

　　A．一　　　　　　B．二　　　　　　C．三　　　　　　D．四

二、多项选择题

1．在一般的贸易合同中，索赔条款一般包括的内容有（　　）。

　　A．索赔的法律依据和事实依据　　　　B．罚金条款

　　C．索赔期限　　　　　　　　　　　　D．买卖双方违约的情况

2．下列说法中对仲裁描述正确的有（　　）。

　　A．双方当事人要把争议交由仲裁庭解决的话，必须在合同中签订仲裁条款或提交仲裁协议

　　B．仲裁裁决是终局性的，当事人不能向法院上诉

　　C．仲裁机构对争议具有强制管辖权

　　D．仲裁庭必须公开审理案件，并公开裁决结果，以便双方当事人执行

3．国际贸易中解决争议的方式有多种，其中建立在有第三方参与并自愿基础上的有（　　）。

　　A．协商　　　　　　　B．调解　　　　　　　C．仲裁　　　　　　　D．诉讼

4．构成不可抗力事件的基本条件为（　　）。

　　A．意外事件必须发生在合同成立之后

　　B．意外事件不是由合同双方当事人自身的过失或疏忽导致的

　　C．意外事件是双方当事人所不能控制的、无能为力的

　　D．意外事件是当事人能预见的

5．我国出口货物退税办法包括（　　）。

　　A．先征后退　　　　　B．先征不退　　　　　C．免、抵　　　　　D．免、抵、退

三、判断题

1．某公司与外商签订一份进口货物合同后，因国际市场中该商品价格猛涨，外商按国际惯例援引不可抗力条款，要求解除合同责任，该公司应同意接受。　　　　　　　　　　（　　）

2．在国际货物买卖中，如果交易双方愿意将履约中的争议提交仲裁机构裁决，则必须在买卖合同中订立仲裁条款，否则仲裁机构将不予受理。　　　　　　　　　　　　　　　　（　　）

3．我方出口合同中规定买方复验商品质量/数量（重量）的期限，就是买方可向我方提出索赔的期限，超过约定期限的索赔在法律上无效。　　　　　　　　　　　　　　　　　（　　）

4．仲裁裁决是终局性的，败诉方不能向法院提出上诉。　　　　　　　　　　　　（　　）

5．买卖双方已经签署仲裁协议，如执行合同过程中发生仲裁协议范围内的争议，则双方只能以仲裁方式解决，任何一方不得向法院起诉。　　　　　　　　　　　　　　　　（　　）

四、案例分析题

1．A公司从国外B公司处进口机器一台，合同规定索赔期限为货物到达目的港后30天。货到目的港卸船后，因A公司厂房尚未建好，机器无法安装试车。半年后厂房完工，机器安装完毕并进行试车，此时A公司发现机器不能正常运转。商检机构经过检验证明该机器是旧货，于是A公司向B公司提出索赔，但B公司拒绝赔偿，A公司因此遭受了巨大的经济损失。

　　问：我们应从中吸取什么教训？

2．某出口商以CIF条件出口货物一批，合同规定装运期为10月/11月（shipment during Oct./Nov.）。10月20日，出口国政府公布一项条例，规定自11月1日起，除非有特别许可证，否则禁止该类货物出口。受该条例影响，卖方未能装运货物，于是买方请求赔偿损失。

　　问：在此案中，卖方是否可以免除交货义务？为什么？

 课后阅读与分析

附　　录

附录一　章后自测题参考答案　附录二　自测试卷及参考答案

A卷　　　　　　B卷

附录三　更新勘误表和配套资料索取示意图

更新勘误及
意见建议记
录表

说明1：本书配套教学资料存于人邮教育社区（www.ryjiaoyu.com），资料下载有教师身份、权限限制（身份、权限需网站后台审批，参见示意图）。

说明2："用书教师"，是指学生订购本书的授课教师。

说明3：本书配套教学资料将不定期更新、完善，新资料会随时上传至人邮教育社区本书相应的页面内。

说明4：扫描二维码可查看本书现有"更新勘误记录表""意见建议记录表"。如发现本书或配套资料中有需要更新、完善之处，望及时反馈，我们将尽快处理！

咨询邮箱：13051901888@163.com　　　咨询电话/微信：13051901888

主要参考文献

[1] 陈岩，2021. 国际贸易理论与实务[M]. 5版. 北京：清华大学出版社.

[2] 成喜玲，孙林霞，2021. 国际贸易实务[M]. 天津：天津大学出版社.

[3] 国际商会中国国家委员会，2006. ICC跟单信用证统一惯例（UCP600）[M]. 北京：中国民主法制出版社.

[4] 逯宇铎，陈璇，易静，等，2021. 跨境电子商务理论与实务（微课版）[M]. 北京：人民邮电出版社.

[5] 马耀文，陈春燕，姜军，2020. 集装箱运输实务[M]. 西安：西安交通大学出版社.

[6] 王晓宁，冯洁，2022. 进口业务操作实务（活页版）[M]. 苏州：苏州大学出版社.

[7] 熊正平，黄君麟，2022. 报关与报检实务[M]. 4版. 北京：人民邮电出版社.

[8] 毅冰，2019. 外贸高手客户成交技巧3：差异生存法则[M]. 北京：中国海关出版社.

[9] 余庆瑜，2021. 国际贸易实务原理与案例[M]. 3版. 北京：中国人民大学出版社.

[10] 袁建新，2020. 国际贸易实务[M]. 5版. 上海：复旦大学出版社.

[11] 张燕芳，黄艳，2024. 外贸单证实务（附微课）[M]. 北京：人民邮电出版社.

[12] 赵春明，陈昊，李宏兵，等，2021. 国际贸易[M]. 4版. 北京：高等教育出版社.

[13] 郑秀田，2023. 跨境电子商务概论（附微课）[M]. 2版. 北京：人民邮电出版社.

[14] 中国国际商会/国际商会中国国家委员会，2020. 国际贸易术语解释通则2020[M]. 北京：对外经济贸易大学出版社.